高校创新创业探究

王 克 著

北京时代华文书局

图书在版编目（CIP）数据

高校创新创业探究 / 王克著. -- 北京：北京时代
华文书局，2020.11

ISBN 978-7-5699-3936-1

Ⅰ.①高… Ⅱ.①王… Ⅲ.①高等学校—创造教育—
研究—中国 Ⅳ.①G640

中国版本图书馆CIP数据核字（2020）第213992号

高校创新创业探究

gaoxiao chuangxin chuangye tanjiu

著　　者｜王　克

出 版 人｜陈　涛

选题策划｜高　栋

责任编辑｜李　兵

出版发行｜北京时代华文书局　http://www.bjsdsj.com.cn

　　　　　北京市东城区安定门外大街136号皇城国际大厦A座8楼

　　　　　邮编：100011　　电话：010-64267955　　64267677

印　　刷｜天津雅泽印刷有限公司

　　　　　（如发现印装质量问题，请与印刷厂联系调换）

开　　本｜787mm×1092mm　　1/16　　印　张｜16　　字数｜244千字

版　　次｜2021年3月第1版　　印　　次｜2021年3月第1次印刷

书　　号｜ISBN　978-7-5699-3936-1

定　　价｜68.00元

前　言

面对经济转型和全球化激烈竞争的迫切需要，各国的竞争都聚焦在创业和创新水平上。创业是高新技术最终转化为现实生产力的桥梁，创新创业已成为一国经济持续发展的原动力和国家竞争力的源泉。

我国的创新创业尚处于起步阶段，但全国高校都十分重视，大部分高校也都已经逐步将大学生创新创业列为学校育人系统工程的重要内容。各高校已经逐渐认识到大学生创新创业教育的意义，不仅在于培养、帮助大学毕业生直接从事创新创业活动，更在于提高大学生的综合素质，激发青年人的奋斗热情，提高大学生的创新能力。大学生创新创业已成为高校探讨人才培养模式，强化大学生素质教育的有效途径。同时，它也是高校转变传统教育观念、改革人才培养模式的一种新探索。

本书以系统的创新创业知识为脉络，以创业素质和能力教育为重点，围绕创新能力的提升来展开阐述，将理论与实践结合，为高校创新创业教育提供了一些建议。

由于作者水平有限，书中难免有疏漏之处，敬请广大读者批评指正，以便今后提高完善。

| 目 录 |

第一章　高校创新创业概述

第一节　创新与创业

一、创新

创新是以新思维、新发明和新描述为特征的一种概念化过程，强调的是开拓性与原创性。在西方英语中，Innovation（创新）这个词起源于拉丁语，原意含有三层意思：第一，更新，就是对原有的东西就行替换；第二，创造新的东西，就是创造出原来没有的东西；第三，改变，就是对原有的东西进行发展和改造。

1912 年，美国经济学家约瑟夫·熊彼得第一次把创新引入了经济领域。熊彼得在其著作《经济发展概论》中指出，创新是指把一种新的生产要素和生产条件的"新结合"引入生产体系，包括五种情况：开发新产品、引进新技术、开辟新市场、发掘新的原材料来源、实现新的组织形式和管理模式。

近代以来，人类文明不断进步并取得了丰硕成果，这主要得益于科学发现、技术创新和工程技术的不断进步，得益于科学技术应用于生产实践中形成的先进生产力，得益于近代启蒙运动所带来的人们思想观念的巨大解放。可以这样说，人类社会从低级到高级、从简单到复杂、从原始到现代的进化历程，就是一个不断创新的过程。随着社会的发展，创新逐渐涵盖了政治、军事、经济、社会、文化、科技等众多领域。

21世纪是知识经济时代，它的到来使我国高等教育面临着前所未有的机遇和挑战。知识经济是依靠知识创新和知识广泛传播发展并以智力资源来创造财富的经济。创新是它的灵魂，而创新的关键在于人才。培养具有创新素质的人才是时代的迫切需要，也是一个国家富强及在国际竞争中立于不败之地的重要因素。

二、创业

从"创业"这个概念的汉语使用语法来看，人们一般在以下三种情况下使用：强调草创的艰辛和困难；突出开拓的过程和创新的意义；侧重于在前人的基础上有新的成就和贡献。由美国巴布森商学院和英国伦敦商学院联合发起，加拿大、法国、德国、意大利、日本、丹麦、芬兰、以色列等10个国家的研究者应邀参加的"全球创业监测"项目，把创业定义为：依靠个人、团队或一个现有公司，来建立一个新公司的过程，如自我创业、现有公司的扩张等。清华大学的姜彦福、林强、张健等学者指出，创业是一个跨越多个学科领域的复杂现象，不同学科都从其独特的研究视角进行观察和研究，这些学科包括经济学、心理学、社会学、人类学、管理学等，而在各个学科领域又衍生出不同的创业研究方向。学术界关于"创业"的定义，目前尚未完全达成一致。

综观创业概念的有关论述，我们认为创业是某一个人或一个团队，使用组织力量去寻求机遇，去创造价值和谋求发展，并通过创新来满足愿望和需求的过程。

从广义的角度去看个人创业，可以理解为一个人根据自己的性格、兴趣、所学专业、能力等选择适合自己的职业，并为这个职业的成功准备各种条件，直至实现自己人生目标的过程和结果。也可以说，这是一个人为了实现自己的人生目标，从事社会发展所需要的工作，并为社会发展做出贡献的经常性活动。

从狭义的角度来看，创业通常指自主创业。自主创业又称独立创业，是指创业者个人或者创业团队白手起家进行创业，是指转变择业观念，以资源所有者的身份，利用知识、能力和社会资本，通过自筹资金、技术入股、寻求合作等方式创立新的社会经济单元，即不做现有就业岗位的填充者，而是为自己、为社会中的更多人创造就业机会。

一般而言，创业具有机遇性、创新性、价值性、曲折性、风险性等基本特征。

机遇性：把握机遇是创业成功的起点和前提。机遇是给那些对事业有信念、有追求和有渴望的人准备的，机遇面前人人平等，要善于抢抓机遇。无论是公司还是个人，都一定是时势造英雄，而不是英雄造时势。顺流而上，这是手法。形势好了，才有机会成为英雄。只有成为英雄后，才有可能去适应时势、改造时势。

创新性：创新是创业成功的关键，是竞争取胜的法宝。创业过程是一个不断创新的过程，创新型人才首先要有创新动机、创新意识和创新精神。创新蕴涵从无到有，从小到大，由旧变新，由弱变强的全过程。而新事物、新价值、新内容、新功能等是创新的本质含义。

价值性：创业是为了"实现经济价值和社会价值，提高和升华自我价值"，是否创造了价值是衡量创业成功与否的重要标志。

曲折性：创业过程是一个曲折坎坷、充满风险的过程。创业者投入了大量的资金和精力，往往要受到很多挫折，经过艰苦的努力，倾注大量的心血，也许获得成功，也许遭受失败。创业者必须要有充分的心理准备，鼓足勇气，不屈不挠，才能成为成功的创业者。

风险性：创业存在风险，创业结果存在不确定性。创业没有成功的经验可供借鉴，也没有有效的方法可套用。它是在没有前人思维痕迹的路上去努力创新。成功与失败是可以预期的创业结果，但它们的出现都不是必然的，受到创业过程中各种因素的影响。这些因素包括技术进步、市场变化、政策调整、财务结构以及机会主义行为等。所以，强化风险意识、仔细识别风险、尽早化解风险，是创业者在创业过程中最重要、最常见、最紧迫的任务。

三、创新创业

创新创业是以创新为基础的创业活动，既不同于单纯的创新，也不同于单纯的创业。创新强调的是开拓性与原创性，而创业强调的是通过实际行动获取利益的行为。因此，在创新创业这一概念中，创新是创业的基础和前提，创业是创新的体现和延伸。

创新创业与传统创业的根本区别在于创业活动中是否有创新因素。这里的创新不仅指的是技术方面的创新，还包含管理创新、知识创新、流程创新、营销创新等方面。总之，只要能够给资源带来新价值的活动就是创新。在某一方面或者某几个方面进行创新并进而创业的活动，就是创新创业。没有在任何方面进行创新的创业就属于传统创业。

第二节　创业的类别

不同的创业类型有着不同的创业活动。对于创业类型的划分有多种，常见的为以下这些。

一、依据创业主体的性质划分

依据创业主体的性质划分，可以将创业活动分为自主型创业、公司附属创业、公司内部创业、衍生创业四种。其中，自主型创业指创业者个人或几个创业者共同组成的创业团队，白手起家、完全独立地创建企业的活动；公司附属创业指由一家已经相对成熟的公司创建一家新的附属企业的活动；公司内部创业指进入成熟期的企业为了获得持续的增长和长久的竞争优势，并为了倡导创新并使其研发成果商品化，来支持企业内创业；衍生创业指在现有组织中工作的个体或团队，脱离所服务的组织，凭借在过去工作中积累的经验和资源，独立开展创业活动的创业行为。

二、依据创业的动机划分

依据创业动机的角度，可以将创业分为机会型创业和就业型创业两种。机会型创业的出发点并非谋生，而是为了抓住、利用市场机遇。它以新市场、大市场为目标，因此能创造出新的需要，或满足潜在的需求。机会型创业会带动新的产业发展，而不是加剧市场竞争。就业型创业的目的在于谋生，为了谋生而自觉地或被迫地走上创业之路。这类创业大多属于尾随型和模仿型，规模较小，项目多集中在服务业，并没有创造新需求，而是在现有的市场上寻找创业机会。其由于创业动机仅仅是为了谋生，往往小富即安，极难做大做强。

三、依据创业的起点划分

依据创业起点的角度，可以将创业分为创建新企业和公司再创业两种。创建新企业指从无到有地创建出全新的企业组织；公司再创业指一个业已存在的公司，由于产品、市场营销以及企业组织管理体系等方面的原因而陷入困境，因而需要进行重新创建的过程。

四、依据创业项目的性质划分

从创业项目的性质来看，可以将创业分为传统技能型创业、高新技术型创业、知识服务型创业等。传统技能型创业指使用传统技术、工艺的创业项目；高新技术型创业指知识密集度高，带有前沿性、研究开发性质的新产品项目；知识服务型创业指为人们提供知识、信息的创业项目。

五、依据创业资源划分

依据创业资源需求角度的不同，可将创业分为资合型创业、人合型创业和技术型创业三类。

资合型创业的基础是资产。其创建的企业一般具有劳动生产率高、物资消耗省、单位产品成本低、竞争力强等特点。资合性创业不仅要求有大量的资金、复杂的技术装备，还要有能掌握现代技术的各类人才和相应的配套服务设施，否则就难以发挥其应有的经济效果。该类创业通常出现在钢铁、重型机器制造、汽车制造、石油化工等行业领域内。

人合型创业的基础主要表现为创业者之间的相互信任和创业者拥有平等的决策权。其创建的企业由于受人际关系、信用程度和个人财力的限制，融资能力较差，规模比较小。该类创业适合于产品生产技术简单、品种多、批量小、用工比重大的企业和产品，或主要依靠传统的手工艺，难以实行机械化、自动化生产的企业和产品。

技术型创业的基础是先进、现代化的科学技术。其创建的企业一般具有以下特点：需要综合运用多门学科的最新科学研究成果，技术装备比较先进复杂，研发费用较多，中高级科技人员比重大，操作人员也要求有较高的科学知识和技术能力，使用劳动力和消耗原材料较少，对环境污染较小等。该类创业通常出现在需要花费较多的科研时间和产品开发费用，能生产高精尖产品的行业，如电子计算机工业、原子能工业等。此外，有人把创建电子计算机软件设计、技术和管理的咨询服务企业也归入技术型创业。

六、依据创业的次数划分

依据创业的次数可将创业分为初次创业和再次创业。初次创业是指传统意义上的原始创业，创业者大多为刚刚毕业的大中专学生、下岗工人、失去土地的农民和农村剩余劳动力。其一般是少量从事实业，大多数从事第三产业。再次创业是指自己有一定创业基础，为了发展或有更好的投资项目，进入到创业队伍中谋求新的发展，进行二次创业。二次创业者有一定经验、资本，或是技术和资源，相对于初次创业而言，成功率通常更高。

第三节 创业的模型

一、蒂蒙斯创业模型

美国百森商学院的蒂蒙斯教授是著名的创业学学者,他在《新企业的创立》一书中提出了著名的蒂蒙斯创业模型,如图1-1所示。

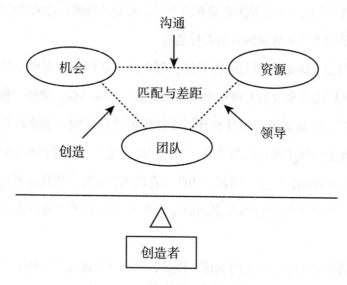

图1-1 蒂蒙斯创业模型

该模型阐述了新企业得以成功创建的内在驱动力量,主要含义和观点如下:

创业过程的起始点是商机,而不是资金、关系网络、工作团队或商业计划。在企业刚创建时期,大多数情况下,真正的商机比团队的智慧、才能或其他可获取的资源更重要。特别是在企业创立之初,创业者要投入大量的时间和精力去寻找最佳的商机。

资源是创业过程的必要支持,但资源的多寡是相对的。创业者普遍存在一个错误观念：为了使企业成功，首先必须要让所有的资源都到位，尤其是资金必须到位。其实，当一支强有力的管理团队构思出一个有发展潜力的商机，并推动商机的实现时，资金自然而然就跟着来了。现在短缺的是高素质的创业者和商机，而不是资金。成功的创业企业应着眼于设计创意精巧、用资谨慎的战略，最小化使用资源并控制资源，而不是贪图完全拥有资源。

创业者和创业团队是新创企业的关键组织要素，其所扮演的角色是将这些关键因素整合到一个动态、变化的环境中。成功的创业团队往往凝聚在一个英雄式的领导人物周围，恪守"努力但支持探索性失败，与帮助你创造财富的人一起分享财富"的哲学，并为业绩和行为制定很高的标准。对风险投资家来说，优秀的创业团队是十分稀缺且最有价值的。

成功的创业活动必须要能将商机、创业团队和资源三者做出最适当的搭配，并且能够随着事业的发展做出动态的调整。也就是说，受机会模糊、市场不确定、资本市场风险以及外部环境变化等因素的影响，创业过程往往充满风险，创业者必须依靠自己的领导、创造和沟通能力来发现和解决问题，掌握关键要素，及时调整机会、资源、团队三者的组合搭配，以保证新创企业顺利发展。这三个要素的特性以及之间的适合度和平衡度可以通过商业计划进行描述。

随着创业活动在时空上的变迁，机会、团队和资源这三个因素会由于相对重要性发生变化而出现失衡现象。例如，创业初始阶段，商业机会较大而资源较为缺乏，随着企业发展，企业拥有的资源增加，但这时原有的商业机会可能变得相对有限，这就导致另一种不均衡。良好的创业管理必须能够根据创业活动重心的变化及时做出调整，以保证创业过程重新恢复平衡。

二、盖特纳创业模型

威廉·盖特纳于 1985 年提出了新企业创建的概念框架，进而提出了独特的创业模型，如图 1-2 所示。

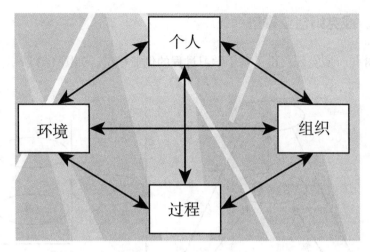

图1-2 盖特纳创业模型

盖特纳认为创业就是新组织的创建过程，也就是将各个相互独立的行为要素组成合理的序列并产生理想的结果。

在该模型中，新企业创业主要有四个维度：

第一，创立新企业的个人即创业者。盖特纳认为创业者个人需要具有诸如获取成就感的渴望、善于冒险以及具备丰富的经历等特质。

第二，所创建的新企业的类型即组织。该维度包括了内部的机构以及组织战略的选择等多项变量。

第三，新企业所面临的环境。其主要指对创业活动产生影响的外部因素，包括技术因素、供应商因素、政府因素、大学因素、交通因素、人口因素等。

第四，新企业创立的过程。其主要包括发现商业机会、集聚资源、开始产品的生产、创业者建立组织以及对政府和社会做出回应等步骤。

盖特纳模型认为任何新企业的创立都是这四个要素相互作用的结果，只有充分研究这四个变量，并深入探究每个变量的维度与其他各个变量的维度的相互作用关系，才能够充分诠释新企业创建的全面性和复杂性。该模型主要回答了新企业如何创建这一问题，为新创企业提供了可供参考的一个动态发展模型。

三、威克姆创业模型

1998 年，威克姆提出了基于学习过程的创业模型，如图 1-3 所示。

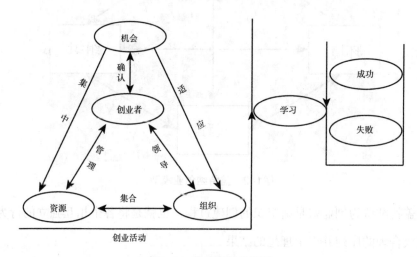

图1-3　威克姆创业模型

该模型认为，创业活动包括创业者、机会、组织和资源四个要素，且四要素互相联系。与蒂蒙斯模型不同，威克姆认为创业者是创业活动的中心，其在创业中的职能体现在与其他三个要素的关系上，即识别和确认创业机会、管理创业资源、领导创业组织，同时通过创业者来有效处理机会、资源和组织之间的关系，实现要素间的动态协调和匹配。

该模型还揭示了资源、机会、组织三要素之间的相互关系。资本、人力、技术等资源要集中用于机会利用上，并且要考虑资源的成本和风险。资源的集合形成组织，包括组织的资本结构、组织结构、程序和制度以及组织文化。组织的资产、结构、程序和文化等形成一个有机的整体，来适应所开发的机会，为此组织需要根据机会的变化而不断进行调整。

此外，该模型还揭示了创业的过程是一个不断学习的过程，而创业型组织是一个学习型组织。创业组织不仅要对机会和挑战做出及时反应，还要根据情势变化及时总结、积累、调整，通过"干中学"，使组织的规则、结构、文化和资源等不断改进，在不断成功与失败中学习和锤炼，从而实现组织的发展完善和创业要素间的动态平衡。

四、克里斯蒂安创业模型

2000 年，克里斯蒂安和居里指出，创业管理应该聚焦于创业者与新事业之间的互动，并以此为核心来开展创业活动。在他们构建的创业模型中，创业者与新事业是两个主要的元素，如图 1-4 所示。

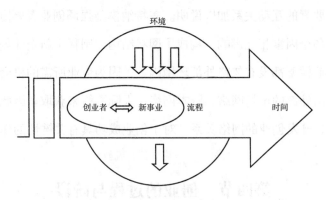

图1-4 克里斯蒂安创业模型

克里斯蒂安模型主要强调创业者与新事业的互动关系，并将如何创立新事业、随时间而变的创业流程管理和影响创业活动的外部环境这三个问题看作是创业管理的核心问题。此模型认为，在个人与新事业的互动下，随着时间变迁，创业企业根据一定的流程演进与发展。在企业发展的整个流程中，外部环境不断对企业产生影响，使创业者个人与新事业之间的关系不断复杂化，因此创业流程管理也会日趋复杂，并在一定程度上成为创业者和新事业、时间和环境的函数。

克里斯蒂安模型也非常重视创业者的作用，把创业者视为创业活动的灵魂和推手，强调发展创业者的创业才能是创业管理工作的一大重点。虽然有人认为创业者敢于冒险、勇于开拓的个性属于先天的人格特质，后天很难培养，但克里斯蒂安模型所强调的"创业者与新事业互动的能力"以及蒂蒙斯模型所强调的"创业者随环境变迁而动态调整创业模式的能力"，都与人格特质没有很大的关系。这说明创业者的能力确实可以通过系统的创业管理教育和创业实践来培养。

基于以上四个模型的介绍可以看出，根据外部环境的变化和时间的推移，所有模型都呈现出动态性变化的特点，并在动态中实现了各个创业要素的联系。蒂蒙斯模型强调创业过程的动态平衡，克里斯蒂安模型注重创业流程管理，模型中所强调的创业者与新事业的互动正好可以用蒂蒙斯模型的机会、资源、团队三要素的互动关系加以说明。盖特纳模型强调创业者要协调模型中的四个因素，各个因素相互影响，构成了网状结构，阐释了新企业创建的基本过程。这些创业模型都没有忽略外部环境因素，因为创业所需的机会、资源、团队都需要经由外部的市场网络、资本网络、人际网络来获取。因此，认识创业的市场环境，开发创业的网络关系，对于创业成功具有关键性的作用。

第四节　创业的过程与阶段

作为一种复杂的社会现象，创业活动涉及新技术的开发和商业化，资源的合理获取和有效利用，以及一系列复杂的商业活动。与一般的战略管理、营销管理等企业职能管理不同，创业过程涵盖的时间更为漫长，涉及的因素更为复杂，因而更具挑战性。拥有雄心壮志的创业者在真正投身创业之前，必须对创业过程有着清醒的认识，才能更加积极地面对创业各个阶段中可能出现的困难和挑战，知难而行，实现创业成功。

对创业过程的研究主要有两个视角。国外学者奥利夫从创业者个人的事业发展角度出发，将创业流程分为"决定成为一个创业者、选择一个创业机会、对机会实行可行性分析和风险分析、组建管理团队、研究拟订创业计划书、展开创业行动计划、创办后早期的营运和成长管理、取得个人和企业的成功"八个步骤。奥利夫主张创业流程管理的重点在创立新企业的部分，只要创业取得获利回收，就算完成预期目标，至于关于企业的永续经营，则不属于创业管理的范畴。

　　创业过程研究的另一个视角是按照时间顺序对创业企业的发展过程进行阶段划分。不同的新创企业在不同的创业时期，活动的侧重点和外部市场的情况都会有所不同，所需要的创业管理经验和技能也有区别，需要创业者制定不同的战略，实施不同的行动。基于大量创业企业的具体实践，我们可将创业过程划分为机会识别、新企业创立、初创期、成长期和收获期五个阶段。该过程的核心是企业组织的创建和发展，创业者的所有创业活动都围绕良好的企业组织来运行。这种划分方式可以更清晰地确定创业的主线索，并与创业的各个关键要素相结合，有利于创业者明确创业各阶段的特征和要求。

　　从理论上讲，结构化的创业流程有助于对创业管理活动的了解，但事实上，创业并没有绝对统一的流程，各种活动之间也没有绝对的先后顺序。在不同的创业个案里，企业的创立和发展存在共性，也存在个性，如不同企业在不同阶段经历的时间长短不一，结果也不同。有的企业可能在机会识别阶段反复进行，以确保机会的可行性，有的企业或许要在获取及整合创业资源阶段费尽心力，而有的企业可能跳过其中的某些流程如撰写商业计划书而直接进入下一阶段。这往往和创业者创业时的情景、创业者的能力及特征、社会资源等因素相关。

第二章 高校创新创业教育

第一节 基本概念

世界上最早提出创业教育概念的是英国学者柯林·博尔。他在 1989 年向经济合作和发展组织教育研究与革新中心提交的一份报告中提出，未来的人都应该掌握三本"教育护照"：第一本是学术性的；第二本是职业性的；第三本是关于事业心和开拓技能的。第三本教育护照被写进了 1989 年 11 月由联合国教科文组织在北京召开的"面向 21 世纪教育国际研讨会"的报告中，并把事业心和开拓技能的教育称为"创业教育"。也就是说，面向 21 世纪的人才除需具备文化知识证书、职业技能证书外，还需要获得"第三本学习证书"，即创业教育证书。并且，报告进一步指出"这要求把事业心和开拓技能的教育提高到目前学术性和职业性教育所享有的同等地位"。由此，学术能力、职业技术能力和创业能力，这三种能力成为一个有机的整体，并得到普遍重视。

我国开展创业教育工作比较晚，从 1996 年起，创业教育工作逐步展开。我国高等教育对创业教育理念的正式回应，始见于 1998 年 12 月 24 日公布的《面向 21 世纪教育振兴行动计划》，计划提出：要加强对教师和大学生的创业教育，鼓励他们自主创办高新技术公司和企业。2010 年 4—5 月份，教育部成立"2010—2015 年高等学校创业教育指导委员会"，且召开推进高等院校创新创业教育和大学生自主创业工作视频会议，并下发《关于大力推进高等院校创新创业教育和大学生自主创业工作的意见》，这一连串的举措标志着我国高等院校创新创业教育进入了新的发展阶段。创业教育作为素质教育的一个重要方面，已经在大中专院校全面开展。同时，创业教育作为促进大中专毕业生更新与转变就业观念的一门综合性课程，也正在发挥着积极的作用。

一、创业教育的含义

创业教育，即英文"Enterprise Education"的中文表述。它表述两层含义：一是进行从事事业、企业、商业等规划、活动、过程的教育；二是进行事业心、进取心、探索精神、开拓精神、冒险精神等心理品质的教育。

美国著名的创业教育研究机构考夫曼基金会对创业教育给出了一个操作性较强的定义：创业教育是这样一种过程，它向被教育者传授一种概念与技能，以识别那些被人忽视了的机会，以及当别人犹豫不决时他们有足够的洞察力与自信心付诸行动。教育内容包括在风险面前的机会识别与在资源整合的前提下创办一个公司，当然也包括对公司管理过程的介绍，例如商业计划、资金筹措、市场营销、现金流分析等。

美国"创业教育之父"蒂蒙斯教授认为，学校的创业教育应该不同于社会上的以解决生存问题为目的的就业培训，更不是一种"企业家速成教育"。真正意义上的创业教育，应当着眼于为未来的几代人设定"创业遗传代码"，以造就最具有革命性的创业一代作为其基本价值取向。全美创业领导信息中心认为，创业教育是指提供给人们概念和技能，使人们能够辨别他人忽略的机会，具备洞察力、自我评估能力和知识技能，在他人犹豫不决时果断行动的过程。它包括机会辨别、冒险精神以及进行商业冒险等方面的教育。

从广义来说，创业教育就是培养大学生的创业基本素质和开创性个性的教育。就高等学校的创业教育而言，是指以开发和提高大学生的创业基本素质为目标，培养具有开创性个性人才的教育思想和教育实践。通过创业教育，培养大学生从事创业实践活动所必须具备的知识、能力和心理素质等，为未来社会的经济发展发挥个体与群体的主动性和创造性。

联合国教科文组织对其定义：创业教育，从广义上来说是指培养具有开创性的个人，它对于上班族也同样重要，因为用人机构或个人除了要求受雇者在事业上有所成就外，还越来越重视受雇者的首创和冒险精神、创业能力、独立工作能力，以及技术、社交和管理技能。正因为如此，广义的创业教育在于为大学生灵活、持续、终身的学习打下基础。

从狭义来说，创业教育就是通过开设创业学课程，给大学生传授从事创业实践活动所必须具备的知识、技术、能力等，使其掌握创业的本领和技巧，使培养出来的毕业生能够创造性地就业和创造新的就业岗位。狭义的创业教育是与增收培训的概念紧密结合在一起的。东京报告指出："增收培训是为目标人口，特别是为那些贫困和处于不利地位的人口提供急需的技能、技巧和资源，使他们能够自食其力。"

创业教育的教育对象包括高校的所有青少年，既可以在学校教育系统进行，也可以在非学校教育系统进行，提高他们的增收和创利能力，使高校的青少年成为自食其力、自谋职业、创业致富的社会成员。其教育内容皆在从整体上提高和开发青少年创业的基本素质、全面提高受教育者的创业意识、个性心理品质、创业能力、创业知识结构，根据青少年离校的现状，为其提供急需的技巧、技能和资源教育功能，具有较为广泛的社会功能和作用。其功能指向一切社会实践活动领域，尤其是解决弱势地区、弱势人口中的社会现实问题。

二、与传统教育的差异

和传统教育相比，创业教育在教育观念、教育本质、教育目标、教育使命方面存在很大差异。

（一）教育观念

倡导学生创业，传统的知识观、学业观、教学观必须彻底改变。什么是知识？什么是学业？要让家长、社会、特别是教师都认识到，书本知识是知识，而实践中获得的经验、教训是最重要的知识；上课读书是学业，实践训练也是重要的学业；获得奖学金的是好学生，被公司认可、重用的也是好学生；考试成绩好的是好学生，创业好的也是好学生。只要去参加创业，不论失败，这些学生都应该得到认可。

创业教育主要培养学生的"三观"：一是积极的人生观，引导学生以积极的态度对待环境变化，在变化中不断发现机会，寻求发展；二是主动学习观，即"会学习与会做事"的高度统一，知识、技能和感情教育的整合，创业教育强调培养学生的自我意识、参与意识和实干精神，使学生不仅是认识主体，更是实践主体和创造主体；三是创造价值观，创业教育引导学生在主体力量得到充分发挥的同时，使知识在创业中发挥创造性的能量，提高学生发现问题、分析问题和解决问题的能力。

（二）教育本质

传统教育的本质是重视人的智力开发，智育第一，重智轻德。现代教育的本质是德育，育人为本，德育为先。德育一输，全盘皆输。作为现代教育，创业教育重视培养学生学会做人。教育最重要的使命是陶冶人性，铸造饱满健康的人格。教育最根本的任务是让学生正确回答：人生应当怎样度过，人类应当怎样存在。也就是说，让学生学会做人。学会做人，是立身之本。学习知识，掌握知识，只是服务社会的手段。现在职场上的人不缺文凭，不缺分数，更不缺英语四六级证书，但缺的是面对困难的勇气、克服挫折的心理和与人沟通的能力等。这些都是非智力因素，都是我们忽略的，更是学生自己未意识到的，但这些都是学生就业创业、成长成才的至关重要的因素。创业教育能够弥补传统教育的不足，有利于培养学生的合作精神。

（三）教育目标

传统教育的目标是为社会培养合格人才，现代教育的目标是促进人的全面发展。前者是以社会为本，后者是以学生个体为本。创业教育重视培养学生的个性，突显人本价值。发展个性就是促进发展丰富性，发展多样性，发展创业性。教育要着眼于每一个人的全面发展，为了每一个学生的终身发展，激发学生的发展潜能，这是教育的本质价值。教育是引导不是左右，教育是影响不是支配，教育是感染不是教训，教育是解放不是控制。创业教育是让学生自主发展的教育，它能够发掘学生天赋，挖掘学生潜能，培养学生个性，赋予学生自信。创业教育尤其强调自信心。自信使人自强，自信能得到高峰体验，自信能把潜质发挥到极致，培养人就是培养自信，摧毁人就是摧毁自信。

（四）教育使命

传统教育的使命是传授前人知识。现代教育的使命是培养可持续发展能力。创业教育重视培养学生多方面的素质能力。在现代社会，"知识就是力量"的观点受到时代质疑，仅有知识，没有能力的人难以与时俱进，满腹经纶不会变通的人无法成就大事。现代教育既要给人以知识，又要给人以能力，要改变"教育就是传授知识，灌输知识越多越好"的传统观念。现代教育应当赋予学生三个层次的作用：第一层是知识；第二层是方法；第三层是视野，这是最高层次。其实视野也是方法，是高层次思维方法。21世纪初，美国一批现代心理学家的研究结果表明，知识少而创新能力强，知识多而创新能力差都属于正常现象。知识不是越多越好，而是有效、有用的知识越多越好。书本知识、课堂知识本身并不是非常有效、有用的，只有内化为自身能力，才是有效、有用的。创业教育真正体现了现代教育的使命。

三、创业教育的内容

创业教育的开展是一项复杂的系统工程。创业教育的内容体系规定了创业教育的方向，是进行创业教育的依据，是实现创业教育目标的一个重要保证。创业教育的内容十分丰富，其基本要求是使受教育者具有在创业全过程即从发现机会到决策、规划、实施、评估和反馈等一系列生产经营活动所必须具备的知识、技术、能力和心理品质等素养，而且特别强调这些素养要能够转化为创业实践活动，特别强调心理品质要落实到实际操作行动中去，即必须达到外显化、行为化。因此，创业教育内容体系应着力于培养大学生的创业意识、创业精神、创业能力、创业知识、创业心理和创业实践。

（一）培养创业意识

创业意识是指在创业实践活动中对创业者起动力作用的个性意识倾向。它包括创业的动机、兴趣、理想、信念和世界观等要素。创业意识规定着态度和行为的方向和力度，具有较强的选择性和能动性，是创业素质的重要组成部分，也是人们从事创业活动的强大内驱动力。创业意识直接关系到的是创业能力的培养以及创业活动能否得到家庭的认同。开展创业教育，必须唤醒大学生内在的自我创业意识，激发其自我发展的动力，这是日后识别创业机遇、抓住创业机遇的前提。因此，培养大学生的创业意识、点燃他们的创业激情，就成为对我国大学生进行创业教育的首要任务。创业意识不是与生俱来，而是后天培养出来的。创业教育要针对不同大学生的特殊情况，采取相应的对策进行心理辅导。

（二）弘扬创业精神

创业精神是创业所需的积极探索、勇于创新、迎难而上、艰苦奋斗的精神。创业精神是指在创业者的主观世界中，具有开创性的思想、观念和品质等。哈佛大学商学院对其定义："创业精神就是一个人不以当前有限的资源为基础而追求商机的精神。"因此，创业精神可以简洁概括为："没有资源创造资源，没有条件创造条件，用有限的资源去创造更大资源。"创业精神对创业实践具有重要的意义，它是促成新事业发展和形成的原动力，是大学生能否进行创业的精神支柱，是大学生敢不敢创业的关键，没有创业精神就没有创业行动。创业精神是创业成功的基本条件和内在动力。创业精神不但是完美人格的构成要素，而且是塑造完美人格的重要条件。创业精神是一个人在社会主义现代化建设中建功立业、实现其人生价值和社会价值的重要保证。伟大的创业实践需要有伟大的创业精神来支持和鼓舞。

（三）培育创业能力

创业能力是指影响创业实践活动效率，能够促使创业实践活动顺利进行的主体心理条件；是以智力活动为核心的，具有较强综合性和创造性的心理机能；是与个性心理倾向和特征紧密结合在一起的，在个性的制约和影响下形成并发挥作用的心理过程；是知识、经验和技能经过类比、概括后形成的，并在创业实践活动中表现为复杂而协调的创新行为。创业能力是创业实践方式、效率和结果的最直接影响因素，是创业能不能成功的关键。

创业能力一般来说包括两个方面：一个是基本知识技能和人际交往沟通的能力，另一个是创新能力和自我发展能力。培育创业能力，是创业教育的关键所在，是成功创业者必备的一种综合能力。创业是一个实践的过程，创业能力不可能通过创业教育就完全掌握，仍需要大学生在创业的实践过程中去完善和发展。

（四）掌握创业知识

人类从诞生之日起，就开始对陌生的世界进行不懈探索和认知，并不断积累和总结实践经验，希望认识和掌握客观世界发展规律和事物的内在联系。这个过程为人类的发展储备了大量的知识。创业领域未知的知识远远多于已知的知识，对于组织进行创业教育如此，对于创业更是如此。创业教育对于改善大学生的知识结构，拓宽大学生的知识视野，增强大学生的创业技能是十分必要的。

创业不仅需要创业者具有良好的性格特征和灵活的商业头脑，还需要注重前期对于商业经营的相关知识，尤其是经济管理知识的积累。牢固的知识积累是创业成功的必备前提。大学生合理的知识结构对于创业成败，具有十分重要的影响。创业知识是由多方面构成的，主要包括：创业基础知识、创业专业知识、经营管理知识、政策法规知识、金融财会知识、公关交际学知识等内容。高等学校通过创业教育，一是引导大学生根据自身的个性特征和本专业的特点，针对自己日后准备从事的职业，有针对性地、有层次地进行指导和训练，打好专业知识基础；二是培养大学生的终身学习意识，指导大学生学好相关创业知识，拓宽知识面，开阔视野，将大学生培养成为具有发展潜力的创业型人才。

（五）健全创业心理

创业教育可以使得大学生学会如何做人和处事，学会如何沟通和协调，并在以下几个方面健全大学生的创业心理：一是积极的处世态度、正确的行为方式、严谨的工作作风，学会诚实守信做人、勤奋工作。二是强烈的自信心，真正懂得创业的艰辛，培育出靠自己不懈努力争取成功的坚定信念和毅力。三是积极的竞争意识和合作精神，既敢于超越别人，又善于和他人沟通与合作。四是坚韧不拔的毅力，做事果断坚决，能持之以恒，遇到挫折和打击百折不挠，具有很强的适应性。五是能够承受内外环境压力，经受住挫折不会被压倒，在困境甚至危机面前镇定自若，善于控制自己的情绪，化解困难局面。

（六）开展创业实践

创业实践是指具有创业教育意义和价值的特定教育模式，是以社会实践为纽带的、以实践成果为主要价值判断标准的教育教学形式。

创业实践的主要类型有以下三种：一是生产活动，主要是培养大学生的专业、职业技能；二是经营管理活动，主要是培养大学生的经营管理能力；三是社会交往活动，主要是培养大学生的综合调控能力。

创业实践必须具有创业的性质，能为实现创业教育目标提供适当的条件、场合和情境。创业实践活动应能形成特定的模式和体系，以便纳入创业教育的整体框架，成为整个创业教育的有机组成部分，鼓励学生积极地投身于各种社会实践活动中去，以增强创业才干。真正的创业实践开始于创业意识萌发之时。间接的创业实践学习可主要借助学校举办的某些课程的角色性、情景性模拟参与来完成，直接的创业实践学习可主要通过课余、假期来完成。

第二节　组织与实施

随着社会信息化和市场经济的飞速发展，当代大学生的思想观念逐渐发生了变化，有很多大学生利用暑假以及课余时间外出打工。他们开始在创业方面有一些尝试，渴望拥有自己的公司。许多学校采取了相应措施，开展创业教育，支持创业活动。清华大学将写字楼以半价出租给学生创办公司；复旦大学专门拨出 100 万元，实施学生科技创新的行动计划，学校还与浦东张江高科技园区合作，专门为学生设立了 1000 万元的创业基金；华东师大开设了"创业教育课"；东华大学开设了"创业与风险投资"的选修课。特别是我国的一些高教科技园区，更是为大学生进行高新科技创业提供了便利。如北京的中关村、武汉的"光谷"，都为大学生的创业公司提供了技术入股、前期免税、低利贷款及简化公司注册程序等优惠措施。北航的"孵化器"已成功"孵化"数家公司。商界中也不乏大学生"白手起家"成为巨商的例子，百度中文搜索引擎的 CEO 李彦宏就是其中之一。

总的来说，我国高校创业教育仅仅是处于起步的初级阶段，新的形势要求高等教育大力推进创业教育。创业教育在高等教育中处于重要地位，高校创业教育亟待加强。创业教育的教学实践活动需要妥善解决以下问题：第一，妥善解决知识传授与能力、素质培养的矛盾，不仅仅停留在强调知识的传授，更重视将知识内化为学生能力与素质。第二，妥善处理理论与实践的矛盾，不仅仅进行理论教学，更注重实践教学与理论的应用。第三，妥善处理教与学的矛盾，教学活动的设计与组织强调以学为中心，调动学生学习的自主性、主动性与创造性。

一、加强公司与商务基础的学习

全面推进基于创业教育的教与学，是构建高校教育教学体系的重要内容。

积极探索实践性学习、研究性学习，培养和提高大学生的创新精神和动手能力，是创新创业教育和普通教育的根本区别。构建自主性教学平台，不仅体现在教学内容的更新上，而且也体现在教学方式和考核等教学模式上。

目前，高校创业教育的课堂主要包括四种形式：一是管理类选修课，二是就业指导课，三是KAB（Know About Business）等项目课程，四是创业教育基础课堂。其中，高校创业教育最简单的方式就是对理工科学生开设一部分管理类选修课。高校就业指导课程的建设也在不断发展，在国家对毕业生创业的政策指向的指引下，指导教材经历了从单纯的求职指导，发展为职业指导和生涯规划，创业设计成为毕业生生涯的一个内容，把指导毕业生创业和创业的应知应会，纳入了就业指导的课程中。大学生创业教育以KAB项目为主要对象，通过教授有关公司和创业的基本知识，帮助大学生树立企业家精神。该项目一般以选修课形式在大学开展，学生通过选修该课程可以获得相应的学分。与就业指导课相比，管理类选修课的普及程度相对较低，还不是全校学生的必修课，KAB教育也是如此。值得注意的是，不少高校已经开始在就业指导课基础上，对全校学生尝试开设创业教育基础课。

课堂教学模式的工作重点：

一是要关注怎么教与怎样学。学生除了在课堂上学习知识外，还应在课外学习和实践，通过研究活动、实践活动来培养获取知识和创造知识的能力，即把自主性学习和研究性学习相结合，推动创新人才的培养。创新教育要构建基于自主、研究和探索性学习的平台，首先要转变教育观念，率先改革秉承教师中心、教材中心和课堂中心的传统教学观。一切有目的地促进学生知识增进、能力增进、素质提高的活动都是教学，这种有计划地实现学生学习经验和情感体验增强的活动，本身就是"课程"，或者也叫作教学环节。在此认识下，以第一课堂的理论学习为经，以第二课堂的自主性、探索性学习为纬，把知识、能力、素质的培养同课内教学、课外实践编织起来，构成新的教育平台。

二是在课程设计中需要深化落实。创业课程设置要为大学生创业提供专业和技术上的支持。一方面，要改革课程设置，构建具有创业教育特色的课程结构。课程改革在一定程度上决定实现培养目标的程度，决定着高校的生存空间和发展价值。学校的课程设置旨在为高校大学生毕业后能找到其生存的空间，并能在职业的天地里实现自己的人生价值。为此，高校应紧紧围绕学生的创业、就业来进一步完善课程设置。同时，高校还应形成一套完善的创业教育课程体系，开设以创业学及公司管理、产品开发、市场营销、公司策划等基本知识为主体的选修课，使之与专业课程设置相配套；要把创业的社会常识、创业指导、创业心理和技能、市场经济、经营管理、公关和交往、法律和税收等与创业密切相关的课程增加进去，从而促成学生对创业基础理论的了解。另一方面，要改革教学方法，促进学生创新思维提高。创业人才在思维特点上表现出不为陈规旧俗束缚，随机应变，充分发挥创造性，能够适应变化着的外部条件，能摆脱惯性，改变定势等。因此，在教学模式上，创业教育要求教学内容的选择不能固定不变，要有开放性和灵活性，让师生共同参与探索，从强调积累走向发现和创造。其可通过探索，使知识结构不断得到充实和完善。对学生来说，与创业有关的知识、技能必不可少，但更重要的是强烈的创业欲望以及自信心和进取精神，因而需要在教学过程中营造一种民主、平等的教学氛围，注意培养学生思维的灵活性、敏锐性、独创性。

总体来说，课堂教学模式的优点是可行性强、成本低、容易组织实施，缺点是对师资力量要求较高，如果教师缺乏实践经验容易与实践脱节。

二、开展竞赛

课堂教学和课外实践活动相结合，这是锻炼和提高大学生创业能力、科研能力、协调能力的重要途径。创业教育的实践活动既要加强教学计划内的实践活动，如科研试验、专业实习等，还要加强教学计划外的实践活动，如专业技能竞赛、各种类型的文化指导服务等。其不仅要在校园内进行，还要走向社会、服务社会，把课堂教学和课外实践活动有机融合，开展多种形式的创业实践活动。

目前，我国高校创业教育实践的主要形式是"挑战杯"和"创业计划大赛"。这些形式在学校有关部门的支持下，为在校学生提供了一个展示创业才能的舞台。

"挑战杯"中国大学生创业计划竞赛最早在清华大学举行。1999 年，由共青团中央、中国科协、全国学联主办，清华大学承办的首届"挑战杯"中国大学生创业计划竞赛成功举行。2000 年，第二届"挑战杯"中国大学生创业计划竞赛在上海交通大学成功举办。第三届和第四届"挑战杯"中国大学生创业计划竞赛分别于 2002 年和 2004 年在浙江大学和厦门大学成功举办。

除了国家级比赛之外，浙江省高校每年定期在校内组织各类创业计划大赛。一般参赛者提出一个具有市场前景的技术、产品或服务，围绕这一技术、产品或服务，完成一份完整、具体、深入的创业计划，以描述公司的创业机会，阐述创立公司、把握这一机会的进程，说明所需要的资源，提示风险和预期回报，并提出行动建议。创立计划聚焦于特定的策略、目标、计划和行动，对于非技术背景的有兴趣的人士而言应做到清晰易读。

活动项目方式可帮助大学生对理论知识的掌握与应用，并且相互之间有竞争和交流，对大学生的学习主动性有很大推动作用，通过比赛发现自身知识的不足，为后续学习起到指引方向的作用。但是比赛终究还是没有真正市场化，很多实际问题不会真正发生，也无法提高。这是一种"结果"式的培养，它关注的只是结果的优劣，对形成成果的过程则无法给予更多的关注，而培养的过程往往是十分重要的。因此，即使在创业计划大赛中获得了大奖，也不能完全说明创业教育开展的深度和广度。完善的创业教育实践活动应是对创业全过程所需要知识和实际操作能力进行培养。

三、进行商业模拟

创业教育的本质就在于进行商业知识的系统教育。其核心在于商业实践本身，使学生掌握实实在在的商业知识，并能在尝试创业之初对商业竞争、商业运营有系统和深刻的理解和认识。然而，在中国目前的创业教育中，要让每一位学生通过真实的创业活动来掌握商业经验，这无论对学生还是对社会来说，都是有可能付出很大代价的。

为了解决上述问题，高校开始引入一些全新的学习方法。通过模拟商业运营和商业竞争过程的方法让学生亲自动手实践，来辅助课程知识的学习与理解，已逐步发展为一种重要的学习工具和方法。

商业模拟（Business Simulation）在 20 世纪 50 年代起源于欧洲，并不断发展完善。其宗旨在于为客户提高管理水平，促进公司客户管理技术的规范化。商业模拟的应用层面包括实验室软件环境与商业模拟课程。

实验室软件环境是通过商业模拟技术来实现的。商业模拟技术综合运用了各种管理模拟技术，包括角色扮演、计算机模拟、博弈、训练模拟等，并已在经营决策、财务计划、预测管理、风险控制等领域得到广泛应用，成为提升管理技能与实际操作能力的最佳培训方法。

商业模拟课程运用了先进的系统经济学理论及博弈理论，通过系统、标准的公司管理仿真模型，模拟真实商业环境，使学生最大限度模拟公司运作状态，在"实践"中学习管理，不冒风险而积累经验，轻松学习。商业模拟课程是运用商业模拟技术来实现的教学课程或教学实践工具。与传统授课式或案例式学习方法比较，商业模拟课程有效解决了传统培训枯燥的说教模式和空洞的讨论内容，使学生在讲师的指导下，通过亲自参与和实战演练，大大提升了培训效果，加深和巩固了学生对所学知识的理解与掌握。

商业模拟课程不同于一般的培训或实践，没有一成不变的问题和标准答案。其核心是一套完善的模拟系统和全面、专业的管理学知识体系。由若干名学生组成模拟公司或团队，为完成经营目标，借助现代管理学的知识和技术，做出各种运营决策，并及时得到其决策影响公司目标实现的反馈信息。循环反复论证各种运营的手段和方法，帮助学生从思维上改变，轻松掌握学习要点，实现改变。

学生通过在模拟商业环境中对虚拟公司的运营管理，亲自参与公司运营管理的团队分工、战略规划、市场研究、生产计划、研发投入、销售管理、市场拓展、报表分析等决策，掌握在公司真实运营中会遇到的各种决策情况，并对出现的问题和运营结果进行有效分析与评估，从而对公司管理中的各种知识技能有更深切的体会与感受，并达到提升综合管理技能与分析解决问题的能力。

随着商业模拟技术的发展完善，商业模拟已被越来越多的高校与公司所运用。特别是在高校中，由于学生本身没有公司实际运营和商业竞争的经验，对行之有效的学习实践工具的需求更加迫切。

商业模拟方式的优点是比较系统全面地运用理论知识和响应现实商业要求，也让学生有了动手实践的机会。在理论学习的基础上，使用实验室模拟来体验商业社会中的各类职业角色是很生动的，但它依然不是真实的环境。实验中的角色也不是社会真实人物，只是虚拟的，许多技术参数与环节还是比较理想化的，往往趣味性会多于真实性。

四、开设创业教育学院

创业教育作为一个系统工程，需要整合一切资源，必须动员多方力量共同为之努力，在部分高校中专门设立创业教育学院已经成为一种创新模式。

创业教育学院作为组织实施创业教育的"平台"，由学校创业教育领导小组领导，负责全校创业教育的具体组织与实施，一般包括专业教学、认证培训、公司管理、模拟训练、创业孵化、基金管理、宣传教育等多个专项服务内容。

创业教育学院需要坚持在完善素质教育体系中推进创业教育的指导思想，以个性化教育为指向，以多元化质量观为基础，以"制定规则、制造空间，整合资源"为工作方针，以学分制的形式，以教育教学改革为基础，从基础层面（专业教学）和操作层面（创业实践）两方面入手，从广义的创业教育着眼，优化学生学习资源，深化学生创新能力培养，引导、鼓励和支持学生创业实践，培养学生的创业意识、创业精神和创业能力，与学生就业工作接轨，推动学生灵活就业和自主创业。

创业教育学院模式从理论教学来讲已经相当全面，教学形式也是丰富多样，对学生的学习主动性和趣味性都有很大的促进作用。它结合了前面几种教育模式的优点，但还缺少市场化和实战环节。

五、搭建孵化平台

全国高校在条件允许的情况下正积极建设大学生创业培训和孵化基地。为大学生创业搭建孵化平台。已有科技创业园区（中心或基地）的高校充分利用现有条件，发挥已有资源作用，使其成为大学生创业孵化基地，没有建立相关设施的高校，也在加快创业孵化基地建设，尽快为大学生自主创业搭建孵化平台。不少高校还积极争取所在地区的中小企业服务中心和各行业协会的支持，为高校毕业生自主创业创造条件。高校通过选拔、推荐具有较强创业愿望和浓厚创业兴趣的大学生进入校级创业培训和孵化基地，为他们提供创业政策解读、创业技能培训、创业项目研究、模拟和真实的创业实践等服务，使大学生尽快掌握创业技能，做好创业准备，成为创业带头人。

大学生创业孵化基地建成后，每年将从大学生创业基地中选拔数名大学生创业带头人进入社会创业孵化基地进行孵化，为其提供政策扶持、项目论证、一站式综合服务，并聘请专家对其创业全过程进行针对性指导等。同时，创业孵化基地为其提供公司发展和办公的条件，提供工作、生活的公益性服务，努力使进入基地的大学生创业公司成功发展，并成为全国大学生创业的典型。

创业园形式是非常具有挑战性的，所有的理论学习都要经得起实践的考验。对学生来说，入驻创业园创业本身就是一大突破，在创业期内不但体验了创业的艰辛，也对知识的掌握有了更明确的方向。但创业园还不完全是在社会上创业，作为公司要考虑人力资源、经营成本、战略决策等诸多问题。学生创业办的公司规模普遍较小，技术含量低，相对社会公司竞争性还远远不够，对社会需求的了解和体验还是有限的。

六、投身社会实践

如果说前面五种模式都比较具有学习性，那么第六种模式更具有挑战性，几乎完全脱离了学校这个"保护伞"，就像平时人们都在游泳池里尽情戏水，而这次就是"下海"遨游了，无论如何也要踩下去试个深浅。

到社会中去实践是创业教育的一大突破，比如多个机构在香港联合创立了"学校创意营运体验计划"，选出 15 队来自不同学校的学生，让他们接受有关创业及营业技巧培训后，在 7—8 月中旬期间，连续 4 ~ 6 个周末在维多利亚公园摆放摊位，售卖自制产品及年轻人用品，体验创业的滋味。该计划还安排了来自商界和其他界别的导师，在实践过程中为学生提供意见，加深学生对工作实践的了解和认识，并提高营运技能。其通过这样的实习创业机会，可以让学生体验创业的苦与乐，可以使更多的学生脱颖而出，加入创业者的行列。

很多学生在真正直接面对市场之后感触颇深，说学校虽有很多实践教育基地，但那些模拟场所多少有些程式化，缺少压力，置身市场真正操练就不同了，压力会变成动力，其中的收获是课堂上难以比拟的。在市场上为了生存，同样需要理论的支持，这会促使他们回到学校课堂里更努力地学习。参加社会实践后的学生，学习态度上发生了很大的改变，以前是要他们学，现在是他们自己要求学。

市场参与模式是真正的与社会接轨，但由于市场环境的复杂性和多变性，学校对学生的辅导难度明显大增，对学生的自学能力和开创性有很大的要求，某种程度上有一定的风险性。

第三节　创新创业教育的意义

具体而言，创新创业教育的意义主要体现在以下几个方面：

第一，是知识社会培养大学生创新意识和创新能力的需要。创新意识和创新能力是人的综合能力的外在表现，是以深厚的文化底蕴、高度综合化的知识、个性化的思想和崇高的精神境界为基础的。实施创业教育，通过创业人才培养，促进高新技术产业化，不仅带动国民经济迅速增长，还能通过辐射产业经济链，拉动传统产业，对综合国力的提高起着关键性作用。一个没有创新能力的民族，难以屹立于世界先进民族之林。从某种意义上讲，创新已经成为当今这个时代的标志和潮流。

当今世界是以知识经济占主导地位的世纪，智力资本已成为公司最重要的资源，谁掌握了知识，谁就掌握了最有价值的资本。而大学毕业生在高等学校的培养下，可以说已掌握了一定的专业知识技能，具备了从事某一职业的基本能力，是社会上素质较高的一个群体，可谓最重要的人力资源。很显然，高等学校若能加强大学生创新意识和创新能力的培养，毕业生就能在就业过程中更快更准地找到自己心仪的职业，就能更加理性地采用一种独立的、更加成熟的自我就业方式，即通过创业来成就自己的事业，实现自己的人生价值和社会价值。因此，对在校学生进行创业教育是顺应知识经济时代发展的必然选择，是适应知识社会的需要。

第二，是适应高等教育大众化的需要。随着高等教育大众化步伐的不断加快，培养大学生不仅仅是为了解决紧缺型人才，还是为了提高整体国民素质，培养适应社会发展的应用型人才。高等学校的不断扩招以及高等教育毛入学率逐年上升，高等教育已经从精英教育转向大众化教育，大学毕业生就业也由原来的统一分配变为"双向选择、自主择业"。2012 年普通高等学校毕业生 680 万人，2013 年该规模达到 699 万人，比 2012 年增加 19 万人，2014 年普通高等学校毕业生 727 万人，比 2013 年增加 28 万人。

面对竞争激烈的就业市场，要让大学生适应新的就业形势，一方面要求高等学校教师树立现代教育观念，转变教育思想，不断提高人才培养的质量和社会适应性；另一方面，要求高校教师积极探索创业教育的新型教学方法和途径，培养大学生的创业意识和竞争意识，以提高大学生的生存能力。通过对大学生进行创业教育，使他们了解创业教育的深刻意义，认识到自主创业是社会进步的需要，是自我生存的需要，也是大学生实现自我价值的需要，从而真正理解创业是更高层面上的就业。

第三，是推进人才培养模式改革的需要。高等学校的连续扩招导致毕业生就业压力不断加大，高等学校送出的毕业生在社会上就业如何，创业能力如何，直接影响着学校生存与发展的声誉。面对这种严峻挑战，作为高等学校，需转变教育思想，改革人才培养模式，树立以人为本、全面发展的理念和现代教育思想，在教学方法、课程设置及考试制度等方面进行探索、创新，主动为大学生自主创业提供良好的服务，教育大学生树立一种与现代市场经济相适应的积极就业观，培养有胆识、有眼光、有组织能力和社会责任感的大学生。通过开展大学生创业教育，发展和提高大学生的基本素质，培养和提高大学生的生存能力、竞争能力和创业能力。

第四，是大学生个体发展的需要。就创业教育而言，国家有关部委早有明确的文件。2002年，教育部、劳动与社会保障部等部委以及许多地方政府相继出台了有关政策，鼓励和帮助大学生自主创业、灵活就业。2010年教育部在"国家教育'十二五'规划纲要"中提出要加强高等学校大学生的创业教育，说明创业教育的重要性。通过创业教育，使他们善于观察，勤于思考，同时具有远见卓识和丰富的想象力，并获得一定的理论知识，积累经验，夯实技能和业务基础，从而使创业的智力因素得到锻炼；使他们创业的非智力因素如理想、信念、意志、毅力等得到培养；使他们对就业可以有一个初步的认识，不仅解决自己的就业问题，还要能为社会创造更多的就业岗位。由此，可以使大学生具备一定的生存能力，真正成为能够提高综合国力的充满活力的社会个体和群体，毕业后走向社会且能担负起创业的重任，进而实现自我价值和社会价值。

第三章 知识经济发展与创业

第一节 创业的经济学概述

一、创业是资源的优化配置

（一）穷则思变

穷则思变，原义是指穷才会想到改变。改变什么呢？改变生活方式、改变对自己的认知、改变自己的未来定位。有了这些改变，就会牵动着改变思维方式，发现机会和资源。满足是自己最大的敌人，如果一个人不能发现自己穷，他永远不会转变，走上新的生活；尽管不满足和贪欲是人们走向邪恶的原因，但也必须承认，它也是人们进步的动力。

改革开放之初，浙江很穷，因为那里人多地少，所以就产生了很多工匠。全国各地都有浙江的各种修理工，有很多做木工的、做眼镜的、做鞋的，著名公司吉利的老总在那时就是修理钟表的。虽然现在修理钟表只能作为糊口的手段，但在改革开放之初修理钟表，可以赚到比在农村多得多的收入。他从修理业开始，转向为农民照相，积累第一桶金，也积累了胆量和经验，一转身，成为中国最早一批民营企业家中的一员。浙江能够首先得到发展，主要是这里贫穷，但是人们不怕贫穷，都通过转变自己摆脱贫穷。

穷的根本含义是缺少资源，由此也成为穷的原因。越是缺少资源的人，越难以获取资源；而越是缺少资源，人就会越穷。成功的人之所以容易成功，是他拥有可以进一步成功的资源。没有资源的人，如何才能够改变自己呢？只有一个办法，那就是"转变"，即从一个打工仔成为创业者，从心态和定位上转变，从思维和视野上转变，从学习能力和方法上转变，从获取资源方式上转变。

创业是增加资源的重要方法。比如，以企业的名义，可以明确地招收员工，可以对外举债，可以利用商业信用，可以对外宣传提高声望。创业可以利用企业之名，获得扩大资源支配能力的条件。第一，创业是以少量资源为基础，在商业活动中获得资源放大的能力。例如，你如果有 10 万元资本金，你可以从银行获得接近 10 万元的贷款，这样你就可以拥有 20 万元的支配资金；而这 20 万元资金中的一部分可以通过商业信用再放大。例如，你可以进 10 万元的货，而不必立即付款，推迟一定时间付款，这样就可以让你成为 30 万元的资金拥有者；如果你采取租赁的方式，还可能掌握价值 20 万元的厂房或者店铺，这样你实际上可以有 50 万元的资产使用。如果你采取公司制或者合伙制方式，也可以放大最初的 10 万元资本，如果你决定只拥有 20% 的股份，企业就可以有 50 万元初始资本，按前述的比例放大 5 倍，就有 250 万元的实际资产。足够大的资产规模可以让企业生产方式分工更细、成本更低。第二，创业可以建立不同类别的资产组合。你可以利用企业之名，找到合适的员工，弥补你某些方面能力的不足；你还可以用购买、租赁等方式获得各种资产。只有拥有足够多的资产种类，才能组合成生产系统，而任何一种单一的资产都无法做到。第三，可以借助企业传播和传承声望，使自己少量的有形资产被无限放大与继承，甚至成为家族的荣耀。问题在于，其他资源为什么让你来掌握和管理呢？你必须首先掌握一些能够控制其他资源的关键资源，通常它就是你的创业设想。人穷但通常不会穷到没有观察，通过观察找到需求和资源，将其连接起来的设想是创业成功的核心因素，也是稀缺的因素，因此也具有巨大价值。

（二）资源尽其用

创业是一种资源转移过程，即将资源从原来的用途中退出，转换到另一个方向上。资源使用转换的动力是原来的资源拥有者效率低，而新的拥有者效率高，转换前后之间的效率差是创业的资源效率贡献。创业是探索资源效率的活动，也是提升社会整体资源效率的过程。

第一，创业是一个动员资源的过程。白手起家的创业，人们会把所有可能的时间全部利用起来。这意味着所有资源都最大限度地被利用。创业变成了一种挖掘自我资源效率的活动，不会再让资源闲置和浪费。

第二，创业是把自己的能力交给市场检验的活动。资源交给那些有能力的人，其含义是把资源引向最具有用途的地方，即交给市场检验。原来没有用途的资源，可以让有能力的人引导到有用的地方从而变得有用；原来用途较低的资源，会变得更有用。市场需求在不断变化，创业就是根据市场需求的变化发现资源新用途的过程。

第三，创业是一个资源整合的过程。资源的价值在于整合，任何资源单独使用都不可能产生功效，创业是将自己的资源重新认识并与别人的资源组合成有效结构的活动。只有组合才有可能产生功效，形成共同利益。

（三）机会的来源

创业是为了完善社会。这等于说，社会存在着自发地产生不完善的机制，只有通过创业才能够消除这种不完善。

完善不是主观的判断，按经济学标准，完善等价于均衡，意思是说，没有人会在市场中受到限制，想买的都可以在现行价格下买到了，想卖的也能够在现行价格下卖掉了。买与卖的意愿同时达到，这样就形成了一种均衡。这是一个稳定的状态，稳定状态下很难找到商业机会。发达国家即如此。

所谓的不完善就是存在着不均衡，不仅存在着创业者自己想卖掉资源却卖不掉的情况，更存在着想买也买不着的市场机会。创业就是搭起一座桥梁，将卖不掉的资源重新整合到有意义的方向上，在资源被出售掉的同时，使买者得到满足。这种活动不仅让双方获益，也能使创业者自己在其中谋利。

供求不平衡永远都会存在，不论是人们对资源勘探能力的提升，还是对资源生产方式的改变，或是资源运输能力的变化，抑或某些生产和建设引发的资源的短缺，都会造成资源供给环境变化。除此之外，劳动力、资金、基础设施、政府公共政策与公共服务也会形成环境变化；而需求受到人口数量、家庭结构、人均收入的影响会出现总量和结构性调整，使得一些需求得不到满足，而另一些需求却被过度满足。这种不均衡要求企业的业务必须从一个产业转移到另一个产业，如果转移不及时，企业就要死掉。死掉的企业退出市场变成要素，重新整合变成新的企业的过程就是创业过程。机会常有，创业也必然常有。越是快速发展的社会，机会就越多，就需要有更多的创业者和创业行动；而在那些相对均衡的市场，人们收入增长十分缓慢，只能靠创新来打破市场的均衡、获得机会。

二、创业是主动发现自己

一些当年的穷书生，因为有了发明和创业行动成为巨额财富的拥有者，而一些曾经的富豪，因为固守传统生产重新成了穷人。人们地位的改变是来自于创业行动。在越来越依赖于创新的社会中，知识变得越来越重要，知识的转化能力也更加重要，其是指将知识变成人们生活享受的内容的商业能力与行动。

（一）命运是自己改变的

一个人只有重新发现自己，才能改变命运。命运掌握在自己手里，而不是掌握在别人手里；靠别人来发现自己是被动的，靠自己来发现自己是主动的。发现自己是一个重新认识自己的过程。不断重新认识自己，意味着不断转换事业，将自己的能力与新的机会相配合，其结果是命运的提升。

（二）发现自己的过程是行动的过程

将自己的思想变成方案，将方案变成行动，交给市场检验，不断校正思想和方案，最后获得市场的接受。发现自己能够被市场接受，需要行动。没有行动，无法检验思想和方案的正确性和意义；行动也是积累能力的过程，在思想形成、方案制订和行动组织过程中，人们都在积累着自己的能力。通过行动，人们认识到自己能够做什么，以及还可以做什么。

（三）发现自己的过程也是改变世界的过程

重新发现自己是通过让市场接受实现的。当一个人能够获得市场的认可时，意味着他正在改变这个市场，正在通过人们接受他的产品或服务转变消费行为，从而改变社会，进而，他成为推进历史的人，也是一个活得有意义的人。

一个人拥有的财富并不意味着他可以拥有了多少可以消费的财产，而意味着他对世界做出了多大的贡献，探索出了多少自己的人生价值。在现代商业社会，创业几乎是唯一可以主动改变自己命运的途径。

第二节　创业与经济社会发展

一、创业与合理配置资源

合理配置资源是有道德约束的，而不仅仅为了创造财富。当然，没有创造财富的前提，资源配置也没有动力。

假如有这样一个事例，在山顶上，一位游客甲拿着一瓶水，另一位游客乙口渴难忍地望着他。甲知道，这瓶水只需2元，但看乙的样子那瓶水值5元。甲犹豫怎么办？他看着大家，说："我也很渴，但他更渴，我想牺牲一下我自己，出售这瓶水，请愿意出价的朋友报一下价格。"最后的结果是乙以5元中标。

那么，甲这样做. 对还是不对？

通常人们给予的回答是唯利是图，认为甲是一个见利忘义之人。如果是你，你会反驳吗？你如何反驳呢？

把稀缺的水自己喝了，这样的人有道德吗？没有，因为还不太渴，却浪费了最有用的资源。如果不是用拍卖的方法，怎么能够找到最口渴的人呢？所以只有用这种办法。这种做法正是在优化资源配置，实现资源的最大效益，人也因此成为一个有道德的人。急人之所急和发现难题是创业者必备的道德。

创业者的重要工作是发现机会，其中之一是发现一些资源没有配置到最需要的地方，将那些价格较低的资源引入价格高的地方，让最需要资源的人得到满足。这个价格差反映了效用增值，也因此成为财富的重要来源。

二、创业可以促进经济增长

创业在于将资源从低效率转移到高效率之中，还在于发现新的商业机会、新的资源，用新的资源组合完成资源配置，在相同的资源条件下促使创造更多的资源价值。经济增长的本质就是让相同的资源产生更大的价值。

经济增长是一个资本化的过程，让资本代替人挣钱。创业就是将个人积累转化为资本的最直接活动。白手起家的创业是将自己与家人的储蓄交给自己去实践想法，而不是交给银行。资本可以放大自己的想法，因为资本可以变成生产工具，工具可以放大人的能力，提高效率，扩大资源利用范围。从资本角度观察创业，它就是一个不断积累资本，放大资本支配范围和让资本影响社会的活动，创业是收入转化为资本的桥梁。

自古以来，中国人就有勤俭节约的传统，但没有获得经济的增长，原因主要在于缺少创业动力。改革开放后，中国在制度上允许个人致富，非国有企业从无到有，由小到大，无不是通过创业完成的资本化活动。它们或者是个体户创业，或者是集体创业，或者是企业内创业，但都是资本化的过程。创业是中国实现经济高速增长最重要的原因之一，也是国家能够富强的重要原因。

三、创业最能够改变社会

经济增长促进了社会发展，原因是人们收入的提高可以让人们的需求层次发生改变，从而使生活内容更加丰富，人们生活得更加自由、更有质量。为了满足这些需求层次的提升，必须有可以满足这些需求的新产品与新服务。如果原有企业不能实现这样的任务，那么就只能依赖新企业来完成。这些新企业形成和发展依赖的就是创业。

创新为社会提供新的产品和新的服务，在满足人们新的消费需求的过程中，生活方式也在悄然改变，最后变成社会流行的生活方式与准则。电力的应用可以方便人类获取能源；信息化社会可以方便人类获取信息，它们都依赖于新技术的产品化；以前人们的休闲主要以在家里团聚为主要形式，现在则经常外出旅行；以前人们只能借助于国家邮政来寄送包裹，现在则由快递公司来完成，而不必亲自跑到邮局。在这些新产品、新服务下，人们已经形成了新的消费模式，并通过这些模式形成了新的文化传统。这一切都是创业者不断探索带来的。

创业还可以实现社会公平。创业不仅要将储蓄资本化，更重要的是要将想法与资本、人力等要素相结合。由于资本不断富余，而人们的想法却相对稀缺，因此，人们的想法变得越来越重要。在资本富足的情况下，有想法成为获得资本、形成团队甚至获得外部的人力支持的重要原因。想法几乎与人的地位无关，一些人可能很富足，却因为缺少想法而变得贫穷；一些贫穷的人可能拥有很少的资源基础，却可能因为有想法而走上获得外部承认并不断致富的道路。尽管人们的想法与其见识、社会网络和运用资源的能力有关，与他所受到的教育层次与质量有关，但是它毕竟给人们以机会，它可以让穷小子翻身，从而让社会有了消除财富分布不公的可能。扎克伯格没有任何背景，凭借其独特想法也创造了脸书公司。

第三节　创业的主要经济学原理

一、创业是一个为了未来收益而做出决策与实施的活动

创业是以现在的行动去追求未来的收益，因此，他必须借助于预期和判断进行决策，再通过行动获得收益。当预期收益大于他的全部投入并达到了预期利润时，他才会做出创业的决定。这个基本原理可以归结为"预期损益大于零"的创业原理，即：

预期净损益＝预期收入－预期投入＞投入到其他方向（从其他方向退出）的预期收益

预期投入包括了自己的体力、智力劳动，资金投入及其他投入。这些投入都可以换得其他收益，比如，资金可以换得利息或者其他报酬，时间可以获得体力或者智力劳动的补偿，可能还有其他人力和财产的投入，如家庭住房，可以出租获得收入。这些投入如果不用于创业，则可以用于其他方面。通常只有创业后的预期净损益大于这些其他全部预期收益总和，才会做出创业的决策。

但是，创业者经常会偏离这个判断，特别在其他人看来，他所做出的决策并非理性。但是他为什么还会有创业行动呢？一个重要原因是他通常会自信并放大自己的能力和预期收益而轻视损失。这些收益通常包括利益性收益和非利益性收益。利益性收益是指可以给项目带来的收入，非利益性收益是指个人获得的事业感、名誉和权力。

事实上，如果创业者抓住的机会较好，未来的实际收入并不是创业者所能够预见的，可能远大于预期收益；同时，由于存在着学习效应，未来投入的成本也不及预期投入那么高，因此，许多当初并不看好的创业者，后来却获得了成功。这意味着，创业者在很大程度上并不由理性的决策决定其是否成功，而在于是否实施了创业行动。

如何将一个创业决策变成好的创业行动呢？

第一，创业者必须行动。创业者不一定是优胜者，但是生存下来的创业者一定是优胜者，因而也必然是优秀者。从这个意义上说，创业是一种优化机制，它让很多人看到了未来，然后认定自己具有优秀者的品质，并且去尝试和验证自己的品质是否足够优秀。如果经过检验不是优秀者，他会自己认识自己，也可能会吸取教训重新再来，也许不再尝试，而将自己定位于配角的位置，其教训也能警醒其他人。没有行动的创业者不是真正的创业者。从这个意义上说，创业者的行动比决策更重要。

第二，不断改进和优化方案。任何提交到市场上的方案必须要经过需求的检验，也必须要经过竞争和淘汰，相对不好的方案可能会在选择与竞争中暴露劣势，走向失败。为了让方案的失败明朗化，市场机制通过创业失败这种比较残酷的方式，来评估方案的好坏。一旦失败，这种惨痛的教训会使其及其周围的人明白那个方案的错误所在。只有不断改进自己的方案、调试自己行动方向的创业者，才是好的创业者。

第三，创业者必须面对失败。一方面，自我预期经常会出现失误；另一方面，创业者的优秀是相对于竞争者而言的，如果竞争者不那么优秀，就可以给创业者展露自己的机会，这是创业实践之前没有办法预估的。积极的人是敢于失败的，通过失败找到正确的方向。重复失败概率更低，失败以后成为优胜者的可能性更大，通常不是一下就可以成为优胜者的。失败是创业活动的基本经济学特征，创业者必须有勇气面对失败。

二、创业是冒险性活动

有人对未来的判断是乐观的，有人是悲观的，心态深刻地影响着创业者。前者更容易因为盲目乐观而使风险增大，造成创业失败，后者则往往因为过于保守而丧失大好的机会。

创业只能事后验证自己对经济规律的掌握是否到位。创业的风险来自人们依据这种事先以为掌握了的经济规律来做出决策和行动，但是否真正掌握和能够按经济规律行动事先并不能全部知道。很多人因为这样的原因而忽视了对经济规律的掌握，这是加重创业盲目性的原因。如果一个创业者反复体会经济规律，更熟练地掌握经济规律，就可以减少对经济规律认识的盲区，减少事后验证失败的机会。失败是成功之母的原因皆在于此。

市场具有分散决策的性质。这种性质产生了两个效果：一是众多人去探索未知世界从而使答案内容更加丰富、完整和周全，尽可能降低遗漏的可能性；二是市场具有分散风险的特征。分散决策并不一定会减少投入，因为分散会产生重复投入，但分散有利于找到正确的方案。创业者是市场机制下的一分子，他们大量地分散进行决策，探索着未来，必然会有一些创业者倒下去，但也必定会有一些创业者屹立起来。认识到这样的经济学规律，创业者不仅要笑对失败，也要学会如何从失败中找到正确方向和从自己的创业行动中获得正确的方法。个人的失败却往往预示着整体的成功。因此，冒险是社会进步的重要推动力。

市场有优胜劣汰的功能，优者得以获取更大的成本优势，从而导致劣者不得不面临亏损而退出市场，或者优者提供更优质的产品和服务吸引顾客转移，也会造成劣者不能生存，优者在获得了顾客以后得到了成长。能够生存下来的企业是优者，社会进步就是在优者不断替代劣者过程中获得的。成功创业者就是那些竞争的优胜者，意识到这样的经济学原理，创业者不仅要学会面对需求，还要学会面对竞争。

创业是冒险活动。首先，创业者要不怕冒险；其次，创业要从个人和其他人的冒险失败中获得经验，利用好分散寻找答案的市场机制，来提高冒险的成功率和降低行动风险。

三、创业是一个组织活动，也是一个利用规模经济的活动

很多时候，个人的能力无法应对和解决一些问题。人类发明了合作生产，其中最重要的方法就是建立企业，使每个人不能完成的活动，通过组织来合力完成。在远古时代，当人们为了完成个人力所不能及的工作时，用"喊号子"的办法，将力量协调在一起，人拉肩扛，用人力来解决困难；但有时即便是人多也有所不能及。为了代替人力，人们发明了设备。设备和生产线更要求人们在更广泛的意义上进行合作。设备将人组织起来，将人力放大。将力量集中，并通过组织形成合力，这是创业者的重要作用之一。

创业者借助于组织拥有的资源种类和数量，通过资源整合，产生了 1+1 ＞ 2 的效应，获得比自己资源收益更多的利益。如创业者雇用了一个人，总计获得 3.5 的收益，打工者和创业者分别获得 1 的正常收益，创业者还获得了一个

超额收益 1.5。这是他组织资源创办企业的重要动力。

人们愿意将资源交给创业者或其他企业使用，是为了让自己的资源获得应得的报酬，也是为了放大自己的资源价值。

四、比较优势的利用

中国曾经是一个劳动力丰裕的国家，如果能够减少资本投入量、增加劳动力投入量，就可以进一步降低成本，因为，使用自己丰富的资源，可以实现降低成本的目的。为此，比亚迪在引进生产线时，只引进了一条生产线的几个关键性设备，其他设备均不引进而采取了国内制造，并换成大量使用劳动的手工操作生产线。有人去了比亚迪，看到厂房里到处都是女工在生产线上缠绕线圈，而在相同生产规模的日本生产线上却根本看不到人。

在外行或者从技术角度看来，日本是一个自动化程度很高的国家，或者以为这样的生产线可以避免有杂质落入电池之中，从而可以保证质量，殊不知，其根本原因是它的人力成本非常高。比亚迪选择了低成本导向的发展思路，而这种思路非常适合中国国内市场需求的特征。一方面，快速增长的手机市场是低价格刺激出来的，低价格让更多人享受到移动电话的便利。另一方面，低价格可以充分利用本国资源，因为廉价的劳动力可以为中国生产企业带来成本优势，这种优势可以在世界市场形成极强的竞争能力。

从国情出发，就是要从要素比较优势出发，最大限度地节约成本。以最低成本为目标，选择合理的要素比例，需要生产过程的创新能力；同时，也要从市场特征出发，根据市场特征决定牺牲掉多少性能。对比亚迪来说，后者更为关键，就是说技术路线的选择差异决定了企业的生命曲线，以及由此形成的创业成功的可能性。

五、市场机会的形成

人们经常会因为找不到机会而沮丧，认为自己运气不佳。是否机会就是靠运气呢？这也不能说完全没有，毕竟大千世界，偶然情况总会发生，但是如果从事后进行判断，就不能说机会没有规律可循了。但是这些规律都是什么？人们能否通过训练掌握这些规律并懂得如何运用这些规律呢？这意味着，能够发现机会的人，多是那些掌握机会发生规律之人。

机会发生的第一个规律是市场会形成一种不均衡。许多人面对这样的机会经常是木然的。因为，首先，中国收入增长是一个渐进的过程，人们对此过于习惯，变成了温水中的青蛙，看不到阶段性变化。量变必然引起质变，这是一个哲学规律，具有普适性。收入增长进入到某一个阶段的初期还不至于引起变化，但到了这个阶段的中期特征就会变得非常明显。能够发现机会的人，往往是在初期就预见到这个本质性变化，采取行动并进入市场，开拓了市场，当市场发展到中期时，它已经建立起市场信誉了。其次，是恐惧竞争。其实，经常会存在着现存企业的惰性，他们瞧不起刚刚起步的企业，而且他们也没有预见到，甚至还在谋求获得垄断利润的时候，市场猛烈地扩展，也为勇敢的创业者提供了发展的机会。

机会发生的第二个基本规律是变动传递规律（或称机会波及规律）。事实上，产业之间存在着多重关联，主要表现在：

产业链条之间的关联，表现为下游需求拉动上游扩张，如汽车快速增长拉动了钢铁快速增长，下游为上游带来机会并依次向上传递，最终传递到了矿石；也表现为上游成本下降，带来下游成本下降，并通过价格下降使下游需求扩张向下传递，例如芯片价格下降，导致各种IT产品价格下降。

互补品的需求会同规模地增长，例如，打印机大量使用，使新闻用纸需求上升。

产品生产的所需要的要素数量增加、要素集中等形成新的类型需求并向周边产业传递，例如牛仔裤的出现是因为在美国西部大开发时，大量的工人对工作服有特别耐磨的需求。

同类企业有对城市公共品和共同服务的需求。

这四种传递使那些想创业的人需要经常去看什么是增长最快的产品或服务，然后去做受到波及的相关产业。

机会发生的第三个规律是周期规律。盈与亏、满与缺总是相互交叉的，永远持续增长或持续衰退的事物几乎找不到。一年四季是周期，人的生理和心理有周期，政治选举也有周期，技术创新有周期，房地产也有周期，市场价格变化也是周而复始的。有一些产品的价格周期规律非常明显，也有一些则十分漫长。人们忘记了周期的作用，以为永远如此，对这些周期规律认识的缺乏和失误是一些人创业失败的重要原因。在周期规律的作用下，原来的机会可能持续不存在，而新机会正在重新回归。面对这样周期现象明显的行业，通常有大量的机会，用旧的生产方式进行延续就可以获得巨额收益。

六、外部性

任何活动都有外部影响。比如，生产会产生污染，也会带动当地就业；技术创新可以为自己带来创新利润，带来外部产业结构的变化，改变人们的行为，也会引来模仿者。外部性是一个普遍现象，它是指并非出自活动者本意而形成的外部影响。这些影响会带来额外的成本，这些成本与企业成本相加共同构成了社会成本。如果社会成本大于企业收益，这种外部性是负的外部性，典型的负外部性是环境污染；也可以带来比企业获得的收益更大的社会收益，而没有额外的社会成本，这时会形成正的外部性。

企业借助于一些正的外部性来发展自己。如一些地区某些专业十分活跃，培养了一批技术工人，就可以为新创企业带来用工的环境；为这些企业提供完整的配套体系，则可以为创业提供较低的成本环境和可供选择的商业环境。

相反那些具有负的外部性，不仅社会要承担成本，新创企业也会承担成本。比如，一些地区诚信缺失所产生的负外部性会让这个地区的产品蒙受市场的不信任而遭受损失，一些创业者也会因为压款严重、商业信用环境差和财务运行缓慢，而不会选择来此创业。

第四节　知识经济下的创业

一、知识经济的概念

"知识经济"通常解释为以知识为基础的经济，是相对于传统经济（以物质为基础的经济）而言的经济。传统经济主要是工业经济和农业经济，虽然也离不开知识，但总的来说，在经济增长和运行中起决定作用的是能源、原材料和劳动力的投入，而不是知识的投入，因此也被称为以物质为基础的经济。

知识经济是人类知识，尤其是科学技术方面的知识，积累到一定程度，以及知识在经济发展中的作用增加到一定阶段的历史产物。知识生产方式和知识传播方式发生了根本性变革，由此才产生了知识经济。

知识经济与信息经济有着密切的联系。知识经济的基础是信息技术的广泛应用。知识经济的关键是知识生产率，即创新能力。只有信息充分共享，并与人的认知能力和智能相结合，才能高效率地生产新的知识。信息技术为知识生产提供了新的物质环境。在信息技术发达的环境下，人脑资源配置效率出现了前所未有的提升，知识产生方式发生了跨时间、跨地域、跨行业的变化。同时，信息技术也为知识传播创造了条件，使知识更加容易普及和传递，也使人类获得了快速的进步。分享知识加快了经济结构转型，并使创造知识的人群成为经济的重心，同时，也使由某一知识形成的垄断性生产方式瓦解、垄断利益快速消散，进而导致了人们需要更多地创造新的知识。在这种趋势下，拥有知识并不重要，而拥有知识转化能力和知识生产能力更加重要。总之，人类积累的知识与信息革命数字化、网络化、信息化的结合，促使其高效率地生产和传播新的知识，为创业提供了新的物质技术基础。信息经济与知识经济两个潮流的合并，正在全面地改变着社会的生存方式。

知识经济的"知识",是一个已经拓展的概念。它包括：

第一，知识是什么的知识（Know-What），是指关于事实方面的知识。比如，关于销售渠道方面的知识，专营性渠道可以实现有效控制，但渠道成本较高；再比如，从个体到公司的本质是权力的分散，也是资金获取方式。

第二，知识是为什么的知识（Know-why），是指原理和规律方面的知识。比如，财务存在着周期性；在规模经济下，可以利用规模扩张获得成本节约。

第三，知识是怎么做的知识（Know-how），是指操作的能力，包括技术、技能、技巧和诀窍等。比如，导游时讲述的重点内容必须重复两次以上，并要问是否全部听懂；做成生意必须准备好讨价还价。

第四，知识是谁的知识（Know-who），是指对社会关系的认识，以便可以接触有关专家并有效地利用他们的知识，也就是关于管理的知识和能力。比如，必须请顾问来了解财税知识，必须请知识产权专家确定是否申请知识产权。

二、知识经济的特征

知识经济具有一系列崭新的特点。

（一）知识经济是以新科技革命为依托的信息化经济

以往工业经济的发展和繁荣直接取决于资源、资本、硬件技术的数量、规模和增量，片面追求产品技术的极致和单一商品生产规模的最大化；而知识经济直接依赖于知识或有效信息的积累和利用，将知识作为追求发展的内在驱动力，强调产品的数字化、网络化和智能化。

（二）知识经济是以高科技人才为核心的人才经济

现代国际竞争是综合国力的竞争，其关键是科学技术特别是高新科技领域的竞争，而其中起决定作用的核心因素是人才的竞争。近年来，国内外一些高新科技企业，如微软、阿里、腾讯之所以能够异军突起，高科技优秀人才起了至关重要的作用。

（三）知识经济是一种创新经济

这种创新绝非是传统工业技术的简单创新，而是建立在最新高科技成果基础上的、在一系列新兴领域的全新开拓与创造。这些领域具体包括信息科学技术、新材料科学技术、空间科学技术、海洋科学技术、有益于环境的高新技术和管理软科学技术等高新技术产业。

（四）知识经济是真正意义上的全球一体化经济

全球信息网络的开通及进一步发展，不仅使全球信息资源共享成为可能，而且随着信息技术的发展，必将为整个人类社会充分利用、享有信息资源提供更为快速便捷的手段和更为广阔的空间。

三、知识经济时代的创业行为

在知识经济时代，创业行为可有以下几个特征：

第一，关键要素是知识，教育起重要作用。知识经济时代中知识在经济中的支配作用，使知识生产与传播部门变得尤为重要，教育机构不再是培养打工者的地方，而是培养知识创造者和知识商业运用者的地方。越依赖于知识生产的国家，大学的密度越高，大学的科研要求越大；大学越集中，且侧重于研究型，这个国家的知识优势越为明显。越是有人才培养与选拔机制和越具有知识创造与转化能力的企业，越具有价值创造能力，也更具有竞争优势。

第二，创业者的重要能力是知识的判断能力与转化能力。在知识经济时代，企业是知识的转化者，什么样的知识可以转化，转化到哪里是企业需解决的核心问题。企业家的主要工作将从组织生产和市场开拓，转变为对知识的理解和知识价值的发现，创业者的重要工作也将从资源整合转变为知识价值的再发现。创业者的重要能力是知识意义的识别与判断，是知识转化的组织能力。

第三，创业投资成为重要支持环境。在以知识为主要资源的创业活动中，创业者主要依赖的资源不再是资本，而是知识，资本退居到相对次要的位置。资本与知识的结合不再是知识主动，而是资本主动；资本也不再以借贷方式进入企业，而是以股权方式进入企业。一方面，知识不能作为银行贷款的抵押依据，所以无法借助于银行金融体系融资，但创业者除了知识以外，仍然缺少资金；另一方面，创业者除掌握知识以外，还通常比较缺乏管理经验，需要管理能力与之配合，创业投资的专业管理可以提供这样的帮助。

创业投资的盈利方式是基于股权退出，当企业获得了成长，在市场上的价值有足够的增值时，创业投资可以将股权出让，并获得资本的增加。这种创业利润有别于合股制的利润分成，它是出让权利的获利，也是让企业得到成长的方式。所以，在知识经济时代，必然要求要有大量的创业投资和股权退出机制与之配合。

第四，创业管理正在专业化。传统创业活动是创业者具有全能的素质，在知识经济时代，创业者需要借助许多外部管理能力，来补充自己的一般管理能力的不足。同时，企业成长的不同阶段其管理特征和任务重点也不相同。传统创业活动假设创业者是连续转变管理方式的；在知识经济时代，创业企业存在着大量的企业成长夭折现象，这种高风险来自管理能力的不足，解决这个问题通常由专业管理团队完成，创业者仍然保持着对知识理解和判断能力的优势。企业运作具有整合性，并非由个人品质决定。这样，在知识经济时代，创业管理便是一个专业活动，形成了一个专门的职业。

第五，网络规律深刻地影响着创业活动。网络规律是以网络外部性为主的经济规律。网络效应是指用户数量增长给原有用户带来的好处，使后来者能够看到的好处越来越多。QQ、微信成了网民生活、工作的重要工具。原因是网上交流给人们带来了方便，并且随着加入人数的增加，带来的方便是不断递增的。

网络外部性的重要特点是越是没有人加入网络，越难以给没有加入的人带来好处，人们越不会加入；相反，加入的人数越多，带来的好处越多，就越会吸引人们加入。在没有达到人们认为有足够效用的顾客数量之前，不会出现网络的自我膨胀，而一旦超过这个阈值，顾客会自动参与其中，网络的发展也就越迅速。达到阈值的网络企业活动无法让自己盈利时，企业只有投入，这被称为"烧钱"，而一旦达到顾客数量阈值，企业通常可以盈利，并且盈利越来越快。克服阈值是创业企业的重要战略要点。

四、知识经济时代赋予创业的重要意义

纵观 20 世纪的发展历程，人类逐渐从工业经济社会步入知识经济社会。在以知识为基础的经济发展过程中，知识成为资本，人才和科学技术的价值得到充分的体现。

生活在工业经济时代的人们，很难想象 20 世纪末期会出现比尔·盖茨、马云之类的奇迹。在短短几年时间里，这些年轻人凭借自己的开拓精神、创新能力，用自己的智慧闯出一片崭新的天地，靠计算机软件、因特网等积累起大量财富，同时推动整个人类文明向前发展。

这是一个创业时代。传统的事业发展模式逐渐被打破，创造和创新日益得到认同。美国硅谷早已成为知识界、科技界、企业界有口皆碑的楷模，从那里人们明白了知识原来可以这样快速地转变为财富，科技原来具有如此大的威力，甚至可以引发产业革命。

他们能行，我们也能行！他们能做到的，我们也能做到！在追赶世界先进水平、振兴国家的过程中，一批批对未来充满希望和梦想的人，开始思索并实践在中国的创业梦想。

最近几年，伴随着风险投资、互联网和电子商务等在中国的发展，一批创业领袖和高科技企业相继诞生。创业领袖们的个人魅力和奋斗经历正感染并激励着我们，而在科教兴国的时代背景中，高科技产业的振兴对于国民经济的发展来说至关重要。高科技创业公司的出现和崛起，则是高科技产业振兴的重要生力军。创业在这样的环境中，并不仅是个人的选择，还是社会所认同的一种有价值的行为。

不论什么年代，我们都可以充满热情和活力，但是，只有知识经济时代才赋予了我们如此多的机遇。在这个知识创造财富、智力就是资本的时代中，我们不必再沿着工业时代前辈们的老路前进。榜样的力量是无穷的，比尔·盖茨如此，马云如此，新经济时代的拓荒者们大都如此。

第四章　创业者与创业团队

第一节　创业者的素质与能力

一、创业者的定义

创业者一词由法国经济学家坎蒂隆于 1755 年首次引入经济学。1880 年，法国经济学家萨伊首次给出了创业者的定义。他将创业者描述为将劳动、资本、土地这三项生产要素结合起来进行生产的第四项要素，是把经济资源从生产率较低、产量较少的领域转移到生产率较高、产量较大的领域的人。

管理大师彼得·德鲁克给创业者所下的定义是"创业者就是赋予资源以生产财富的人，创业者善于创造或发现机会，然后抓住机会，并创办起有高度发展潜力的企业，其思想和行为与众不同"在企业界，创业者通常被定义为组织、管理一个生意或企业并承担其风险的人，有两个基本含义：一是指企业家，即在现有企业中负责经营和决策的领导人；二是指创始人，通常理解为即将创办企业或者是刚刚创办企业的领导人。还有些学者将创业者界定义为一种主导劳动方式的领导人，是一种需要具有使命、荣誉、责任能力的人，是一种组织、运用服务、技术、器物作业的人，是一种具有思考、推理、判断能力的人，也是一种能使人追随并在追随的过程中获得利益的人。

笔者认为创业者是善于创造、发现、抓住市场机会，并组建高效企业，能够承担风险带领企业盈利并持续健康发展的人或者团队。

二、创业者的基本素质

创业是由个人或若干人联合创办企业并掌握所有权的。从广义上来说，创业是创立基业、创办事业，通过开拓性思维、创造性劳动建功立业。创业能否成功，这就可以体现出创业者的基本素质。根据我国的创业环境及众多成功案例，概括起来，创业者应具备以下几个方面的基本良好素质：政治素质、思想素质、知识素质、心理素质、身体素质和能力素质。

（一）创业者应具备的政治素质

能坚持把国家富强、民族振兴、人民幸福作为自己的政治思想，自觉按党的路线、方针、政策办事，自觉维护人民利益、国家利益。

在政治的大是大非上，创业者应该旗帜鲜明，身体力行，而不只是嘴上说说而已。这要求创业者具有政治上的高瞻远瞩，与各级政府建立密切和谐的关系，对中国的社会福利和慈善事业做出自己应有的贡献，做一个社区的好公民，而决不做任何危害祖国和人民利益的事情。

（二）创业者应具备的思想素质

要建立社会主义市场经济，创业者应该牢固树立与市场经济相联系的几种现代意识：

市场经济意识。在长期计划经济体制下形成的产品经济意识，是产量、产值导向的管理理念，"增产"成为企业追求的主要目标，而用户对该产品是否满意，以及销售额和利润多少则被放在次要位置，这是与市场经济的要求背道而驰的。

市场竞争意识。许多企业的创业者，身子已经处于市场竞争之中，但头脑中缺乏竞争的意识和谋略。人们往往习惯于纵向比较，而不进行横向比较，经常满足于一得之功及一孔之见，满足于"进步不大，年年有"，满足于企业员工"收入不多，有饭吃"。这与市场竞争的新体制格格不入，不冲破它，企业就无法投入市场的海洋。

效率、效益意识。有些创业者效率、效益不离口，但却对身边的低效率、高浪费现象熟视无睹。办公室喝茶、聊天，他们习以为常；资金上的跑、冒、滴、漏他们不去抓；办事拖拉，不紧不慢，他们不当回事……这种创业者的效率、效益意识其实并未真正建立起来，巨大的损失在等待着他们。

开拓创新意识。创新来源于开拓精神，敢于走前人没走过的路，敢冒失败的风险，才能开拓出新局面，在创新中走向辉煌。增强中国企业的技术创新能力，要从"中国制造"尽快地过渡到"中国创造"，要在这方面上有眼光、有魄力，就会发现自己的路越走越宽。

风险意识。市场竞争是残酷的，机遇与风险共存，不敢冒风险，也就抓不住机遇。在市场竞争的惊涛骇浪面前，敢不敢冒风险，敢不敢闯出一条新路，往往决定了创业者的命运。

服务意识。如今科学技术的扩散速度之快，制造技术和设备的无差别，企业间的竞争也会日益转移到服务领域。服务制胜时代来临，赢取服务质量上的竞争，是靠全体员工树立牢固的顾客至上和优质服务意识以及具有专业化的服务技能的。

诚信意识。现代化的企业越来越实行开放式经营，甚至于实行跨国界的全球经营，其间，企业与外界建立了众多的关系，包括许多合同关系。能不能严格履约，守不守信用，自然成为企业的重要道德标准。守信是调节企业公共关系的道德规范。守信的价值观基础是视企业信誉为生命，其实践的要点是以诚待人。

法治意识。市场经济的秩序靠法律来维持，守法经营是领导者必须守住的一条防线，一旦这个阵地失守，什么假酒、假药、假商标，以致走私、偷税、诈骗等违法行为就会缠住你不放，最后只有走向深渊。由于初创期缺乏信誉积累，创业者的法治意识更为重要。在守法问题上，可以说是"一着不慎，满盘皆输"。

（三）创业者应具备的知识素质

基础知识。基础知识指高中毕业生的知识水准，这是创业者最起码的知识基础，包括语文、外语、数学、物理、化学、生物、历史、地理等。

人文社会知识。任何组织都是社会的细胞，在社会的大环境中生存和发展，与社会有着千丝万缕的联系。创业者应丰富自己的人文社会知识，特别是关于哲学、政治、文化、道德、法律和历史方面的知识，以确保做出正确的决策，并有效地加以实施。特别重要的是，一些大型项目的创业者，必须能够从政治上看问题，从哲学上进行思考，对他们人文社会知识的修养理所当然的应该有更高的要求。

科学技术知识。科学技术是第一生产力，科学技术日新月异，谁掌握了明日的技术，谁就在竞争中稳操胜券。创业者应力求在自己从事的业务领域中成为专家，又要有比专家更广博的知识面。

管理知识。管理是科学，也是艺术。现代管理理论是一切领导者的必学科目，也是成功者的护身法宝。在实践中创造性地应用管理知识，就会形成独具特色的领导艺术。

（四）创业者应具备的心理素质

创业是一种精神，也是一种意识，更是一种人生的挑战，创业是团队的合作，也是心理成长，更是生命的体验。每位创业的大学生都需要具备良好的创业心理素质，才能很好地从事创业实践活动。

强烈的创业意识。有了创业必备知识并不等于创业能成功，创业成功的因素很多，因素之一就是要有强烈的创业意识。俗话说，一切靠自己。这就要求创业者挖掘大脑的潜力，对创业产生强烈欲望，形成强烈的思维定式，营造创业的氛围，积极为创业创造条件。

自信的创业精神。自信心是一个人相信自己的能力的心理状态，自信心联系着一个人的成功与否，没有自信心是很难成功的。创业者要认真学习"潜能教育论述"和"成功教育论述"，培养和坚固自己创业的自信心，最大限度地挖掘和发挥潜能，成就自我，享受人生。创业者还要有自强、自主、自立精神，要通过多种形式学习创业成功者的优秀品质，深刻领会他们在创业过程中经历的风险。

竞争意识。人类正是在存活竞争之中学会制造使用工具，并不断丰富发展自己的大脑。没有竞争就没有发展，没有竞争就没有进步，没有竞争就没有优胜劣汰。

强烈的责任意识。没有责任感的员工不是优秀的员工。创业者要将责任根植于内心，让它成为脑海中强烈的意识，在日常行为和工作中，责任意识会使创业者体现得更加卓越。责任感是由许多小事构成的，但是最基本的是做事成熟，无论多小的事，都能比以往任何人做得更好。对自己的慈悲就是对责任的侵害。创业者要立下决心，勇于承担责任。

（五）创业者应具备的身体素质

身体是完成任务的基础，拥有良好的身体素质，才能使人心胸宽广、拥有一往无前的魄力。如果想创业，就必须要有一个健康的身体。要在日常生活中注意锻炼身体，锻炼方式很多，以对身体锻炼有效的项目为主，其他项目为辅，要有坚定的意志和志向。人能攀多高，不要问双手，要问意志；人能走多远，不要问双脚，要问志向。有志攀山顶，无志站山脚。

古希腊思想家苏格拉底在教学中有过这样一件事发生，在开学的第一天，苏格拉底对他的学生们说："今天我们只做一件事，每个人尽量把手臂往前甩，然后再往后甩。"说着，他做了一遍示范。"从今天开始，每天做300下，大家能做到吗？"学生都笑了，这么简单的事，谁做不到呢。可是一年以后，苏格拉底再问的时候，他的全部学生却只有一个人坚持了下来，后来这个人继他之后成为新一代思想家，这个人叫柏拉图。所以，要锻炼好身体，关键在于要有坚强的意志和坚持不懈的毅力。

三、创业者的必备能力

要成为成功的创业者，必须具有出色的经营才能。创业能力是一种能够顺利实现创业目标的知识和技能。它除了具有能力的一般含义外，还有自己的独特内涵。

（一）创新能力

创新能力就是创业者在生产经营活动中善于敏锐地察觉旧事物的缺陷，准确地捕捉萌芽的新事物，提出大胆的、新颖的推测和设想，继而进行周密论证，拿出可行性解决方案的能力。创新不仅仅是从无到有地创造一种产品或服务，更多的是在以往的基础上对原有的产品或服务进行改进。创业者的创新能力往往体现在技术、管理和营销上的创新。创业是开创一项事业，没有一种可以复制的模式让我们一劳永逸。一个新的管理理念或是新开发的产品或服务，往往会给创业者带来惊人的回报。

（二）决策能力

决策能力是指创业者能够根据外部经营环境和企业内部经营实力，选定经营项目，确定企业发展方向和目标，拟定企业发展战略和营销组合策略，并能根据内外情况变化适时做出调整的能力。

创业者培养决策能力应注意以下三点：第一，克服从众心理。决策能力强的人，能摆脱从众心理的束缚，思想解放，冲破世俗，不拘常规，大胆探索，唯有此，创业者才能独具慧眼，捕捉到更多的机遇。第二，增强自信心。创业者首先要有迎难而上的胆量，其次要变被动思维为积极思维，再次要培养自己的责任感和义务感。第三，决策不求十全十美，注意把握大局。

提高创业者决策能力有以下几种途径：从博学中提高决策的预见能力；从实践中提高决策的应变能力；从思想上提高决策的冒险能力；从心理上提高决策的承受能力；从思维上提高决策的创造能力；从信息上提高决策的竞争能力；从群体上提高决策的参与能力。

（三）营销能力

营销能力是市场营销技能最直接的体现，也是所有市场销售行为结果的体现。对于创业者来说，行之有效的营销非常关键，新创企业往往做不起广告，多数只能通过创业者亲自拜访目标顾客获得订单。

一旦开始创业，该怎么做？下一步怎么办？都必须要有清醒的认识。如果产品制造出来没人买，公司就白开了，有无数公司都是快速开起来最后却关门了，其根本原因之一就是他们不懂如何推销自己的产品，如何推销自己的公司品牌。因此，要把公司"卖"出去，一个是卖公司的产品，另一个更重要的是随着产品的销售，卖出公司的品牌，也就是说，让大众认可公司的品牌，让大家都知道这个产品是从这个公司卖出来的。

（四）交往能力

交往能力是指妥善处理组织内外关系的能力，包括与周围环境建立广泛联系和对外界信息的吸收、转化能力以及正确处理上下左右关系的能力。人际交往能力是创业者发展和巩固其人脉资源的重要保障。人际交往能力主要表现在表达能力和反应能力两个方面。

表达能力是充分有效地将自己的观点阐释给对方的能力。充分有效地表达能够使大家领悟企业目标，能够使大家更加有效地为完成共同的目标而努力。反应能力是表达能力的有效补充，良好的反应能力能够帮助表达者随时领会和把握表达对象的需求和对表达内容的理解，有效调整表达的方式和内容。

（五）管理能力

管理者的管理能力从根本上说就是提高组织效率的能力。管理者若要准确地把握组织的效率，需具备五种管理能力。一是战略管理能力。战略管理能力是指创业者通过制定、实施、评价企业战略以保证企业组织有效实现自身目标所表现出来的能力。其要求创业者具有战略眼光，能从总体上把握形势，既考虑当前利益，又考虑长远利益，尤其是在某些特定情况下，能够着眼于长期目标，而不拘泥于一时一地的得失。二是文化管理能力。文化管理能力是指创业者为解决企业的长期生存和发展，在企业内部建立的一种全体员工共同遵循的基本信念和认知的能力。三是信息管理能力。信息管理能力是指创业者善于收集、整理与分析信息，并使之系统化，在企业内外建立通畅信息渠道的能力，这是决策科学化的最重要基础条件。四是人力资源管理能力，人力资源管理能力是指通过招聘、甄选、培训等管理形式对组织内外相关人力资源进行有效运用，满足组织当前及未来发展的需要，保证组织目标实现与成员发展的最大化。五是组织管理能力。组织管理能力是指创业者为了有效地实现企业目标，运用行之有效的手段，把企业生产经营活动的各个要素、各个环节，从纵横交错的相互关系上，从时间和空间的相互衔接上，高效地、科学地组织起来的能力。

（六）用人能力

公司的管理和运作与其说是资金的运作，不如说是人的运作。创办一个新企业，很重要的一点是要组建一支强有力的核心团队。宁愿投资一流团队的二流技术，也不愿投资一流技术的二流团队，这是创业投资上不成文的信条。明明白白说明了建立好一流团队对于创业的重要性。创业者必须坚持"以人为本"的管理理念，必须懂得人力资源的管理。一方面，创业者要网罗企业发展所需的关键人才，招贤纳才，留住人才；另一方面，要充分利用和开发企业现有人才，做到"人尽其才"，构建一个"学、教、练"相结合的学习型的人才团队。

创业者对待下属要具有两种素质：一种是"德"，也就是要奖赏下属，学会财富分享，才能凝聚人心，才能激励工作；一种是"威"，廉政树威，才敢惩罚下属的不当行为。只有将两者有机结合起来，即"宽猛相济，德威并施""赏罚严明"，才能进行有效的管理。只有"赏"才能鼓舞员工的干劲，激励员工敬业精神，塑造职工可以仿效的榜样。

第二节　创业者创业动机的驱动因素

一、创业动机的含义

创业动机是引起和维持个体从事创业活动，并使活动朝向某些目标的内部动力，是鼓励和引导个体实现创业成功而行动的内在力量。创业动机是创业者的内在动力，创业行为是这种内在动力的外在表现。

创业动机产生的内在动力是需求，外在条件是诱因。创业动机可以激发、指导、维持和协调创业活动。

（一）创业动机产生的内在动力与外部条件

第一，创业动机产生的内在条件是需求。生存需求、自尊需求、自我实现的需求是创业动机产生的三个内在条件。例如，有人是为了生存而创业，有人是为了获取他人的尊重、获得自尊心的满足等而创业，还有人是为了实现自身的价值和人生的理想而创业。

第二，创业动机产生的外在条件是诱因，物质和非物质的刺激是驱使创业者产生创业动机的外部因素。例如，有人是因为受到别人较丰富的物质条件的刺激而产生创业想法，有人是因为没有得到他人或社会足够的重视和尊重而产生创业动机，还有人是因为看到他人为理想而奋斗、开创自己喜欢的事业而萌生创业的想法。

（二）创业动机的激发、指向、维持和协调功能

创业动机具有三种功能。一是激发功能。创业动机能激发创业者产生某种创业活动。创业者在受到某些刺激，特别是当这些刺激和当前的创业动机有关时，创业动机更容易被激发。二是指向功能。创业动机使创业活动针对一定的目标或对象。例如，在成就动机的支配下，有人会放弃舒适稳定的工作而选择

创业。创业动机不同，创业活动的方向和所追求的目标也不同。三是维持和协调功能。当创业活动产生以后，创业动机维持着这种创业活动，并调节着创业活动的强度和持续时间。如果创业活动达到了目标，创业动机促使创业者终止这种活动；如果创业活动尚未达到目标，创业动机将驱使创业者维持（或加强）这种活动，或转换活动方向以达到某种目标。

二、创业动机的分类

有研究者将创业动机分为艺术型创业者和管理型创业者。通常来讲，艺术性创业者具有强烈的个体性动机去做他们想做的事情，驱动他们的也总是个人的自由追求、自我挑战的欲望等。

相较之下，管理型创业者则具有更多的商业色彩，通常是受到经济利益驱动或者从奠定基业等具体目标出发，关注于构建一个组织以便于能够更多地参与管理和控制。艺术型创业者更注重非经济利益，管理型创业者则更关注经济利益。

也有的学者把创业动机分为四类：一类是个人挑战；二类是为家族做贡献；三类是经济需求；四类是生活方式需求。

大学生创业是适宜的创业环境与做好创业准备的大学生相结合的产物。大学生走上创业的道路，归纳起来主要有以下四种类型：

（一）生存的需要

首先，由于经济的原因，许多的家庭越来越难以负担昂贵的学费。在沉重的经济负担压力之下，为了顺利完成学业，这部分学生中的一部分人只好利用课余时间打工来维持正常的学习和生活。在打工的过程中有一部分具有创业素质的人会发现商机并且去把握它，开始走上了创业的道路。

其次，有一部分独立性很强的学生，为了独立生存，在他们中也产生了一定数量的创业先行者。

（二）积累的需要

按照奥尔德弗的 ERG 理论，人的需求分为生存、相互关系和成长。这三种需求并不一定按照严格的由低向高的顺序发展，可以越级。当代大学生随着年龄的增长，对于相互关系和成长的需要会逐渐强烈。一部分大学生为了增加自己的实践经验，丰富自己的社会阅历，或者为了自己以后的发展或实现自己的某个目标做好经济上的准备，在条件成熟的情况下走上创业的道路。这个类型的创业者往往以锻炼为目的，承受失败的能力较强。同时由于压力较小，其失败和半途而废的比例也比较高。

（三）自我实现的需要

心理学研究表明：25～29岁是创造力最为活跃的时期，这个年龄段的青年正处于创造能力的觉醒时期，对创新充满了渴望和憧憬。他们思维活跃、创新意识强烈，同时所受的束缚较少，按照ERG理论对成长的需要也更为强烈。另外，由于大学生所处的环境，他们往往更容易接触一些新的发明和学术上的新成果，或者他们中的一部分人本身拥有具有自主知识产权的科研成果。为了能早日实现自己成功的目标，他们中的一部分人改变了自己的成功观念也开始了自己的创业生涯。

（四）就业的需要

当前，我国的大学生就业形势相当严峻，一方面表现为需求不足，另外一方面表现为大学毕业生的工资待遇降低。在这种情况之下，为了找到一份自己满意的工作，有一部分大学生也开始了创业。

三、产生创业动机的驱动因素

（一）创业者选择创业的动机受诸多直接和间接因素的影响

创业者产生创业动机的驱动因素包括直接和间接两个方面。直接因素包括个性特征因素、社会特征因素和认知特征因素及个体所拥有的资源状况；间接因素包括宏观因素中的社会保障水平、收入水平和人口统计特征。

1.直接因素的影响

（1）个性特征因素。和从事固定工作相比，开创事业风险更大：创业者必须承担这些相对较大的风险。创业者常常因其新创企业的绩效差而感到不满，且超过一半的企业在 5 年内都失败了，更确切一点，新企业在 5 年之内的存活率在 33% 左右，由此可见创业过程中存在的风险是很高的。创业者的冒险精神明显强于管理者，风险倾向强的个体更容易产生创业动机。

（2）社会特征因素。创业动机呈低级需求动机、中级需求动机和高级需求动机三因素结构。最近的研究表明，产生创业动机的驱动因素最重要的是高级情感、成就、自我实现等高级需求，其次是源于兴趣，生存动机在三因素中居于最后的位置。特别是大多数大学生创业并不是迫于生计、不得已而为之，而是经过理性思考之后的主动行为。

（3）认知特征因素。创业者的自我效能感是指个体相信自己能够成功扮演各种创业角色，并完成各项创业任务的信念强度。创业自我效能感是创业者的一种信念和自信，具体是指创业者对其能力能够影响所处环境并通过相应行为获得成功的自信。当人们面对挫折的时候，自我效能影响人们的选择、热情、努力和坚持，同时，也影响人们对目标能够成功实现的信念，自我效能感是评价创业行为非常关键的认知变量。只有人们对创业成功具备足够的信念和自信的时候，才有可能产生创业的稳定倾向，因此自我效能感越强，创业动机越强。

（4）资源因素。个体拥有较多的创业资源，不仅能够增强创业者创业认知的渴望性，产生创业倾向，而且对创业认知的可行性产生了积极的正面影响。张维迎指出，成为成功的创业者的一个重要条件是资本（资本是创业资源之一），个人所能调配的创业资源越多，创业动机越强烈。

2. 间接因素的影响

从间接影响创业动机形成的原因看，创业者的需求层次还受诸多具有长远意义的宏观因素的影响。

（1）社会保障水平。高水平的社会保障可以提高人们的需求层次，由于需求层次决定创业动机，从而可以得出：社会保障水平越高，高级需求动机类型的人创业动机越高；社会保障水平越低，低级需求动机类型的人创业动机越低。

（2）收入水平。创业者作为有理性思维的个体，短期内的收入变化不会对创业者的需求层次产生显著作用，对创业动机的形成没有太大影响；长期内收入提高有利于创业者需求层次的提高，从而影响创业动机的形成。

（3）人口统计特征。人口统计特征是创业者群体特点的体现，主要表现为创业者群体受教育水平、经验和经历等。由于人口统计特征的差异，相同的外部因素对创业者个体的作用产生不同的结果，从而形成了同一国家或同一地区创业者需求层次的多样性和创业者创业动机的差异。

（二）创业者可以通过创业教育培养和提高创业素质和能力

创业者的大多数能力并非天生的，他的某些方面可以通过教育来获得和传承。被誉为"现代管理学之父"的彼得·德鲁克说过："创业学并不神秘，它不是模式，更与基因无关，它是一门学科。像任何的学科一样，它可以通过学习获得。"

不能要求创业者必须具备优良的素质和能力才能去创业．但创业者本人要有不断提高自身素质的自觉性和实际行动。提高素质的途径一靠学习，二靠改造。要想成为一个成功的创业者，就要做一个终身学习者和自我改造者。大量事实表明，创业者可以通过创业教育培养和提高创业素质。人们之所以认为创业不是一种理想的职业选择，是因为人们对创业教育的重视不够，缺乏创业的意识和基本技能。

创业教育可以降低创业者、创业团队在创业时源于管理层面的风险。有经验的创业者或者受过良好创业教育的准创业者，将会有能力提高新事业的存活率。大多数研究表明，创业能力是可以通过创业教育被传授，或者至少是可以被培养的。

第三节　创业团队的要素与类型

一、创业团队的要素

有一些企业是由个人创业者创立且拥有的，也有不少企业是由两个或两个以上的人共同创立的。当然不乏个人创业成功的案例，不过一般而言，个人创业者创办的新企业成长较为缓慢，因此，风险投资者通常不愿意考虑这种个人创业者创办的新企业。当然也并非采取团队创业方式就一定会获得成功，但人们普遍相信，纵然创业团队成功的概率不一定高，但创业团队成功后所产生的价值一定相对较高。不同的学者从不同的角度界定了团队的定义。刘易斯认为团队是由一群认同并致力于去达成共同目标的人所组成的，这一群人相处愉快并乐于一起工作，共同为达成高品质的结果而努力。盖竣贝克和史密斯认为一个团队是由少数具有"技能互补"的人所组成的，他们认同于一个共同目标和有一个能使他们彼此担负责任的程序。钱德勒和汉克斯认为创业团队是指当企业成立时执掌企业的人或是在新企业营运的前两年加入的成员，对于公司没有所有权的雇员并不算在内。

由此可见，创业团队是指由两个或两个以上具有一定利益关系的，彼此间通过分享认知和合作行动以共同承担创建企业责任的，处在新企业高层主管位置的人共同组建所形成的有效工作群体。狭义的创业团队是指有着共同目的、共享创业收益、共担创业风险的一群创建企业的人；广义的创业团队则不仅包括狭义创业团队，还包括与创业过程有关的各种利益相关者，如风险投资家、专家顾问等。一般而言，创业团队需具备以下五个重要的组成要素。

（一）目标

创业团队应该有一个既定的共同目标，为团队成员导航。没有目标，创业团队就没有存在的价值。目标在新企业的管理中常以新企业的愿景、战略的形式体现。

（二）人

人是构成创业团队最核心的要素。两个及两个以上的人就能形成一个群体，当群体有共同奋斗的目标就形成了团队。在一个创业团队中，不同的成员通过分工来共同完成创业团队的目标。

（三）定位

创业团队的定位包含两层意思：一是创业团队的定位，包括创业团队在新企业中处于什么位置，创业团队最终应对谁负责等；二是创业团队成员的定位，包括个体作为成员在创业团队中扮演什么角色等。

（四）权限

创业团队当中主导人物的权限大小与其团队的发展阶段和新企业所处行业相关。一般来说，创业团队越成熟，主导人物所拥有的权限相应越小，在创业团队发展的初期阶段，领导权相对比较集中。

（五）计划

计划有两层含义：一是创业目标最终的实现，需要一系列具体的创业行动方案，可以把计划理解成达到创业目标的具体工作程序；二是按计划进行可以保证创业团队的顺利成长，只有按照计划，创业团队才会一步一步地贴近创业目标，从而最终实现目标。

二、创业团队的类型

一般而言，创业团队大体上可分为星状创业团队（Star Team）和网状创业团队（Net Team）两种。

（一）星状创业团队

星状创业团队也称核心主导型创业团队，一般是指在团队中有一个核心主导人物（Core Leader），充当了领军的角色。通常先由某人想到一个商业点子或发现了商机，然后再组建以自己为核心的创业团队。因此，在团队形成之前，核心主导人物就已经对团队的组成进行了仔细的思考，并根据自己的想法选择合适的人选加入团队。这些加入团队的成员也许是核心主导人物以前熟悉的人，也有可能是不熟悉的人，但其他的团队成员在企业中更多时候是支持者的角色。

这种创业团队具有稳定性好、结构紧密、向心力强、决策程序相对简单、组织效率高等优点。但主导人物的权威效应容易导致过度集权并提高决策的风险。特别是当团队其他成员跟核心主导人物发生冲突时，权威效应会使得其他团队成员处于被动地位，严重时甚至选择离开团队，而这将会对团队产生极大的不利影响。

例如牛根生与蒙牛的情况就是这样。牛根生1987年参加工作，先从伊利集团的洗瓶工干起，先后担任过车间主任、厂长等职，后来在伊利做到了生产经营副总裁的位置。1999年牛根生被伊利集团免职，当时牛根生已经43岁了，但他还是选择了创业。他和一起被伊利免职的几个人聚在一起，决心重新在乳品行业创业。牛根生在乳品行业素有"乳业怪才"之称，十多年乳品行业的经营管理经验、良好的人际关系和极富特色的人格魅力使他成为这个创业团队的核心人物。团队的其他成员都来自伊利的中层，具有乳业行业成熟的经验，信任并愿意跟随牛根生一起创业，解决了创业初期的人才问题。这一切预示了蒙牛日后凶猛的发展势头，造就了中国乳品产业的神话。

（二）网状创业团队

网状创业团队也称群体型创业团队。它没有明确的核心人物，团队成员一般在创业之前都有密切的联系，比如同学、亲友、同事等。通常是在日常交往的过程中，共同认可某一创业想法，达成创业共识后共同进行创业。在企业初创时期，大家根据各自的特点进行自发的角色定位，没有明确的核心人物，各位成员基本上都扮演协作者或者伙伴的角色。

从定义可以看出，网状创业团队的组织结构较为松散，通常采取群体决策的方式，效率较低，且团队成员的相似地位容易形成多头领导的局面。但成员们相对平等的地位更有利于团队的沟通和交流，充分发挥团队合作的优势，当成员之间发生冲突时，一般都采取平等协商的方式加以解决，团队成员不会轻易离开。

例如雅虎的创业团队。雅虎是由杨致远和他在斯坦福电机研究所博士班的同学大卫·费罗创建的。杨致远和费罗是旧交。两人曾经同班听课，还在作业方面开展合作。以此为起点，两人成了最佳搭档。他们在一辆学校的拖车上成立了一间小型的办公室，每天花费数小时泡在网上，分别将自己喜欢的信息链接在一起，雅虎就是从这里发展起来的。

刚开始，他们是各自独立地建立自己的网页，只是偶尔对彼此的内容感兴趣才互相参考，渐渐地他们链接的信息越来越广，他们俩的网页也就放在一起，统称为"杰里万维网向导"，他们共享这一资源。随着搜集的网站越来越多，两人就分类。不久，他们的网站就招来了许多用户，人们纷纷反馈信息，还附上建设性意见，使内容不断完善。

第四节　创业团队的组建

任何创业团队想要获得成功，都必须在成员的选择上深思熟虑。吸引合适的成员能够带动企业更好地生产运作。不合适的成员会对新创企业未来的发展造成潜在危险。但不管是何种创业团队，下面几点都是我们在组建创业团队时应当给予重视的。

一、理性与感性逻辑

创业过程中会涉及一些关键任务和关键资源，一旦欠缺这些资源，创业活动就难以开展。在自己不掌控的情况下，借助别人获取这些资源是一种解决之道。有些创业者遵循理性逻辑来组建创业团队，他们会理性分析创业所需要的资源和能力，并将其与自己所拥有的资源和能力相比较，将组建创业团队视为弥补自身能力空缺的一种方式，目的是整合优秀的资源来推动创业成功。例如，太阳微系统公司创业初期就是由维诺德·科尔斯勒确立了多用途开放工作站的概念，接着，他找了乔和贝托尔斯海姆两位分别在软件和硬件方面的专家，以及一位具有实际制造经验和处理人际关系技巧的麦克尼里。在创业初期，团队成员的凝聚力也非常重要。在大多数情况下，成功并不是因为团队结构有多么优秀，而是因为团队成员之间的齐心协力；失败也并不是因为团队结构的缺陷，而在于团队成员之间的内部争斗。在另一些情况下，创业者会遵循感性逻辑来组建创业团队，他们看重的并不是团队成员拥有什么资源和能力，而是看重团队成员对自身的人际吸引力，比如，是否具有共同的兴趣点，是否具有相似的工作背景，是否具有共同的创业理想等，目的是强化创业团队成员之间的信任和感觉，更倾向于找那些志趣相投而不是技能互补的人入伙。例如，微软公司比尔·盖茨和童年玩伴保罗·艾伦，惠普的戴维·帕卡德和他在斯坦福大学的同学比尔·休利特等等。

从本质上看，选择理性逻辑和感性逻辑的差异在于创业者看重的是创业的客观要求（技能和资源）还是更看重创业者的主观偏好（志同道合），依据不同逻辑组建的创业团队在结构方面的确会表现出一定的差异。遵循理性逻辑组建的创业团队平均规模更大，团队成员之间因强调技能互补的组合而异质性更强，但彼此之间的熟悉程度可能较低，沟通和交流更加谨慎。依据感性逻辑组建的创业团队平均规模更小，团队成员之间因强调物以类聚而同质性更强，但彼此之间的熟悉程度较高，沟通和交流更加顺畅。

在实践中，很难说清楚依据哪种逻辑组建的创业团队更好，但创业机会特征是在创业者组建创业团队时必须考虑的重要因素。如果创业机会的不确定性较高，价值创造潜力较大，往往意味着创业过程中面临的任务也就越复杂，越具有挑战性，此时采用理性逻辑来组建创业团队可能会更好地应对创业过程中的复杂任务，有助于创业成功。例如，在高技术领域，大部分创业者都在依据理性逻辑来组建创业团队，强调团队成员之间在技术、营销、财务等职能经验领域的互补性。而如果创业机会的不确定性较低，价值创造潜力一般，在这样的条件下，创业团队成员之间的齐心协力和信任感更加关键，采用感性逻辑组建的创业团队更可能成功。例如，在服装、零售、餐饮等传统行业，大多数创业者都是依据感性逻辑组建创业团队，夫妻店、兄弟店、父子店比比皆是。既然两种逻辑组建的创业团队各有优劣，要扬长避短，就意味着创业者在团队管理方面有着不同的侧重点。针对理性逻辑组建的创业团队，创业者的管理重点在于沟通和协调、信任感培养、成员特长的整合，可采取的方式包括制定分工协定和决策程序、以利益为中心的团队凝聚力培养、以信任为中心的团队沟通管理等。针对感性逻辑组建的创业团队，创业者的管理重点在于外部资源整合、避免决策一致性倾向、信任感维持，可采取的方式包括招募并维持核心员工、聘用外部专业顾问、以利益分配为中心的团队凝聚力管理等。

二、互补性与相似性选择

寻找优秀的创业伙伴并在工作中与其良好合作是一项复杂的工作，需要大量的努力，因为新企业的成功在很大程度上取决于所获取的人力资源，以及最初的、早期的员工所带来的人力资源。其中一个需要考虑的首要问题是，在角色安排上，创业者究竟是应当选择那些在各个方面都与自己相似的人，还是应当以互补的方式选择那些有差异的人，以便提供自己所缺少的知识、技术和能力。

人们往往愿意同在许多方面与自己具有相似性的人交往，觉得相互之间更加了解，而且更容易准确地对彼此未来的反应和行为加以预测，从而更易选择他们作为自己的合作伙伴。由于创业者也会遵循"相似性导致喜欢"的规则，多数人倾向于选择那些在背景、教育、经验上与自己非常相似的人，许多新企业就是由来自同一领域或同一职业的创业者所组成的团队创建的。但是，创业者选择那些具有与自己相似背景和教育的人作为合作伙伴的趋向存在的最重要的缺点就是冗余问题：相似的人越多，其知识、培训、技能和欲望重叠的程度就越大。例如，如果所有人都是技术专家，这在设计一个现实中可行的新产品时十分有用，但对市场营销、法律事务或者有关员工健康与安全等方面的规定知之甚少。这通常不利于企业获取必要的财务资源以及有效运营。而且，如果所有人都在同一领域，他们往往具有相互重叠的社会网络，因而他们所接触的能够从对方获取财务支持等资源的人就很有限。

由于创业团队中宽泛的知识、技术和经验有利于新企业，因此，在互补性而不是相似性的基础上选择合作创业者通常是一种更有用的策略。创业团队为获得成功，必须掌握非常宽泛的信息、技能、才能，当创业团队的所有成员在各重要方面都具有高度的相似性时，这种成功不太可能出现。理想的状况是，如果一个团队成员所缺少的东西可以由另一个或者更多的其他成员提供，那么，整体的确大于各部分之和，因为团队能够整合人们的知识和专长。因此，创业者在组建创业团队时的第一规则是：不要屈从于只和那些背景、教育、经历状况与自己相似的人一起工作的诱惑。这样做将在许多方面显得容易和令人愉悦，但它不能提供新企业所需的丰富的人力资源基础。而在许多情况下，强调互补性在一定程度上可能是更好的策略，因为它可以提供给新企业一种强有力的和多样化的人力资源基础。

应当考虑是相似性还是互补性的团队成员最终取决于创业者所考虑的维度，在知识、技能和经验方面的互补性是非常重要的。为了取得成功，新企业必须获得丰富的和有价值的人力资源。此外，相似性也是有利的：它增加了沟通的便利性并有助于形成良好的人际关系，动机方面的相似性也非常重要。因此，一种平衡的方法是，在知识、技能和经验方面主要关注互补性，而在个人特性和动机方面则考虑相似性。

三、自我评估

在任何情况下，选择合适的创业伙伴的过程，都应当开始于创业者所做的细致的自我评估。这是因为，从非常现实的角度看，除非创业者知道自己已经拥有什么，否则不可能知道需要从别人那里得到什么。为了选择与自己在知识、技能和特性方面具有互补性的合作者，创业者首先必须对自己的人力资本进行认真的自我评估。这是一件非常困难的事情，因为人们通常意识不到自身行为的原因，而且在许多情况下，只能根据其他人对自己的反应来理解自己的特征。创业者的自我评价应当认真考虑自己的知识基础、专门技能、动机、承诺和个人特性。

一是知识基础。创业者所接受的教育以及经验可以表明创业者知道什么和不知道什么，以及需要从其他人包括潜在的合作者那里获得什么。二是专门技能。每一个人都有一系列独特的完成某些任务的能力，创业者应当去理解并列举出自身技能，并将其作为创建新企业的初始步骤。三是动机。思考"为什么要创建新企业"等创业动机有利于评判创业者和那些潜在合作者之间的动机差异，防止未来发生隐患。四是承诺。承诺是指完成事情——即使逆境中也继续前进，以及实现与新企业相关的个人目标的意愿。五是个人特性。创业者要了解自身在尽责性、外向性、内向性、友好性、情绪稳定性、经历开放性这六大关键维度上处于什么位置。

四、认知与情感冲突

冲突的发生是企业内外部某些关系不协调的结果，表现为冲突行为主体之间的矛盾激化和行为对抗。有些学者把团队内的冲突分为两大类，即认知冲突与情感冲突。有效的团队知道如何进行冲突管理，从而使冲突对组织绩效的改善产生积极贡献。在低效或无效的创业团队中，团队成员在一起总是极力避免冲突的形成，默认或者允许冲突对团队有效性和组织绩效的提高形成的消极影响。

（一）认知冲突

认知冲突是指团队成员对有关企业生产经营管理过程中出现的与问题相关的意见、观点和看法所形成的不一致性。通俗地讲，认知冲突是论事不论人。

从本质上说，只要是有效的团队，这种团队成员之间就生产经营管理过程的相关问题存在分歧是一种正常现象，而且，在一般情况下，这种认知冲突将有助于改善团队决策质量和提高组织绩效。当团队成员分析、比较和协调所有不同的意见或看法时，认知冲突就会发生。这一过程对于团队形成高质量的方案起着关键性作用，而且，关于认知冲突的团队方案也容易被团队成员所理解和接受。正是因为如此，认知冲突有助于改善团队有效性。认知冲突是有益的，因为它与影响团队有效性的最基本的活动相关，集中于经常被忽视的问题背后的假设。通过推动不同选择方案的坦率沟通和开放式的交流，认知冲突鼓励创造性的思维，促进制定创造性的方案。作为冲突管理的一种结果，认知冲突将有助于决策质量的提高。事实上，没有认知冲突，团队决策不过是一个团队里最能自由表达的，或者是最有影响力的个别成员决策。除了提高决策质量以外，认知冲突能够促进决策本身在团队成员中的接受程度。通过鼓励开放和坦率的沟通，以及把团队成员的不同技术和能力加以整合，认知冲突必定会推动对团队目标和决策方案的理解，增强对团队的责任感，从而也有助于执行团队所形成的创业决策方案。

（二）情感冲突

冲突有时候也是极其有害的。当创业团队内的冲突引发团队成员间产生个人仇恨时，冲突将极大地降低决策质量，并影响到创业团队成员在履行义务时的投入程度，影响对决策成功执行的必要性的理解。与那些基于问题导向的不一致性相关的认知冲突不同，基于人格化、关系到个人导向的不一致性往往会破坏团队绩效，冲突理论研究者把这类不一致性称之为情感冲突。通俗地讲，情感冲突是论人不论事。由于情感冲突会在成员间挑起敌对、不信任、冷嘲热讽、冷漠等表现，因此，它会极大地降低团队有效性。这是因为，情感冲突会阻止人们参与到影响团队有效性的关键性活动，团队成员普遍不愿意就问题背后的假设进行探讨，从而降低了团队绩效。情感冲突导致冷嘲热讽、不信任和回避，因此，将会阻碍开放的沟通和联合。当它发生时，不只是方案质量在下降，而且团队本身的义务也在不断地受到侵蚀，因为团队成员不再把他们与团队活动联系起来。

有效的团队能够把团队成员的多种技能结合起来。相反，如果团队成员间彼此不信任或者冷嘲热讽，就不会愿意参与到那些必须整合不同观点的讨论中，结果势必会造成在集体创新、分享认知、共担风险、协作进取等创业团队企业家精神方面的压制，从而使得创业团队逐渐变得保守起来，创业决策质量也大受影响。

同样，那些敌对的或者是冷漠的团队成员不可能理解，也很少对那些他们并没有参与的决策履行相关的义务。因此，在多数情况下，团队成员也不会很好地执行决策，因为他们没有很好地理解决策。在最坏的情况下，由于这些团队成员甚至不愿意按照创业团队所设计的思路去执行决策，从而降低团队在未来有效运作的能力。综合上述分析，对团队绩效来说，冲突既可能是有益的，也可能是有害的，主要取决于它是认知冲突还是情感冲突。认知冲突可以通过改善决策质量和提高成功执行决策的机会，进而提高团队绩效。然而，情感冲突却降低了决策质量，破坏了对成功执行决策的理解，甚至不愿意履行作为团队成员的义务，进而导致团队绩效下降。

第五节　创业团队的管理

一、核心创业者的领导才能

核心创业者在激发团队热情和创造力、维系团队稳定等方面起着非常重要的作用。优秀的创业团队善于根据独特的创业理念发展愿景，这种重要理念的作用在以后成功的企业实践中将得到充分的体现。根据对全球500家成功创业企业的调查，成功的企业都有令人神往的创业远见并坚定信念，付诸行动，力求成功，最后梦想成真。优秀创业团队的杰出理念虽然各不相同，但基本具有以下几个共同点：

（一）凝聚力

创业团队中每个成员都是紧密相关、不可分割的，企业的成功既是每位成员共同努力的目标，也能使成员从中获取精神和物质上的收益。优秀创业团队中的每一位成员都会认为单纯依靠个人的力量不可能单独成功，任何个人离开企业的整体利益不能单独获益。同样，任何个人的损失也将损害整个企业的利益，从而影响每一位成员的利益。

（二）合作精神

具有成长潜力的企业最显著的特点就是创业团队的整体协同合作能力，而不仅仅是一个培养一两位杰出人物的场所。优秀的创业团队注重相互配合以减轻他人的工作负担从而提高整体的效率。他们注重在创业团队的成员中树立榜样模范，并通过奖励制度激励员工。

（三）完整性

任务的完成必须建立在保证工作质量、员工健康或其他相关利益不被侵犯的前提下。因此，艰难的选择和利弊权衡应综合考虑顾客、公司利益以及价值创造，而不能以纯粹的功利主义为依据，或是狭隘地从个人或部门需求的角度来衡量。

（四）长远目标

和大多数组织结构一样，新企业的兴衰存亡取决于其团队的敬业精神，一支敬业的团队，其成员会朝着企业的长远目标而努力，而不会指望一夜暴富。企业在团队成员眼中是一场持续五年甚至十年以上的活动场所，他们将在其中不断奋斗直到取得最后的胜利。没有一家企业能够靠今天进入、明天退出（或经营发生困难之际退出）而在短期内获得意外横财。

（五）收获的观念

收获是创办企业的目标。对创业团队的成员而言，企业最终获得的收益才是衡量成功程度的标准，而非他们个人的薪水、办公室条件或生活待遇等。例如，波导的徐冠华和他的创业团队在波导创业初期的十年间一直没有分红，创业者甚至没有私家车。

（六）追求价值创造

创业团队成员都致力于价值创造，即努力把蛋糕做大，从而使所有的人都能获利，包括为客户提供更多的价值，帮助供应商也能从团队的成功中获取相应收益以及使团队的赞助商和持股人获得更大的盈利。

（七）平等中的不平等

在成功的新创企业中，简单的民主和盲目的平等显然都没有什么价值，企业所关注的是如何选定能胜任关键工作的适当人选。公司总裁是负责制定基本的行动准则和决定企业环境及企业文化的关键人物。公司的股票在创始人或总裁，以及主要经理人之间并不是平均分配。如果简单追求所谓的平等，将会对企业今后的经营产生巨大的负面影响。

（八）公正性

对关键员工的奖酬以及员工股权计划的设计应与个人在一段时期内的贡献、工作业绩和工作成果相挂钩。由于贡献大小在事前只能做一个大概的估计，而且意外和不公平的情况往往在所难免，因此必须随时做相应的增减调整。

（九）共同分享收获

尽管法律或道德都没有规定创业者在企业收获期要公平公正地分配所获利益，但越来越多的成功创业者都已经这样做了。通常，他们会把企业盈利中的 10% ~ 20% 留出来分给关键员工。

二、核心成员所有权分配机制

在确定好创业团队成员之后，创业者面临的一个关键问题就是决策成员之间的工作分工与所有权分配方案。工作分工有助于在短期内维持创业过程以及新企业早期运营的有序性，而所有权分配则有助于在长期内维持团队稳定和新企业的稳定成长。在现实中，创业者经常问的一个问题就是，给谁分多少股？

在所有权分配问题上，创业者要在公平和激励之间做出良好的权衡。一方面，所有权分配要在团队成员内部体现出公平性，符合贡献决定权利的标准；另一方面，又要让所有权分配对团队成员有一定的激励作用，让每个成员都感到所分配的股权比例超出了自己的预期。要做到这一点，并不是一件容易的事情，首先要挑战的就是创业者自己的心胸和气度。在这里，有一个重要的原则就是，要与帮助你创造价值和财富的人一起分享财富。一旦过了这一关，创业者就不会在持股百分比的问题上斤斤计较了。毕竟，零的51%结果还是零，关键在于如何把蛋糕做大。如果创业者太贪婪，过分强调控制权，把公司大部分所有权都揽在自己手里，而不是与其他创业伙伴共同创造并分享一块大蛋糕，那一切都可能会成为泡影。蒙牛的牛根生就深谙此道，在多个场合反复强调过"财聚人散，财散人聚"的道理。在公司经营过程中，他也始终注重与初始创业团队共分利益，甚至到了公司的快速成长阶段，将利益分享从核心创业团队拓展到了高层管理团队，乃至普通员工。

但在现实中，仍有不少反例可鉴。在确定所有权分配时，创业者遵循三个重要原则，可能会避免后续纠纷和冲突。第一，重视契约精神。在创业之初，就要把确定的所有权分配方案以公司章程形式写入法律文件，以契约形式明确创业团队成员的利益分配机制，这有助于在长期内保障创业团队的稳定。第二，遵循贡献决定权利原则分配所有权比例。团队的目标是把创业蛋糕做大，而不是在蛋糕没有做大之前就吵着在未来怎么分家。在现实操作中，依据出资额来确定所有权分配是常见的做法，但对于没有投入资金但持有关键技术的团队成员，则需要谨慎考虑技术的商业价值，在资金和技术之间做出合理的权衡。第三，控制权与决策权统一原则。所有权分配本质上是对公司控制权的分配。在实践中，股份比例最大的团队成员在不拥有公司控制权的条件下，在创业初期非常危险，因为他内心会比其他成员更看重创业和新企业，更容易去挑其他成员的决策错误，甚至挑战决策者的决策权威，进而容易引发团队矛盾和冲突。在创业初期，更需要集权和统一指挥，控制权和决策权统一至关重要。

三、冲突管理

在一定范围内，冲突有助于团队成员激发和分享不同的观点，进而形成更好的决策，但如果冲突超越了认知的范畴，就可能会导致创业团队的决策失效，甚至会引发团队分裂和解散。因此，管理团队冲突是核心创业者必须具备的才干之一。在冲突管理中，核心创业者首先要注意利用激励手段来鼓励正面冲突，让团队成员感受到通过知识分享实现创业成功后，能获得相应的收益和价值。在制定激励方案时，创业者需要注意以下几个方面。

（一）差异化

虽然民主方案可能行得通，但是与根据个人贡献价值不同而实行的差异化方案相比，它包含的风险更大，缺陷也更多。一般情况下，不同的团队成员很少会对企业做出同样大小的贡献，因此，合理的薪酬制度应该反映出这种差异。

（二）关注业绩

报酬应该与业绩（而不是努力程度）挂钩，而且该业绩指的是每个人在企业早期生命的整个过程中所表现出来的业绩，而不仅仅是此过程中某个阶段的业绩。有许多企业，其团队成员在企业成立后几年内所做出的贡献程度变化很大，但报酬却没有多大变化，这种不合理的薪酬制度使企业很快就土崩瓦解了。

（三）灵活性

无论哪个团队成员在哪个既定时间段的贡献多大或多小，这种情况都很可能随着时间的改变而发生变化，而且团队成员的业绩也会和预期的有很大出入。另外，团队成员很可能会由于种种原因而必须被替换，这样就需要再另外招聘新成员并填补到现有团队中去。灵活的薪酬制度包括年金补助、提取一定份额的股票以备日后调整等，这些机制有助于让人们产生一种公平感。

除了规划科学的激励机制，创业者要保持开放的心态，要塑造创业团队是一个整体而不是特意突出某个个人的集体印象，这样，有助于把团队成员之间的观点争论控制在可管理的范畴之内，而不是演化为团队成员之间的矛盾。一旦发生情感冲突，创业者就应该理性地判断团队存续的可能性，通过替换新成员来及时化解情感冲突，比维持旧成员处理情感冲突往往更加有效。

四、企业家精神

创业团队企业家精神具有既不同于个体企业家精神的内涵，也具有与公司企业家精神相区别的表现形式。不过，创业团队企业家精神对公司绩效的影响程度却是决定性的。

创业团队企业家精神维度可以根据团队成员对创业决策的行为方式和影响能力来加以整理。总体上说，创业团队企业家精神包括四个维度：集体创新、分享认知、共担风险、协作进取。

集体创新。一般而言，创业团队并不是一群散兵游勇式成员的简单集合体。它与群体的最大区别在于团队内成员间具有相互依赖和密不可分的联系，而群体则没有这种特征。但是，作为具有团队企业家精神的创业团队组织还应当具备更高的标准，一是要求创业团队内部能够正确对待个体成员之间所发生的冲突，二是要求团队内部个体成员与组织之间能够在相互信任关系的基础上形成有利于企业成长的心理契约关系。在此基础上，创业团队可以凝聚全体团队成员的力量，并通过这种团队成员对团队组织的向心力来推动创新方案的形成和创业决策方案的执行。

分享认知。创业机会可以视为企业家精神的逻辑起点。这种创业机会可以理解为通过创业者对资源的创造性组合来满足市场需求，并为自己获得超额利润的一种可能性。

对于个体创业而言，采用团队方式可以极大地提高对创业机会的认知水平。这是因为：首先，不同的个体成员具有不同的先前知识和多种个性特征，从而可以通过集体意义上的综合"警觉性"，更为有效地保持对外部客观存在的创业机会的认知。其次，团队内具有异质性的成员可以选择不同的角度对创业风险和创业收益进行更为科学的评价，从而获得更为理想的创业租金（表现为组织建立、配利行为、企业成长等多种方式）。最后，通过不同个体创业者所具有的社会关系间的整合，将有助于形成复杂的社会网络系统，从而为团队接近于创业机会和获得所需创业资源奠定基础。

共担风险。作为一支富有企业家精神的创业团队，在共担风险维度上至少具备如下特征：

一是具有异质性的创业团队成员可能具有不同的风险偏好。创业团队中既可能有极端的风险爱好者，也有可能存在极端的风险厌恶者，更多的创业团队成员可能处在风险连续统一体中的某一点。如果不同的团队成员能够就同一事件发生的风险偏好最终达成共识，那么，冒险成功的可能性就会加大。

二是利用团队成员的异质性，不同的团队成员可以从自身的知识视野认知、分析和评价风险，如果不同的风险感知能够得到有效整合，那么，对风险正确感知的可能性就会得到提高，进而可以做出更为有利可图的冒险行为。总体上来说，团队企业家精神要求具有异质性的创业团队成员能够以一种积极的姿态共同判断事件发生的可能性风险，并采取共同承担风险的方式以减缓由个体成员独自承担风险所带来的巨大精神压力和经济损失压力。

协作进取。传统的观点往往把自治作为创业导向的重要维度。它在分析个体企业家精神时特别合适，但盲目地套用"自治"的维度来研究创业团队企业家精神是不合适的。创业团队企业家精神的进取力量建立在协作基础上，这种"协作进取"的创业团队企业家精神维度体现在三个方面。一是团队成员在知识、能力、角色等方面的互补性。具有异质性特点的团队可能会形成仁者见仁、智者见智的观点分歧，但协作进取的愿望能够使大家通过有效的观点争辩来达成共识，最大限度地避免在不确定环境下的创业决策失误。二是团队内充满学习型氛围，个体成员之间愿意就创业决策过程的不同观点进行深度会谈，进而在团队功能最大化的过程中达到个体团队成员的价值实现。三是团队内具有创业型的组织文化，不会因为团队规模的扩大或者团队成员的进进出出而影响到团体协作进取的愿望和行为。

第五章 创新创业能力的积蓄

第一节 创新精神的培养

精神是与物质相对应的概念，是人在与外部世界的交往过程中产生的各种心理反应。精神生于内而形于外，它可以调节和控制人的行为，从而影响和改变外部世界。因此，我们可将创新精神定义为人在创新活动中反映出来的精神素质，包括意识、思维、情感、意志和个性等。创新精神可以为创新活动提供动力和具有导向作用的非智力性的心理品质，比如不甘守成、勇于开拓新世界、不断探索、不怕风险和失败等，从而影响和决定创新活动的结果。

创业是以创新为核心的活动，创新精神作为创业者必备的心理品质，往往是决定创业成败的关键因素。大量对创业者及企业家的研究发现，当代中国最缺的不是创业能力，而是创新精神。创新精神的缺失会阻碍企业家能力的提升。

一、创新精神的构成要素

创新精神从结构上可以分解为创新意识、创新情意、创新个性、创新品德和创新思维五个要素。

（一）创新意识

创新意识是以创新为荣，推崇、追求创新的观念，反映了创业者对于创新的认知水平和自觉、主动创新的倾向。创新意识可以分为三个层面，一是创业者对创新的意义、性质等有充分的认知；二是创业者在认知基础上产生了对创新的渴望和需求；三是创业者从对创新的意识渴求升华为行动渴求，进而产生创新动机。因此，创新动机表现为强烈的求知欲、好奇心和创造欲，使创业者体现出敢想敢干、不愿墨守成规、不安于现状、勇于质疑等特征。

（二）创新情意

创新情意是指创新的情感意志，反映了创业者想创新、喜欢创新、乐于创新的情感和敢于创新、不怕困难、百折不挠、把创新活动进行到底的意志。创新情意是创业者创新行为产生和维持的保障机制，是在创新活动中不断形成和发展的。现代创造学、心理学的研究表明，情感、意志在创新活动中的作用十分重要。例如，美国学者托兰斯研究发现，富有创造性的儿童具有热情、意志坚强、喜欢复杂性工作等情意特征。美国的企业普遍将创新和变革作为企业的基本理念，推崇变化和灵活，并注重在创新过程中使员工体验到工作的乐趣和意义，从而维持企业不断创新的动力。如"追求卓越"是 IBM 公司的三大理念之一，通用电气公司以"进步是我们最主要的产品"为基本理念。熊彼特曾这样描述企业家的创新情意："企业家拥有创造的快乐，把事情做成的快乐，或者只是施展个人能力和智谋的快乐……这种类型的人寻找困难，为改革而改革，以冒险为乐事。"当企业家"想要改变自己熟悉的循环流转的渠道时，他就是逆潮流游泳，从前的助力会变成阻力，过去熟悉的数据，现在变成了未知数，这需要有新的和另一种意志上的努力"。

（三）创新思维

创新思维是指在强烈的创新意识驱使下，创业者通过综合运用各种思维方式，对头脑中的知识、信息进行新的思维加工组合，形成新的思想、新的观点、新的理论的思维过程。简而言之，凡是突破传统思维习惯，以新颖独创的方法解决问题的思维过程，都可以称为创新思维，它是人的创造性得以发挥和创造成果得以形成的决定因素。"田忌赛马"中的孙膑之所以能帮田忌在弱势中反败为胜，"司马光砸缸"中的司马光之所以能在紧要关头用砸缸的办法救出落水儿童，正是他们创新性思维的较好体现。对于个人来说，其成长经历、所受的教育和所处的环境会影响他的思维，进而影响他的行为，并最终决定他的创新能力和创新素质。因此，每个人的思维特征包括创新思维的水平都不一样。创业者应根据自己的情况有目的地进行思维训练，从而培养创新思维。

（四）创新个性

创新个性在心理学中又称创造性人格，指具有创新活动倾向的各种心理品质的总和。典型的创新个性包括挑战性、自信心、灵活性、敏感性、冒险性和独立性六种特质。具体表现为：不惧权威，敢于向已知和未知提出挑战，敢于发表不同看法，有胆有识，并善于接受新事物和不同意见，不斤斤计较，对周围的人与事有包容性，遇事沉着冷静，处事果断，善于变通，勇往直前，敢于承担风险，敢于干大事，有远大的目标和追求，有坚忍不拔、不达目的不罢休的精神等。创新个性决定了创业者创新的积极性，并影响创新活动的效能和风格。一般来说，具有创新个性的创业者会由于其人格魅力而体现出较强的领导才能，成为优秀的、受欢迎的团队领军人物，会更善于适应和利用环境，并获得外部资源的支持，从而成为创新创业活动的精神核心。因此，要成为创新型人才，不仅要重视创新思维的训练，更要重视创新个性的培养。

（五）创新品德

创新品德是指人从事创新活动所必须具备的道德品质。马丁·路德·金说过："一个国家的前途，不取决于它的国库之殷实，不取决于它的城堡之坚固，也不取决于它的公共设施之华丽，而在于它的公民品格之高下。"创新、创造活动与创新品德息息相关，现实的创新需要正确的品德来指导，否则，创新活动及其结果不仅难以产生积极的社会效益和社会价值，还有可能对社会、对人类带来危害甚至灾难。

善良和关怀往往是创新精神的起点。因为创新是否具有意义，关键在于它改变人类生产生活的程度。富有创新性的人对改变旧的不合理的事物负有责任感，对改变现状、推动社会前进有使命感。松下幸之助说过："我的责任就是为公众提供卓越的产品，丰富他们的生活，并带去乐趣。"比尔·盖茨刚创办微软时，他的目标是要让电脑走入每一个家庭，摆放在每一张办公桌上。现在，世界上超过 90% 的家用电脑都在使用他的微软视窗系统。从商用电脑到个人电脑，其技术变革非常小，却深刻地影响了全世界各个角落。只有对人类有着深切关怀的人，才能发现人类共同的问题，并激发创新动机。此外，勤奋敬业、团队合作以及诚信精神都是创新精神的美德。这些美德可以让一个人的思想更精准、更有条理，在面对各种诱惑和利益冲突时，坚守原则，做到黑白分明。

创新精神的五个构成要素之间相互依存、相互影响、相互促进并构成一个完整的创新精神概念。创新意识给人提供想创新的内部动机和动力；创新情意使人乐于创新，敢于创新，并在创新遭遇阻碍时不放弃，坚持到底；创新思维使人善于发现创新点，以创新的方式解决问题，勇于创新；创新个性可以增强人格魅力，使人善于创新；创新品德则使人正确创新，使创新合乎人的正确需要。此外，通过对创新精神五个要素的分析可以看出，创新的意识、情意、思维、个性和品德都可以通过后天的努力加以锻炼和培养。因此，创新精神具有可发展性。古今中外有许多遗传天赋优越，从小就表现出创新、创造的优势，但由于后天的教育、社会影响条件不利，他们最终未能得到充分开发和发展，成为成绩一般的人。相反也有许多遗传素质一般，经过后天的努力最终走向成功，取得优异成就的典型例子。因此，当创业者怀疑自己的天赋和能力时，应相信通过接受教育、加强实践和学习等有意识的努力，一样会在创新创业活动中取得成功。

二、创新精神的内涵

由于创新精神表现形式的丰富多样性，我们不仅可以从结构上对其进行分解，还可根据创新者在创新实践过程中的行为倾向来剖析创新精神的内涵。

（一）质疑批判精神

创新是对现存事物的否定与超越，因此，创新首先需要具有质疑、批判精神，这是创新的前提条件。质疑是敢于对一切已知或未知的领域结合自己的独立思考提出质询和怀疑。它要求人们凡事都要问个为什么，绝不盲信盲从。古人云：学贵知疑，小疑则小进，大疑则大进。批判指在质疑的基础上，敢于有根据地对现有知识或结论进行批驳与评判，敢于向权威和陈规挑战。质疑批判精神体现了创业者的独立性和自我意识。一个人云亦云、唯书唯上的人，只能是一个平庸之辈。但是，科学的质疑批判精神并不是简单地怀疑一切、否定一切。质疑和批判的目的一是在于要从熟悉的现象进入未知的领域，从而获得新知，发展真理；二是在于去伪存真，把原来不正确的东西纠正过来。

（二）科学精神

科学精神是一种敢于坚持科学思想的勇气和不断探求真理的意识。创新不是没有现实根据的幻想，不是无视客观规律的为所欲为，而是以科学性为基础的遵循科学规律的活动。科学精神是创新精神的基石。科学精神作为一种实事求是的精神，要求人们在从事各种创造性活动时把认识建立在符合客观实际的基础上，依据事实、实验、实践做出判断；把行为建立在符合客观规律的基础上，不以想象、偏好、愿望来代替现实可能；把实践的效果作为判定认识的真与假以及创新的对与错的标准，而不是由创新者来说明。科学精神讲究求真求实，反对虚假，讲求实效，尊重客观规律，一切从实际出发，把主观能动性与现实可能性统一起来。科学精神不能保证人们的创新不犯错误、事事成功，但可以保证减少错误，提高成功的概率。违背科学精神的创新，只能是导致失败的创新。科学精神是创新精神的内在规定性，这种规定形成了创新精神的客观性约束，成为创新者判断是否创新、创新能否成功的决定性因素。

（三）开拓精神

创新意味着开拓，意味着进入新的领域，走前人没有走过的路，做前人没有做过的事。面对未知或未行的空间，只有开拓才能进入，只有开拓才有可能创新。开拓精神是一种创造精神，开拓的过程就是创造的过程，即创造出新的方法、新的产品、新的事物。开拓精神又是一种探索精神，因为创新从来没有现成的答案或标准的模式，只能在探索中开拓，在试验中前进。开拓精神表明了创新者的不自满心态，即使取得了相当的成就，达到了相当的高度，也总是把目标定在没有攀登过的高峰上，总是要不断打破纪录，挑战极限。在庆祝松下幸之助创业 50 周年的聚会上，有人问他："创业 50 年以后，你自己认为可以给松下电器公司的成就打几分？"松下幸之助答道："差不多 85 分吧。"还差 15 分，所以松下还要继续努力和攀登。开拓精神不仅鼓励创新者不囿于传统束缚，不满足于现有状态，用积极的、开放的、上进的态度看待世界、对待未来，而且还鼓励主体不怕困难，以创新为使命，不计较暂时的得失，敢于放弃既得的成就。

（四）冒险精神

创新面对的是不确定性空间，不确定性是指不知道未来事件发生概率的状态。德鲁克认为创新有着独特的风险与内在的不可预见性，它是变化不定与难以控制的。因此，创新本身就是冒险，创新需要具备冒险精神。我国经济学家樊纲将创新精神看作是冒险加理智，并用定量的方式判断企业家身上 60% 是冒险，40% 是理性，如果冒险精神降到 20%，理智成分上升到 80% 就变成了学者。冒险精神主要体现在创新过程中追求成功，不怕失败，并在失败的可能中谋求成功，乐于冒险又能理性地对待风险、控制风险，敢于承担失败的代价，并以必要的代价换取利益。因此，创新的冒险精神不是胡来蛮干，而是和科学精神相统一的冒险精神，是富于理性的冒险精神，是以多种"保险"为依托的冒险精神。2007 年 4 月，比尔·盖茨在清华大学演讲时说："经商的部分乐趣就在于没有人可以向你保证未来怎么发展。这可不像可口可乐，这种 10 多年来最受欢迎的饮料，也许在 20 年里它还是最受欢迎的饮料，如果你喜欢那种预测的话，软件领域可不适合，因为微软不断成功的关键就在于它不断冒巨大的风险，同时面对大量的竞争，面临客户的大量需求。软件行业这种不确定性，在未来将驱使我们不断前进。"

（五）商业精种

创新有着明确的价值目标与功利追求，即创造出新的财富、新的效用，以满足人与社会增长的需要。创新的成果需要通过商业活动实现，因此商业精神也是创新的重要内涵。首先，创新不是简单地标新立异，不是刻意地附和时尚，而是一种需要进行经济核算的行为，也就是权衡资源的投入、重组、消耗究竟能产出多大的价值，以此作为创新决策的依据。其次，创新通过商业化不仅可以解决市场问题，甚至为顾客创造新的生活方式，还可以为创新者带来巨额商业利润，因此，还包含了一种用新方法赚钱的精神。以纸巾为例，以前人们随身携带手帕，但同时也带来了不卫生和清洗问题，人类找到一种低成本的方法来解决，就是将手纸切开，然后包装成小袋，随身携带，用过就扔掉。这个需求是每个人都有的，其产品边界清楚，容易界定产权，所以，二十年前被创新出来，便改变了人们的生活。因此，商业精神将创新看作是实现商业回报、发展生产力、促进社会进步的手段，而不是为创新而创新，如果忽略创新精神中的商业精神，就很容易造成创新中的形式主义和资源浪费。

第二节　创新思维的培养

核子物理学和中子物理学奠基人之一、诺贝尔奖获得者恩里利·费米，不仅自己一生在科学上有许多重大突破，还培养了 6 名获得诺贝尔奖的大科学家。回旋加速器的创建者、诺贝尔奖得主欧内斯特·劳伦斯和现代物理学的创始人之一、原子理论创立者、诺贝尔奖得主丹麦物理学家尼尔斯·玻尔除了自己一生成就显赫外，也都各培养出 4 名获诺贝尔奖的学生。曾任英国皇家学会会长的金属电子理论的创始人之一、诺贝尔奖获得者约瑟夫·汤姆生和曾任卡文迪许实验室主任、原子放射性和结构学说创始人之一、诺贝尔奖获得者欧内斯特·卢瑟福更是一共培养出了 17 位诺贝尔奖获得者。这表明富有创造性的天才们不仅自己善于进行创新思维，而且还可以通过传授和培养，教授其他人如何创造性地思考问题，获得开创性成果。因此，创新思维是具有某些共性并可以传授和培养的。

一、创新思维的特点

创新思维是与习常思维相对应的一种思维。习常思维是人们针对常规性问题进行的思维，表现为在现有的经验范围内对以往思维活动的思维重复和模仿，它有现成的程序模式。但创新思维与此不同，它超出已有的经验范围，面对的是新的领域，采用新的认识方法，并开创新的认识成果。创新思维通常具有四种特质：一是流畅性，即思维在单位时间内产生创新性观念的速度；二是变通性，指思维在单位时间内产生新观念类型的多少，表明了思维的发散程度；三是独创性，指思维所产生的新观念稀有、新奇的程度，越罕见，越具有独创性；四是精密性，指思维严谨、缜密、系统、全面的程度。创新思维的四个特质互相联系，构成一个整体。

创新思维具有以下特点：

（一）独特性与新颖性

其主要体现在以下两个方面。首先，在面对新问题和新领域时，创新者必须对事物具有浓厚的创新兴趣，善于求异求变，突破思维定式的束缚，带着开放的思想对新领域或新问题进行孜孜不倦的探索，即使是面对旧领域、旧问题，也能表现出一种独立于前人和他人，有别于当下的思维方式，寻求新的解决途径。其次，创新思维的成果也具有独特性和创造性。思维成果指解决问题的思路和方法。如发现了事物运动的新规律，就意味着给人类现有的知识体系增添了新内容；发明了一种新产品，就意味着在人类的商品市场上增加了新品种；提出了一种新方法，就意味着给人类的方法系统中加进了新成员。这些发现、发明和创造，哪怕是微不足道的创新，都意味着对原有的理论、学说的突破，对现存的工艺、设备、产品的超越。

（二）灵活性与发散性

创新思维活动是一种开放的、灵活多变的思维活动，它的发生伴随有"想象""直觉""灵感"等非常规性的思维活动，因而具有极大的随机性、灵活性，不能完全用逻辑来推理。古人所谓"眉头一皱，计上心来"，便是创新思维的一种表现。创新思维不局限于某种固定的思维模式、程序和方法，当情况与条件发生变化时，表现为可以灵活地从一个思路转向另一个思路，从一个意境进入另一个意境，多方位地试探解决问题的办法，因而具有多方向发散和立体型特征。这一品质与思维的敏捷性紧密相关，从而决定了不同的人具有不同的做事效率和方式。例如，有的人遇事足智多谋，善于随机应变，而有的人则头脑僵化，惯于墨守成规。

（三）探索性与风险性

创新思维是一种探索未知的活动，没有成功的经验可以借鉴，没有现成的方法可以套用。因此，创造性思维的过程是极其艰苦的探索过程，其结果也不能保证每次都取得成功，有时可能毫无成效，甚至可能得出错误的结论。这就是它本身所具有的风险性。但是，无论它取得什么样的结果，在认识论和方法论范畴内都具有重要的意义。它即使是结果不成功，也向人们提供了以后少走弯路的教训。

（四）联动性与开放性

创新思维要求大脑在空间上和时间上处于一种扩散状态，具有由此及彼的联动性和从已知推断未知、从现实把握未来的开放性。通常创新思维的联动方向有三个：一是看到一种现象，向纵深思考，探究其产生的原因；二是逆向，发现一种现象，则想到它的反面；三是横向，能联想到与其相似或相关的事物。由此表现出由浅入深、由小及大、触类旁通、举一反三的思维路径，从而获得新的认识和发现。开放性主要是指创新思维需要从多角度、全方位、宽领域地考察问题，而不再局限于逻辑的、单一的、线性的思维，即在思维的时空上，扩大比较的参照系，从多项比较中寻求最佳突破口；在判断是非的标准上，不唯书，不唯上，也不唯经验，而是从没有确定的标准中寻求新的标准，创造有生命力的新事物。

（五）综合性与概括性

创新思维的综合性和概括性体现了对已有智慧、知识的杂交和升华，是一个从个别到一般，由局部到全面，由静态到动态的矛盾转化过程，是认识、观念得以突破，从而形成更具普遍意义的新成果的过程。综合性和概括性主要涉及三个主要的能力：一是"智慧杂交能力"，就是善于选取前人智慧宝库的精华，经过巧妙结合，形成新的富有创造性的成果；二是"思维统摄能力"，把获取的大量概念、信息、事实、资料综合在一起，进行科学的概括整理，形成能够准确反映客观真理的概念和系统；三是"辩证分析能力"，即对客观事物经过细微观察之后，进行深入分析，准确把握最能反映其本质属性的个性特点，从中概括出事物发展的规律。例如，摩托车就是将自行车的灵活性、轻便性和汽车的机动性、高速度合二为一的结果。后来，日本的本田会社又综合了世界上九十多种各具特色的发动机之优点，研制出世界上综合性能最佳的发动机，用以装配出世界一流的摩托车，成为世界摩托车行业的领头羊。

二、影响创新思维的障碍

心理学家对 20 至 45 岁的成人进行了创新能力测验，结果只有 5% 的人合格，但随着年岁的下降，创造性越强。5 岁的儿童中，具有创造性的人竟然高达 90%。这表明人的创造性是生来就有的，只是随着年龄的增长，受到抑制而已。一般来说，影响创新思维的最主要的障碍是存在于创新主体头脑中的传统的、固有的观念以及思维中形成的定势和偏见。

（一）传统观念和固定观念

观念是内化于人脑潜意识中的观点和认识。人们在思维过程中，反复运用某种观点、认识去思考、评价问题，久而久之，这些观点和认识被积淀到大脑深层意识之中而达到了无意识状态，这就形成了观念。在人脑思维加工过程中，主体对材料的选择、组织，对问题的评价、解释，很大程度上取决于观念。历史上，每种观念的产生都是以当时的实践水平和历史文化发展为基础的，但随着实践活动的发展和时代的进步，深藏于人们头脑中的观念则不愿随之改变，成为一种思维的惯性。受这种惯性影响，人们会因循守旧、墨守成规，用老眼光、老办法去面对新问题，并反对思维对现存事物的超越，成为阻碍创新思维的重要因素。

固定观念是指人们在特定的领域内形成的观念。某种观念在该领域内是适用的，但超出这个范围，它们就可能变得不再适用了。由于观念在思维中的惯性作用，人们总是习惯于用固有的观念去认识、评价面对的问题，而忽略这个问题是否超出了原来的领域范围。比如，我们可以用经验在一定范围内解决一些常规性问题，但当问题超出了原有领域而进入一个新的领域，那么原来的经验和观念就会排斥新思想，扼杀新观念，阻碍创新。

（二）思维惯性

我们小的时候在寻找物质需求，青年时代在寻找精神思考模式，而当我们真正成熟后，我们却在努力打破自己刚刚花尽心血建立的惯性思维。惯性思维有利于迅速解决问题，我们会寻找自己最有把握的途径解决问题，但是，这些也会成为我们思考的障碍。我们会抛弃听取别人意见的想法，会阻止别人讲解自己的思考，即使听到别人的想法，我们第一时间考虑的是这个方案应该如何反驳。这些都阻碍了我们接触更多解决问题的途径，阻止了我们思考，当然也有效地解决了一些问题。

（三）寻错思维

有些性格细致的人会迅速捕捉到细节问题，这个有时是解决问题的快捷途径，但是如果这个优势与"寻错思维"或"寻错情结"结合，那么，结果可能是捡了芝麻丢了西瓜。比如在课堂上，老师板书中有个错别字，有个同学给这个细小的错误"吸引"了。他的思考是我怎么合适地告诉老师这个字写错了，当然这个不停地纠结和思考的过程，就会让他远离老师的授课内容和根据老师的授课进行的外延性思考。

（四）表述能力

心理问题的处理途径中有个"叙述疗法"：不停地描述自己的真实情况，并用越来越简练的方法讲述，这样做的好处就是通过删除不必要的情感描述，慢慢发现他的问题与他人的类似问题之间的关系。思维也是这样，通过不断地思辨、厘清关系后发现问题，而很多人表述不清，或者表达能力有限，这些都阻碍了他的思维突破。

此外，很多人对创新活动存在一些认识上的偏见，也会产生思维惰性，阻碍思维创新。如有人认为只有高 IQ 的人才会创新；有人认为创新应该是年轻人的事；有人认为创新需要学富五车才行，我还是老老实实按部就班吧！此外，不能宽容失败的社会氛围也会造成人们对失败产生偏见，认为那是没面子、丢人的事，而"枪打出头鸟"的观念和害怕因为自己的"异想天开"和"与众不同"引来嘲笑的趋同心理等也会对创新思维带来制约，使人们习惯于模仿。

三、克服思维障碍的途径

创新是人脑的机能，人人都有创新的禀赋。要把人的创新潜力开发为实际的创新能力，科学的思维方法具有巨大作用。因此，培育创新思维，是一切有志创新者的基本功。没有创新思维，就谈不上创新。人们的创新思维一旦形成，就会成为其自觉进行创新的力量源泉。

突破思维的障碍，方法很简单，但是实现很难。一个苹果掉下"不等于"地心重力说的出现，很多人看见苹果掉下来，但是愿意说、能说出来的人却不多。这个需要知识的储备和表述能力的实现，更需要思维的创新性和开阔性。

（一）给自己思考的时间和要求

一个希望能在思维上有所锻炼的人，他应该要求自己，看到一个现象就能提出 2 至 3 种想法，甚至是相左的看法；他也应该在每天固定的一个时间，哪怕只有 10 分钟，写下自己每天最有价值的"关于某一事件的看法"的几种思考。

孙正义的"财富人生"就是在大学里要求自己"每天停下来几分钟专门思考一些问题"练就的。

（二）培养自己的联想习惯

客观问题之间总是有联系的，如果我们养成了联想习惯，我们往往可以从多个事物的联想结果中找到一个事物在联想中的"断线"，发现创新的可能。我们在考虑装盛调料品的罐子时都会考虑它的容量、用途、使用方便性、外观设计等，比如"鸡精"的装载物为密封罐子，容量尽量在50克到100克，因为它容易引起受潮，所以密封性要求较高，同时鸡精一般是煮时使用，不需要放在餐桌上，所以不用太多考虑外壳美观性，它的使用方便性在于有没有配套合适的"小勺子"；举一反三，我们就可以考虑到油壶，这可能会让你发现创新的机会。目前市面已经有不少的创新油壶，它们创新在哪里呢？它们有一个小孔，在壶盖上，为何需要呢？如果你有联想的习惯，就很容易找到答案了。

（三）寻找和珍惜自己对产品的不满

人们在产品使用过程中的牢骚就是产品可以推陈出新的动力和可能性。如乒乓球鞋要适应打球者的快速移位，同时在运动过程中，在小范围内有大量的汗液，地板会比较滑，自然产生的用户要求是鞋要有抓力。如果发现了用户或你自己的不满，就可以有机会开发出系列产品。现在市场上琳琅满目的各类运动鞋的开发都是来自用户对产品的挑剔和不满。

（四）记录创意，实现创意，修改不足

人们都知道鲜花能表达情感，但如何采用更有创意的方式来传递这种感情呢？有家法式鲜花店就选择了用书本来包装花束的创意。用盒子做成书本的样子，打开盒子看到的是鲜花最完美和盛开的样子，这个创意来自人们"授人以书（玫瑰），手有余香"的说法。书和花在人群中都代表着美好和积极的因素。这家花店将花剪裁后，插于"书"中的花泥中，将书和花合二为一，传递了一种更温馨的祝福，并营造出花店与众不同的品位。

第三节　创意方法和创意能力训练

一、创意方法

（一）属性列举法

属性列举法也称特性列举法或分步改变法，是美国尼布拉斯加大学的克劳福德教授于 1954 年提出的一种著名的创意思维策略。此法强调使用者在创造的过程中观察和分析事物或问题的特性或属性，然后针对每项特性提出改良或改变的构想。

属性列举法是将一种产品的特点列举出来，制成表格，然后再把改善这些特点的事项列成表，这一方法特别适用于老产品的升级换代。此法的优点在于能保证对问题的所有方面做全面的分析研究：通过将决策系统划分为若干个子系统（即把决策问题分解为局部小问题），并把它们的特性一一列举出来，再将这些特性加以区分，划分为概念性约束、变化规律等，并研究这些特性是否可以改变，以及改变后对决策产生的影响，最后研究决策问题的解决方法。

属性列举法实施步骤：

先是将物品或事物分为下列三种属性：名词属性（全体、部分、材料、制法）；形容词属性（性质、状态）；动词属性（功能）。

再进行特征变换。

然后提新产品构想：将变换后的新特征与其他特征组合可得到以下新产品。

具体做法是把事物的特性分为名词特性、动词特性和形容词特性三大类，并把各种特性列举出来，从这三个角度进行详细的分析，然后通过联想，看看各个特性能否加以改善，以便寻找新的解决问题的方案。该法实施简单，既适用于个人，也适用于群体。

（二）形态分析法

形态分析法是瑞士天文学家弗里茨·兹维基在 1942 年提出的。该方法是一种系统化构思和程式化解题的方法，通过将对象各要素所对应的技术形态进行组合，从中寻求创新性设想。弗里茨·兹维基认为它是一种简单的、规则地考虑问题的方法。准确地界定构成系统的要素、全面地分析各要素的技术形态是运用形态分析法的关键。

第二次世界大战期间，美国情报部门探听到法西斯德国正在研制一种新型巡航导弹，但费尽心机也难以获得有关技术情报。然而，火箭专家兹维基博士却在自己的研究室里，轻而易举地搜索出法西斯德国正在研制并严加保密的是带脉冲发动机的巡航导弹。兹维基博士难道有特异功能？没有。他能够坐在研究室里获得技术间谍都难以弄到的技术情报，是因为运用了他称为"形态分析"的思考方法。

兹维基博士运用此法时，先将导弹分解为若干相互独立的基本因素，这些基本因素的共同作用便构成任何一种导弹的效能，然后针对每种基本因素找出实现其功能要求的所有可能的技术形态。在此基础上进行排列组合，结果共得到 576 种不同的导弹方案，经过一一筛选分析，在排除了已有的、不可行的和不可靠的导弹方案后，他认为只有几种新方案值得人们开发研究，在这少数的几种方案中，就包含了德国法西斯正在研制的方案。

二、创意能力的训练

20 世纪 30 年代初，美国内布拉斯加大学教授 R. 克劳福特提出了"特性列举法"并首先在大学开始讲授。后来，创造学的奠基人、美国学者奥斯本于 1939 年提出了头脑风暴法；1942 年，美籍瑞士天文学家 F. 兹维基制定了"形态分析法"；1944 年，美国哈佛大学科学家 W. J. J. 戈登制定了"综摄法"。从第二次世界大战以后，发达国家都引进了美国的创新技法，并结合本国国情，创造出很多新的技法，丰富和发展了创新技法的思维宝库。据不完全统计，世界上现有创新技法已达 300 多种。创新技法虽然种类繁多，但不是每一种创新技法都已发展到成熟的阶段。事实上，基本成熟的、常用的创新技法不过几十种。一种创新技法是否成熟，可以用以下几条标准来加以判断：

技法是否有准确的名称？

技法是否有明确的基本原理？

技法是否有可供操作的程序？

技法是否有典型的创新实例说明？

（一）六顶思考帽

所谓六顶思考帽，是指使用六种不同颜色的帽子代表六种不同的思维模式。如图 5-1 所示，任何人都有能力使用以下六种基本思维模式：

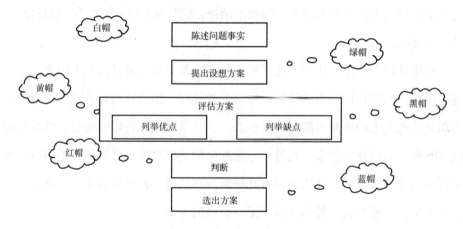

图5-1　六顶思考帽法的解决方案

白色思考帽：白色是中立而客观的。戴上白色思考帽，人们只是关注事实和数据。

黄色思考帽：黄色代表价值与肯定。戴上黄色思考帽，人们从正面考虑问题，表达乐观的、满怀希望的、建设性的观点。

黑色思考帽：戴上黑色思考帽，人们可以运用否定、质疑的看法，合乎逻辑地进行批判，尽情发表负面的意见，找出逻辑上的错误。

红色思考帽：红色是情感的色彩。戴上红色思考帽，人们可以表现自己的情绪，还可以表达自己的直觉、感受、预感等。

绿色思考帽：绿色代表茵茵芳草，象征勃勃生机。绿色思考帽寓意创造力和想象力。它具有创造性思考、头脑风暴、求异思维等功能。

蓝色思考帽：蓝色思考帽负责控制和调节思维过程。它负责控制各种思考帽的使用顺序，它规划和管理整个思考过程，并负责做出结论。

1.六项思考帽的价值

六项思考帽是平行思维工具，是创新思维工具，也是人际沟通的操作框架，更是提高团队智商的有效方法。

六项思考帽是一个操作简单、经过反复验证的思维工具，它给人以热情、勇气和创造力，让每一次会议，每一次讨论，每一份报告，每一个决策都充满新意和生命力。这个工具能够帮助人们：提出建设性的观点；聆听别人的观点；从不同角度思考同一个问题，从而创造高效能的解决方案；用"平行思维"取代批判式思维和垂直思维；提高团队成员的集思广益能力，为统合综效提供操作工具。

2.六项思考帽的应用

对六项思考帽理解的最大误区就是仅仅把思维分成六种不同的颜色，但其实对六项思考帽的应用关键在于使用者用何种方式去排列帽子的顺序，也就是组织思考的流程。只有掌握了如何编织思考的流程，才能说是真正掌握了六项思考帽的应用方法，不然往往会让人们感觉这个工具并不实用。而帽子顺序的编排仅通过读书是难以达到理想效果的。

帽子顺序非常重要，我们可以想象一个人写文章的时候需要事先计划自己的结构提纲，以便自己不会写得混乱，一个程序员在编制大段程序之前也需要先设计整个程序的模块流程，思维同样是这个道理。六项思考帽不仅定义了思维的不同类型，而且定义了思维的流程结构对思考结果的影响。一般人们认为六项思考帽是一个团队协同思考的工具，然而事实上六项思考帽对于个人思考应用同样拥有巨大的价值。

（二）头脑风暴法

世界上第一种创新方法是由亚历克斯·奥斯本于 1938 年提出的头脑风暴法。奥斯本认为创新是一个非逻辑的过程，并没有一个基本的规则，主要依赖参与者的直觉与灵感，对问题的解决依赖于大量的有助于解决问题的思想火花，而这也是获得高质量方案的前提。头脑风暴法就是基于这种创新方法的理念而设计的，其主张在讨论会上每个人应该自由地表达其观点。因此，其通常采用专家小组会议的形式进行，主持者以明确的方式向所有参与者阐明问题，说明会议的规则，尽力创造融洽轻松的会议气氛，一般不发表意见，以免影响会议的自由气氛，使与会者自由思考、畅所欲言、互相启发，从而引起思想共振，并产生组合效应，激发更多的创造性思维，并获得创新的设想。

在群体决策中，由于群体成员心理相互作用影响，易屈于权威或大多数人的意见，形成所谓的"群体思维"。群体思维削弱了群体的批判精神和创造力，损害了决策的质量。为了保证群体决策的创造性，提高决策质量，管理上发展了一系列改善群体决策的方法，头脑风暴法是较为典型的一个。头脑风暴法又分为直接头脑风暴法（通常简称为头脑风暴法）和质疑头脑风暴法（也称反头脑风暴法）。前者是专家群体决策尽可能激发创造性，产生尽可能多的设想的方法，后者则是对前者提出的设想、方案逐一质疑，分析其现实可行性的方法。

1.头脑风暴法的演进

根据头脑风暴法设立的原理及程序，借助群体思想，通过增加参与人的数量可以获得高质量的解决方案，但这种方法也有一定的局限性。首先，有些创造性强的人喜欢沉思，但会议无此条件，表现力和控制力强的人会影响他人提出设想；其次，难以及时对众多设想进行评价和集中。为弥补其缺陷，各国学者对该方法进行了改进。

针对德国人喜欢沉思的特点，德国创造学家荷立提出了默写式智力激励法。该方法规定每次会议有六人参加，每个人在五分钟内提出三个设想，所以又称为"653法"。默写式智力激励法的基本原理与奥氏智力激励法相同，都是通过特殊的会议来实现智力互激和思维共振而获得新的设想。不同的是，默写式智力激励法不是通过口头表达，而是通过填写卡片的方法来实现的。尽管"653法"避免了个别专家可能对其他与会专家的影响，但是这种方法仍然被严禁和批评，难于对设想进行及时的评价和集中。日本创造开发研究所所长高桥诚提出的CBS卡片式智力激励法、日本广播电台开发的NBS卡片式智力激励法和日本三菱树脂公司改革创新出的三菱式智力激励法（MBS法）则避免了这一局限。

尽管头脑风暴法易于操作，但对复杂问题的解决效果往往不是十分理想。为了解决这一矛盾，赫尔默和N.达尔克于20世纪40年代首创德尔菲法，经过T.J.戈登和兰德公司进一步发展而成。这种方法是依据系统的程序，采用匿名发表意见的方式，即团队成员之间不得互相讨论，不发生横向联系，只能与调查人员发生关系，反复填写问卷，以集结问卷填写人的共识及搜集各方意见，可用作构造团队沟通流程、应对复杂任务难题的管理技术。上述创新方法要求明确提出主题并且尽可能地提出具体的课题，这有可能限制参与者的自由联想。为了解决这一问题，戈登在头脑风暴法的基础上，于1952年提出了一种由会议主持人指导进行集体讲座的技术创新技法——戈登法，其特点是除主持人外，不让与会者知道真正的意图和目的，把具体的问题抽象化后对与会者提出，引起与会者的广泛设想。与头脑风暴法相比，戈登法通过"变陌生为熟悉"（运用熟悉的方法处理陌生的问题）和"变熟悉为陌生"（运用陌生的方法处理熟悉的问题），使大家走出思维定式，发挥群体智慧，达到技术创新的目的。

实践经验表明，以上方法不但简单易行而且可以排除折中方案，通过对所讨论问题客观、连续的分析，找到一组切实可行的方案，在军事决策、管理决策以及技术开发中得到了较广泛的应用。例如，在美国国防部制定长远科技规划中，曾邀请50名专家采取头脑风暴法开了两周会议。参加者的任务是对事先提出的长远规划提出异议。通过讨论，得到一个使原规划文件变为协调一致的报告，在原规划文件中，只有 25% 到 30% 的意见得到保留。当然，应用上述方法时，讨论结果形成多条思路，确定"可能解"实施的成本（时间、费用等）很高，而且存在取舍的选择难度，还要求参与者有较好的素质，这些因素是否满足会影响实施的效果，所以，效率比较低。许多问题的解决都因为这个步骤而延误时间，有很多企业因为陷于头脑风暴法的汪洋大海而错失产品推出的良机。

2. 头脑风暴法原则

（1）庭外判决原则。对各种意见、方案的评判必须放到最后阶段，此前不能对别人的意见提出批评和评价。认真对待任何一种设想，而不管其是否适当和可行。

（2）欢迎各抒己见，自由争鸣。创造一种自由的气氛，激发参加者提出各种荒诞的想法。

（3）追求数量。意见越多，产生好意见的可能性越大。

（4）探索取长补短和改进办法。除提出自己的意见外，鼓励参加者对他人已经提出的设想进行补充、改进和综合。

3. 头脑风暴的要求

为了提供一个良好的创造性思维环境，应该确定专家会议的最佳人数和会议进行的时间。经验证明，专家小组规模以 10 至 15 人为宜，会议时间一般以 20 至 60 分钟效果最佳。

专家的人选应进行严格限制，便于参加者把注意力集中于所涉及的问题。具体应按照下述三个原则选取：

如果参加者相互认识，要从同一职位（职称或级别）的人员中选取。领导人员不应参加，否则可能对参加者造成某种压力。

如果参加者互不认识，可从不同职位（职称或级别）的人员中选取。这时不应宣布参加人员职称，不论成员的职称或级别的高低，都应同等对待。

参加者的专业应力求与所论及的决策问题相一致，这并不是专家组成员的必要条件。但是，专家中最好包括一些学识渊博，对所论及问题有较深理解的其他领域的专家。

头脑风暴法专家小组应由下列人员组成：方法论学者——专家会议的主持者；设想产生者——专业领域的专家；分析者——专业领域的高级专家；演绎者——具有较高逻辑思维能力的专家。

头脑风暴法的所有参加者都应具备较高的联想思维能力。在进行"头脑风暴"（即思维共振）时，其应尽可能提供一个有助于把注意力高度集中于所讨论问题的环境。有时某个人提出的设想，可能正是其他准备发言的人已经思考过的设想。其中一些最有价值的设想，往往是在已提出设想的基础之上，经过"思维共振"的"头脑风暴"，迅速发展起来的设想，以及对两个或多个设想的综合设想。因此，头脑风暴法产生的结果，应当认为是专家成员集体创造的成果，是专家组这个宏观智能结构互相感染的总体效应。

头脑风暴法的主持工作，最好是由对决策问题的背景比较了解并熟悉头脑风暴法的程序和方法的人担任。主持者的发言应能激起参加者的思维"灵感"，促使参加者感到急需回答会议提出的问题。通常在"头脑风暴"开始时，主持者需要采取询问的做法，因为主持者很少有可能在会议开始5至10分钟内创造一个自由交换意见的气氛，并激起参加者踊跃发言。主持者的主动活动也只局限于会议开始之时，一旦参加者的积极性被调用起来以后，新的设想就会源源不断地涌现出来。这时，主持者只需根据"头脑风暴"的原则进行适当引导即可。应当指出，发言量越大，意见越多种多样，所论问题越广越深，出现有价值设想的概率就越大。

4. 头脑风暴的记录处理

会议提出的设想应由专人简要记载下来或录在磁带上，以便由分析组对会议产生的设想进行系统化处理，供下一（质疑）阶段使用。系统化处理程序如下：对所有提出的设想编制名称一览表；用通用术语说明每一设想的要点；找出重复的和互为补充的设想，并在此基础上形成综合设想；提出对设想进行评价的准则；分组编制设想一览表。

（三）综摄法

综摄法是威廉·戈登于1944年提出的。戈登认为创新不是阐明事物间已知的联系，而是探明事物间未知的联系，采用非逻辑推理等方法，把那些看似无关的东西联系起来，即综摄。综摄法是一种运用类比进行创新的方法，也称类比思考法、类比创新法，其主要思想是"变陌生为熟悉，变熟悉为陌生"，采用会议的方式进行。

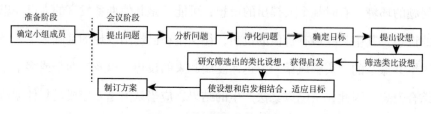

图5-2　综摄法的解决方案

1.综摄法的特点

两大思考原则：

一是异质同化。简单来说，其就是运用熟悉的方法和已有的知识进行分析、比较，提出新设想，即把看不习惯的陌生事物当成早已习惯的熟悉事物。

二是同质异化。其指从新的角度或运用新方法"处理"一些早已习惯的熟悉事物，从而提出新的设想，即把熟悉的事物当成陌生的事物看待。

四种类比的技巧：

一是拟人类比：进行创造活动时，人们常常将创造的对象拟人化。在机械设计中，采用拟人化的设计，可以从人体某一部分的动作中得到启发，常常会收到意想不到的效果。现在，这种拟人类比方法还被广泛应用在科学管理中。

二是直接类比：从自然界或者已有的成果中找寻与创造对象相类似的东西。例如，设计一种水上汽艇的控制系统，人们可以将它同汽车相类比。汽车上的操纵机构和车灯、喇叭、制动机构等都可经过适当改革，这样比凭空想象设计一种东西更容易获得成功。再如，运用仿生学设计飞机、潜艇等，也是一种直接类比的方法。

三是象征类比：所谓象征，是一种用具体事物来表示某种抽象概念或思想感情的表现手法。在创造性活动中，人们可以赋予创造对象一定的象征性，使它们具有独特的风格，这叫象征类比。象征类比在建筑设计中应用较多。例如，设计纪念碑、纪念馆，需要赋予它们宏伟、庄严、典雅的象征格调。相反，设计咖啡馆、茶楼、音乐厅就需要赋予它们以艺术、优雅的象征格调。

四是想象类比：人类的想象力是无穷的，可以通过童话、小说、谚语等来激发人类的灵感，从中获得处理问题的方案。在科技迅猛发展的时代，人们利用幻想解决问题已成为现实。众所周知，著名科幻小说之父贝尔纳具有非凡的想象力，是个幻想类比法的大师。比如，100多年前还没有收音机，其小说中的人物却看上了电视。

2.综摄法的实施过程

第一阶段：提出问题，分析问题。创新就是不断提出问题并解决问题，广告的主题就是提出的问题。这个问题可以是外界提出来的，也可以是创意小组自己提出来的。分析问题，就是对问题进行简短的分析，先由专家对问题进行解释和简要的分析，这个过程是将陌生的东西熟悉化（异质同化）。

第二阶段：模糊主题，类比设想。主持人引导小组成员讨论，将与问题本质相似的同质问题在会议上提出，而把原本的问题隐匿起来。将具体问题包含在广义的问题中提出，营造一种可以使构思自发产生的条件，以引起广泛的设想，从而激发创造力，然后使广义的问题逐步清晰和具体化，最终完成创意。

第三阶段：自由联想，无限延展。这一过程是综摄法的关键所在。因为目标十分抽象，与会者可以对问题的讨论进行延展。当某些见解对于揭示广告主题有利时，主持人及时加以归纳、予以引导。这一阶段的目的是在于使熟悉者产生陌生感。如对上段抽象词汇"引力"与"张力"展开类比联想：弹簧的伸缩，拉紧的橡皮，牵引放飞的风筝；编织中的毛衣，字符结构的离散；线团的束缚,伤口的愈合。上述的类似联想还可以有更多,其目的是让思维的链条松弛。

第四阶段:架构互传,牵强配对。这一阶段有两种做法。戈登的做法是把类比联想的事物与主题牵强地进行配对,在这种情况下,通常会激发创意。而另一种做法是把两种元素牵强地联系在一起,同时展开幻想并与主题联系起来。不管采用哪一种做法,小组成员均需要围绕主题和类比元素展开讨论和研究,直到找出表现主题的创意为止。这一阶段由分而合的目的在于使陌生者熟悉。针对联想与主题进行连接:拉紧的橡皮筋可比喻为我们与家、与亲人的关系——"拉得越开,弹得越疼"。牵引放飞的风筝可叙述为"放线——父母让你闯世界;归根——你让父母享天伦"。"线团的束缚"延展为电话线缠绕双腿,诉诸"不要让电话线绊住你回家的脚步"。其中许多类比现象均可发展为广告创新的立足点。

第五阶段:实用配对,制订方案。在此阶段,要结合解决问题的目标,对上一阶段类比联想所得的启示进行艺术、技术、经济方面等可行性研究,将创意构思转化为问题的解决方案,并将方案图形化,拟订具体的广告方案。

（四）逆向思维法

背逆平常的思考方法,从相反方向思考问题的方法,也叫作反向思维。因为世界上许多事物之间,甲能产生乙,乙也能产生甲。如化学能能产生电能,据此意大利科学家伏特于1800年发明了伏特电池。反过来电能也能产生化学能,通过电解,英国化学家戴维于1807年发现了钾、钠、钙、镁、锶、钡、硼七种元素。又如,说话声音高低能引起金属片相应的振动,相反金属片的振动也可以引起声音高低的变化。爱迪生便是在对电话的改进中,发明制造了世界上第一台留声机。

逆向思维法有三大类型:

1.反转型逆向思维法

这种方法是指从已知事物的相反方向进行思考,产生发明构思的途径,常常从事物的功能、结构、因果关系等三个方面作反向思维。比如,市场上出售的无烟煎鱼锅就是把原有煎鱼锅的热源由锅的下面安装到锅的上面。这是利用逆向思维对结构进行反转型思考的产物。

2.转换型逆向思维法

这是指在研究问题时，由于解决这一问题的手段受阻，而转换成另一种手段，或转换思考角度，以使问题顺利解决的思维方法。历史上被传为佳话的司马光砸缸救落水儿童的故事，实质上就是一个用转换型逆向思维法的例子。由于司马光不能通过爬进缸中救人的手段解决问题，因而他就转换为另一手段，破缸救人，进而顺利地解决了问题。

3.缺点逆用思维法

这是一种利用事物的缺点，将缺点变为可利用的东西，化被动为主动，化不利为有利的思维发明方法。这种方法并不以克服事物的缺点为目的，相反，它是将缺点化弊为利，找到解决方法。例如，金属腐蚀是一种坏事，但人们利用金属腐蚀原理进行金属粉末的生产，或进行电镀等其他用途，无疑是缺点逆用思维法的一种应用。

（五）信息交合法

信息交合法，又称为"要素标的发明法"，或称为"信息反应场法"。它是一种在信息交合中进行创新的思维技巧，即把物体的总体信息分解成若干个要素，然后把这种物体与人类各种实践活动相关的用途进行要素分解，把两种信息要素用坐标法连成信息标于 X 轴与 Y 轴，两轴垂直相交，构成"信息反应场"，每个轴上各点的信息可以依次与另一轴上的信息交合，从而产生新的信息。

1.信息交合法的公理

包括以下两点：

（1）不同信息的交合可产生新信息。

（2）不同联系的交合可产生新联系。

其定理则包括以下两个：

定理1：心理世界的构象即人脑中勾勒的映象，由信息和联系组成。

定理1表明：

不同信息、相同联系所产生的构象。比如，轮子与喇叭是两个不同信息，但交合在一起组成了汽车，汽车可行走，喇叭则可发出声音表示"警告"。

相同信息不同联系产生的构象。比如，同样是"灯"，可吊、可挂、可随身携带（手电筒），也可做成无影灯。

不同信息不同联系产生的构象。比如，独轮自行车本来与盒、碗、勺没有必然联系，但杂技演员将它们交合在一起，构成了杂技节目这一物象。

定理2：新信息、新联系在相互作用中产生。

定理2则表明：没有相互作用就不能产生新信息、新联系，所以"相互作用"（即一定条件）是中介。当然，只要有了这种一定条件，任何信息均可进行联系。比如，手杖与枪是风马牛不相及的不同信息，但是在战争范畴（条件）内，则可以交合为"手杖式枪支"。

两个定理告诉我们，世界是相互联系的，而信息则是联系的印记。在联系的相互作用中，不断地产生着新信息、新联系。任何事物均有一定的条件限制。信息交合法也不是万能的，它只不过是一种具有实用价值的思维技巧。它不可能取代所有人类的思维技巧，更不可能取代人类的任何思维活动。

2. 信息交合法的三原则

信息交合法作为一种科学实用的思考与发明方法，正如许国泰着重指出的：这种方法不是随心所欲、瞎拼乱凑，而是要遵循一定的原则。

（1）整体分解原则。先把对象及其相关条件整体加以分解，按序列得出要素。

（2）信息交合原则。各轴的每个要素逐一与另一轴的各个标的相交合。

（3）结晶筛选原则。通过对方案的筛选，找出更好的方案。如果研究的是新产品开发问题，那么，在筛选时应注意新产品的实用性、经济性、易生产性、市场可接受性等。

信息交合法是一种运用信息概念和灵活的手法进行多渠道、多层次的推测、想象和创新的创造性发明技法。我们可运用此法进行创造发明，把某些看来似乎是孤立、零散的信息，通过相似、接近、因果、对比等联想手段搭起微妙的桥，使之曲径通幽，将信息交合成一项新的概括。它有着自己独特的特点，不但能使人们的思维更富有发散性，应用范围也十分广泛，而且这种方法能够有助于人们在发明创造活动中，不断地强化理性的、逻辑的思维能力的培养。同时，在创造性思维、创造教育中，作为培养、培训方法，其更具有系统性和实用性。

第四节　创新的来源与创新实践

一、创新的来源

彼得·德鲁克在其《创新与企业家精神》一书中指出大多数有效的创新并不是来自突发奇想，而很可能是有规律和方法可循的，并且提出了关于创新的七个来源。

（一）意外事件

意外的事件是世界上很多著名创新发现的来源。但是意外事件也只是其中的一个成因而已。意外事件之所以创造了伟大的创新和发明还得益于那些在意外事件发生过程中所参与的人。我们可以把意外事件看成是一个可能孕育宝马的草原或马群，但是最终能否产生好的结果，还需要能识得这些千里马的伯乐。

例如，有一种说法称杜邦公司发明人造尼龙的原因是一名科学助手的失误，他由于疏忽而导致化学药剂混合物在整个周末都持续加热，并意外地发现了尼龙形成的可能性。如果他将失败隐藏，将生成物丢进垃圾桶并重新开始试验，那么也许尼龙就不会那么快来到人间。爱迪生的很多发明传说都来自一些突发情况。更伟大的创新思想来自牛顿从苹果落地的意外中发现了万有引力定律。意外事件往往因为改变了周围的变量因素，而让某种新的理论、新的事物展现出来，如果能够抓住它就可以走上创新之路。

（二）不协调事件

其实，人类的很多发展和创新，都是因为不协调所激发的。当流程或者需求与现实状况产生巨大的不协调的时候，接触的人类科学家们会努力思考如何去解决。与意外事件不同，以不协调事件为来源的创新主要是一种被动的以事件为中心的创新方式。

（三）流程需求

与不协调事件相似，流程需求作为创新来源往往也是为了解决某些问题。但是关键的不同在于，不协调事件的核心围绕某一事件，而流程需求则主要面对一个需要去完成的任务。换句话说，不协调事件激发人们去创新以解决这些不协调事件，而流程需求则是通过某些预测或者推论提早地发现了问题，并迫使组织创新为发展铺平道路。

（四）市场和产业结构的变化

市场和产业结构发生变化往往会促使创新的出现，反过来针对市场和产业结构的创新，改变现有格局也是一种创新的有效方式。

（五）人口统计数据

人口统计数据不仅仅是人口的总量和规模。人口的总量并不对特定行业的商业需求发生直接作用。人口的组成成分，如年龄结构，哪个年龄段的人占了最大的比重，比人口总量更重要。人口变化还包括受教育的情况、就业的情况、收入的情况。在收入里特别应该重视可支配收入，有一些开支是固定的，比如住房、伙食费、交通费等，是不可节省和挪用的生活成本，而可支配收入就是有多余的钱可以去选择满足自己的兴趣，如旅游、教育等。如果某一个年龄层，可能会是人数最多的、收入最多的或可支配收入最多的，这个年龄层的心态、观念、行为习惯使他们偏好某一方面的消费，那么提供这方面的产品或服务就成为重大的创新机会。

　　人口变化虽然是不可预测的，但这种变化一旦发生，接下来将会带来什么影响，特别是对产业、对市场需求将会造成什么影响，倒是可以预测和确定的。比如现在出生率下降，能预测将来上小学的人会减少，教育部门就是根据这个来编制规划，设立小学的数目。现在出生的人，6 年后肯定是上小学，12 年后上初中，间隔时间已经定了。未来什么时候，有多少受过教育的劳动力加入就业市场，这都是可以规划的。所以说，人口统计数据是决策者，无论是商人还是政治家，分析和思考问题的第一环境因素，而往往商人和政治家总是非常不重视这个因素。他们老以为人口的变化是个很遥远的话题。利用人口统计数据不仅来自查阅数据，有的时候也来自观察，因为有些变化已经发生了，但无法充分反映在数据上。比如说，现在国内很多大中型城市里有一群外籍或港澳台人士，这部分人无论是集中居住还是分散居住，其生活方式、消费观点都有某种共通性。而这一部分人数虽然不多，却引领了整个白领和中产阶级的消费潮流，其所形成的购买力和市场就变大了。同时，大城市同时有另一个新人群，从内地农村涌入的外来人口，尤其是年轻的外来人口，有一定的知识文化，起初他们的消费能力有限，但是假以时日，他们可能会成为城市主要的消费人群之一。

　　（六）认知和情绪的改变

　　德鲁克在讲到从观念变化中寻找机会时，告诫我们注意区分什么是真正影响未来的趋势，什么只是一时流行的时尚，如果错把时尚当成趋势，当把某种创新成果推出市场，时尚已经过去了，那么付出的努力就会白费。因此，对正在发生的变化既要敏感和及时行动，以免错失时机，又要细心观察，避免误判。面对鉴别认知和情绪这种不确定的变化时，他的建议是：创新要从小开始，从具体的一点开始，得到验证之后，再扩大规模。

　　杯子盛了一半水，有人认为是半满的，有人认为是半空的。同样的事实，看法发生了改变。中国的经济经历了差不多三十年的高速发展，不可否认，全国人口中获得基本温饱条件的比例大大提高了，农民和农民工的权益，不论是迁移、就业还是经济收入，也得到了更多的重视，有了更多的渠道去满足。但是，比起二三十年前，人们显然对进一步改善有了更高的意愿和期待。"民工律师"利用的正是这样一个认知和情绪的改变。

（七）新知识

新知识，特别是科技知识带来的创新正是人们通常所意会和谈论最多的创新，它也最引人注目。在《创新与企业家精神》一书中，与其他六个来源相比，德鲁克用了最多的篇幅谈论它（共20页），其中的案例五花八门，从柴油机、飞机、尼龙、计算机、工业自动化生产线、青霉素这些自然科技产品，到报纸、企业家银行、管理学和人类学习理论这些非科技的社会创新。

新知识的第一个特点是时间跨度长，因为它要经历一个从知识的发明，到变成应用技术，最后被规模化和市场化的过程，这个过程可能是25至35年。其第二个特点是通常需要几种不同的知识聚合在一起，才能完成一个创新。如果某项创新所需要的知识不齐备，创新的时机就尚未成熟，需要等待，直至所缺的知识得以补充完善。其第三个特点是市场接受度不肯定。别的创新都是利用已经发生的变化，创新者自己并不制造变化，他要满足的是一个已经存在的需求。唯独知识创新本身就是在引起变化，它必须自行创造出需求，所以它好像赌博，风险很大，没有人可以预见使用者对它是接受还是排斥。从以上可见，新知识是一个耗费时间和资源，难度大、风险高的创新来源。

二、企业创新实践

（一）企业创新的动因

企业是一个开放性的生态系统，企业的生存和发展离不开外部环境的影响。同时，企业自身也在不断演化，企业内在状态的改变也会对企业提出新的要求。因此，企业创新的动因可从外部环境和组织自身两个方面探求根源。

1.企业创新的外部动因

企业创新的外部动因源于外部环境与企业的矛盾和外部环境变化对企业的

需求。一个具有创新精神的创业者会时刻关注企业外部环境的变化，并积极地促进企业与环境间的互动，以适应环境，推动企业自身的发展。企业创新的外部动因主要有以下几个方面：

（1）科学技术发展。科学技术的发展会带来新知识、新技术，其通过在生产活动中的传播和应用，成为推动企业技术和产品创新的重要力量。熊彼特认为发明推动是产品创新的动力起源，正是技术发明的出现，激发了企业家力图通过其商业应用而获得超额利润的冒险渴望，从而推动技术创新的发展。

（2）市场需求的变化。市场需求是企业创新活动的动力源泉和起点。因为市场是检验创新成果、实现创新价值的最终场所，如果市场不存在这种需求或需求规模不足以使创新者获利，那么创新就失去了意义。市场需求会随着经济和社会发展不断变化，当变化达到一定程度，形成一定规模，就会带来市场的不均衡，从而为企业和创业者提供新的市场机会，并引导企业以此为导向开展创新活动。其引导作用体现在：首先，市场需求可以把科学发明由科学原理转换成技术原理，以及为技术创新课题的提出和形成提供明确的目标和技术目的。其次，市场需求可以为技术发明的完善化和工业化应用提供适用性的前进路标。再次，市场需求为新技术从一个应用领域向其他应用领域的扩散、移植和综合利用提供新的社会前景，为整个产业部门乃至整个市场需求体系的形成、演化和变革奠定基础。

（3）市场竞争。市场需求是企业创新的原动力，而市场竞争则是企业创新的助燃剂。市场需求引发企业为生存和发展而创新，使创新成为可能。市场竞争则促使企业比竞争对手更快、更好地进行更有效的创新活动。市场竞争会迫使企业关注市场信息，更准确地把握创新方向，提高创新速度，迫使企业加强产品创新，以更好地迎合市场需求。同时，竞争还能改变创业者的观念，加强组织和管理创新，以提高企业的运作效率和市场竞争力。

（4）政府行为。政府在产业、科技等方面的政策导向的变化也是企业创新的外部动因之一。政府一般会通过宏观产业政策、科技创新政策、财政税收以及公共投资等政策的出台，激励、引导和保护相关企业创新，从而影响企业的创新战略和决策，以实现产业结构调整、行业升级等目的。

（5）社会文化环境。社会结构、社会风俗、社会价值取向等因素的变化，也会在一定程度上促进企业创新行为。例如，社会中宽容失败、包容异己的风气的形成以及对契约精神的崇尚都能对促进创新和创业起到积极的作用。此外，社会民众消费价值观和生活方式的改变也会促使企业改变生产和商业模式。

（6）自然条件的变化。社会对自然环境保护的重视和自然资源的日益短缺，给企业尤其是资源消耗类企业带来很多约束，促使企业必须寻求战略、技术、原料、流程等方面的创新和变革，以适应环境变化的需求。

2.企业创新的内部动因

（1）企业目标。企业目标与创新的本质特征耦合度的高低直接决定企业创新需求的强弱。当企业以追求短期利润为目标时，往往会安于现状，缺乏创新激情；注重企业长期利益和长远发展的创业者则会在创新方面大刀阔斧，更倾向于通过扩大投入、不断改进甚至革新生产工艺，提升产品品质，获取竞争优势，从而获得利润的长期稳定增长。

（2）企业创新愿景和惯性。企业创新愿景取决于企业家及其创新精神。优秀的企业家和企业家精神会激发企业内部形成较强的创新力量，创新型领导、创新型人力资源和创新氛围的存在和发展，又会在企业内滋生出一种内在的创新惯性，从而使企业对机会更加敏感并做出快速决策，促使创新的发起与实施。

（3）企业内部制度因素。其主要指企业内部是否存在有利于创新的正式制度规章及非正式制度安排，包括企业的治理结构、激励安排、企业文化等。通常，在市场控制治理结构下，企业倾向于产品创新选择；在组织控制治理结构下，企业倾向于过程创新选择。内部激励是企业推动创新的另一种方法，即通过物质和精神的激励,使员工真正感受到创新的收益和实现自我价值的愉悦,从而调动企业研发人员的创新热情。

（4）企业成长阶段的变化。企业处于初创期或成长期时，往往会积极采取各种创新促进企业快速发展，而到了成熟期，企业便会有创新动力下降、创新行为减少的趋势，一旦进入衰退期，企业一般又会主动进行战略、技术等创新以谋求新的发展。

（二）企业创新的途径

以上创新的动因对企业而言既是挑战，也是机遇。企业应在变化中寻找机会，选择适当的创新途径应对挑战。根据企业丰富的创新实践，可将企业创新的途径总结为以下几种形式。

1. 技术创新

技术创新是技术的新构想，包括新产品、新服务、新工艺等，通过研究开发或技术组合，到实际应用，并产生经济、社会效益的商业化全过程的活动。无论是渐进性的技术改进还是根本性的技术变革，技术创新都必须实现商业化应用，这就要求企业在技术先进性和市场需求的有效支撑之间找到一个很好的平衡点。

很多技术人员对技术要求非常完美，但对企业来说未必合适，因为能为企业创造价值的技术应该是消费者需要的技术。德鲁克曾指出"一个看似伟大的创新结果可能除了技术精湛外什么也不是；而一个中度智慧的创新，如麦当劳，反而可能演变成为惊人且获利颇丰的事业。"因此，技术创新的首要问题应是确定"什么是正确的事"，然后再"正确地做事"。这是一个范式的转移和企业经营理念的变化。

技术创新根据对象的不同，可分为产品创新和工艺创新两类。产品创新是通过技术改进或新技术的应用向市场提供独特、性能更优异的产品。工艺创新主要是改进产品的加工生产过程、工艺路线或设备，目的是提高产品质量、降低生产成品、降低消耗或改善工作环境等。产品创新有三种模式：一是技术推动型创新，这是一种由科学发现或技术发明推动的线性过程，市场是研发成果的被动接受者。二是市场拉动型创新，即技术创新由市场需求激发，然后寻找满足需求的技术解决方案。研究表明，就数量来说，60%至80%的技术创新都是市场需求引发的。三是技术推动与市场拉动交互型的创新。大量实践显示，在技术创新的过程中，技术和市场两者总是相辅相成、交互发生作用。有市场需求但无法实现研发应用的技术或没有市场需求的实验室技术都是无法取得成功的。

2.商业模式创新

商业模式创新就是一个企业如何赚钱的故事，从本质上看，好的商业模式可以回答：谁是顾客？顾客珍视什么？管理者如何通过商业活动赚钱？如何以合适的成本向顾客提供价值？商业模式创新是企业家发现原有或市场上存在的商业模式的问题，并在对内部资源和外部环境进行权衡的基础上，选择和设计适合企业发展的新商业模式的创新过程，其目的在于创造新规则、新标准，并形成企业的垄断力量。

创新商业模式的路径因创业者的视角不同而不同。创业者可以通过改变价值主张、目标客户、分销渠道、成本机构等商业模式的组成要素进行部分创新，也可以对商业模式进行系统的重新设计，或者结合企业的竞争战略进行调整。最成功的公司往往就是那些能够持续、有效地将战略和强有力的商业模式创新结合在一起发展的公司。

3.服务创新

20世纪末以来，随着信息技术、网络技术的广泛应用，出现了传统服务产业的升级，并涌现出大量新兴的以知识为基础的服务产业，部分制造企业也开始向服务业转移。IBM公司从设备提供商转向服务提供商，专门致力于为客户开发软件和提供解决方案的转型就是其中的典型代表。因此，服务创新不单是服务企业发展的内在要求，对其他类型的企业而言，服务创新也是满足和引导顾客需求、创造竞争优势、实现企业转型的重要途径。

服务创新的方法很多，主要包括基于技术的创新、基于管理变革的创新以及两者的结合。

基于技术的服务创新是指开发新技术并应用于服务系统中，推出新服务概念，设计更先进的客户接口、建立更有效的传递系统等。例如，依托网络和信息技术出现的网络购物、电话订餐、银行 ATM、公共交通的自动检票系统、远程教育、网络游戏等。很多企业如阿里巴巴、百度、腾讯、新浪、亚马逊等都是基于这些新技术而出现的成功进行服务创新的企业，它们以互联网为连接企业和顾客的服务枢纽，开创了一个全新的电子服务时代。

基于管理变革的服务创新主要是指通过服务模式、流程、营销的变革引发的服务创新。如根据对客户需求的管理和预测，将大规模、批量生产和标准化服务的模式改变为少量定制、灵活销售、提供个性化服务的模式。通过识别顾客期望，创新企业服务质量指标，重新界定服务范围、内容、衡量标准等，有效管理服务流程的各个环节，提高服务的效率。同时，还可通过体验式营销、设立广泛分布的服务网点、加强服务的口碑传播等手段创新服务的营销方式和渠道，加强顾客与企业的交互关系，从而提高顾客对企业服务的认可和满意度。

最有意义的服务创新来自对服务对象的深入了解，这个深入比一般的产品创新要深入得多。有研究表明，80% 的服务概念来源于顾客。因此，企业要成功进行服务创新，一定要关注顾客反应，尤其是对顾客期望的把握和对顾客抱怨的倾听，变"有求必应"为主动关心。同时，企业还应注重提高内部服务人员的整体素质，因为顾客对服务品质好坏的评价往往是根据他们同服务人员打交道的经验来判断的。

4. 管理创新

管理创新是指企业把新的管理要素（如新的管理方法、新的管理手段、新的管理模式等）或要素间的组合引入企业管理系统以更有效地实现组织目标的活动。管理创新的动机一般源于对公司现状的不满，或是公司遇到危机，或是商业环境变化以及新竞争者出现而形成战略型威胁，或是某些人对操作性问题产生抱怨等。管理创新是对组织内某种形式或要素的挑战，是企业家行动能力的表征。企业家首先需要对未来有新的设计和想法，并对现状中的不足提出解决的对策，然后将各种不满的要素、想法及解决方案组合在一起，通过反复、渐进的实验、推进、调整和再推进来明确界定新的管理模式和管理思想。与其他创新一样，管理创新也面临巨大的风险，还会由于很多人无法理解创新的潜在收益，或者担心创新失败会对公司产生负面影响而遭遇抵制。此外，管理创新的有效性往往需要数年才能显现，这也增加了管理创新的难度。因此，管理创新对企业家提出了更高的要求。

5.制度创新

制度创新是人或组织所进行的用新制度代替旧制度的活动。企业制度创新往往是源于现有企业制度已经不能适应企业当前的发展状况，不能充分调动员工的积极性，并在某种程度上已经妨碍了企业经营绩效的改善。从制度的本质出发，制度创新主要是为了调整和优化企业所有者、经营者和劳动者三者之间的关系，使各方面的权利和利益得到充分保障，使企业内部各种要素能合理配置，并发挥最大的效能。因此，有学者将制度创新定位为管理创新的最高层次，并认为其是实现技术创新、管理创新的根本保障。正如民生银行行长董文标所说，"制度创新是创新之本，没有制度创新，就没有核心竞争力。"

以上五种创新途径为创业者创立和管理企业提供了创新突破点，但在实践中，企业家的创新方式和手段更加丰富多样。创新要依据环境变化和企业发展要求，要有清晰的创新目标，要善于发现和灵活运用各种资源，同时也要求创业者自己在创新实践中善于学习、善于总结、善于思考，不断丰富自己的经验，以增加智慧，从而不断创新自己的管理理念和思想。

第六章　创新管理与创新战略

第一节　创新管理

一、建立创新型组织文化

（一）创新型组织文化的内涵

创新型组织文化是指能够激发创造力和创新的文化，有利于组织内创新行为的发生，能够适应复杂环境变化的组织文化，亦即有利于开展创新活动的一种氛围，是科技活动中与整体价值准则相关的群体创新精神及其表现形式的总和。

当一种企业文化具有上述特征时，就称为创新型企业文化。创新型企业文化能够激发和促进企业内创新思想、创新行为和创新活动的产生，有助于创新付诸实践。创新型企业文化对技术创新的有效开展具有重要作用，与信息、资金和组织结构相对应，创新型文化被称为"技术创新硬币的另一面"。

创新型企业文化作为文化的一种类型，其构成也包括内在构成要素和外在构成要素。内在构成要素是指能够促进企业创新的核心价值观、创新精神、科学思想、文化观念、思维方式等；外在构成要素是指能够为企业的创新提供良好的外在环境，保证创新活动能够顺利进行的制度条件，如企业的办公环境和物质保障、鼓励创新和容忍失败的激励措施等。

无论是外在构成要素还是内在构成要素，创新型企业文化的目的都是为了激励创新，给创新创造最宽松的环境。激励创新的内容包括鼓励冒险、奖励变革、开放的创新环境、高度的自治权等。在制定激励措施时还需要考虑以下内容：能够进行持续创新；将创新及时付诸实践；技术人员充分了解市场，与顾客保持良好关系等。为了提高创新绩效，良好的组织规范也是不可或缺的。无论何种背景的企业，在提高创新绩效方面都拥有共同的基础性规范：挑战现状、容忍失败、鼓励冒险、提供资源和开放的信息。

（二）创新型企业文化下的组织特征

不同的企业具有不同的组织特征，但创新型企业的组织特征存在一定的共性，许多研究管理创新的学者对此做过深入的调研和总结。保罗·特罗特把促进创新的组织特征概括成十个方面，如表 6-1 所示：

表6-1　有助于创新的组织特征

组织要求	特征
成长导向	致力于长期增长而不是短期利益
企业传统和创新经验	对创新价值容易达成共识
信息收集和外部联系	能够及时认识到威胁和发现机会
致力于技术和研发的程度	愿意投资于技术的长期研发
承担风险	总体考虑并尝试带有风险的机会
跨职能合作及协调	个人之间相互尊重，且愿意跨职能工作
接受能力	认识、发现并有效利用外部开发技术的能力较强
创造力空间	管理创新困境以及为创造力提供空间的能力较强
创新战略	对创新具有长期的战略规划
多样化技能	对新产品的开发可以结合多样化的专业知识

1.成长导向

公司的成长导向对创新具有重要的影响。那些安于现状的企业对创新的渴望并不十分强烈，而致力于长期增长而不是短期利益的公司对创新和创造更有兴趣，因为创新为这些企业提供了获得成长的途径。许多世界500强企业每年都会在年度报告中明确提出公司的长期发展计划。

2.企业传统和创新经验

企业传统作为企业文化的内容之一，对企业在技术和创新方面的作用同样至关重要。一向重视创新的企业，其员工会普遍意识到创新的必要性，因此，任何有助创新的想法和做法都会被加以重视，使得创新存在于每个人的潜意识中。在这样的传统下，企业职员和部门间的沟通合作非常高效和愉快，对于每一项正在实施的创新项目都会全力以赴，而不至于经常半途而废。善于创新的企业不仅要具有科学能力和商业知识，更重要的是能够把信息和知识加以充分的共享。

企业在创新项目的实施过程中所积累的丰富经验也有助于企业提高技术和研发管理能力，曾经失败的项目同样可以提高公司把技术转变为新产品的技能。

3.信息收集和外部联系

任何企业都不可能离开市场需求而独立发展，因此充分收集市场信息是企业能够及时做出战略调整的先决条件。市场营销部门需要不断地观察外部环境，并把相关信息反馈给相关人员以做市场研究和竞争力分析。在研发部门，为了能够跟踪本领域的最新进展，研发人员可能要花费大量时间去阅读科学文献。信息搜集的下一项重要工作便是把这些信息传递到需要的地方。要想充分地收集信息，就必须建立一个开放的沟通系统：与市场、竞争对手、顾客、供应商等形成广泛的外部联系。

4.致力于技术和研发的程度

多数创新型企业对于创新所需要的时间给予了足够的耐性，并且承担了对科学、技术和智力资源的投入。这种企业对高水平的研发人员具有较大的吸引力。事实上，在研发方面投入较多的企业往往其创新产品的数量也会较多，但两者之间的关系并不一定成正比。

5.承担风险

创新型企业往往比较愿意认真考虑风险机会，他们在风险评估决策、承担适当风险、把风险引入项目的平衡预算等方面具有较强的能力。

6.跨职能合作及协调

部门之间的冲突显然不利于创新。企业的不同部门之间往往存在目标的差异，研发人员可能更看重新技术而容易忽视企业的短期利益，营销人员对于产品中的新技术也可能并不十分理解。但是，如果企业能够轻易化解掉这种冲突，使得跨职能部门间的合作更加流畅和协调，它就有可能成为促进创新的力量。

7.接受能力

几乎任何新产品所需要的技术都不可能仅仅依靠自身来完成，多数以技术为基础的创新涉及多种不同的技术，这需要多家公司的互相借鉴和交易。很多合资企业和企业联盟的诞生正是出于这方面的考虑，有些甚至与竞争对手共建企业。索尼公司和爱立信公司合资成立的索尼爱立信公司就是一个典型的代表。

8.创造力空间

企业在平衡效率和创新时，常常赋予研发人员一定的自由空间，以供他们在自选项目上施展才能，这就是创造力空间的需求。

9.创新战略

认识到创新对于企业的长期发展具有重要作用后，公司会把创新作为一种长期战略加以认真规划。当企业决定进入某种市场后，必须对自己所拥有的或者需要拥有的技术和知识，以及适合市场需求的要素进行规划。这是与"短期主义"竞争对手区别开来的必要手段。

10.多样化技能

一个企业的发展需要结合各类专家，包括研发、市场、财务、广告等方面的人才，也需要能够把众多技能融合到一起的通才，有效管理这些多样化知识和技能的能力正是创新过程的核心。

二、让创新可持续化

创新文化为企业提供了创新的基础环境，许多企业家在企业发展过程中不惜投入巨资培育创新性企业文化。然而，并不是建立起创新文化的企业就一定可以获得长期的成功。有些企业在建立初期就拥有非常适合创新的环境，而且在发展过程中也曾经得到过创新所带来的收益，但在后来的市场竞争中却被竞争对手超过，甚至退出了历史舞台。

建立创新文化对于想要长期发展的企业来说至关重要，但能否让创新持续不断地进行也是一项重要的内容。

世界上创新型的公司比较多，最有名的有 3M 公司、戴尔公司、微软公司、苹果公司等。提到国内的创新型企业，多数人也会联想到海尔公司、华为公司等企业。这些企业不仅拥有创新文化，而且拥有很高的知名度，保罗·特罗特将企业在创新方面的知名度称为企业的创新名誉。他认为培养创新名誉有助于促进公司创新能力的良性循环。这里所说的创新能力的良性循环实际上就是创新的持续性。保罗·特罗特把创新的良性循环分成七个步骤：企业创新名誉的培育、对创新人才的吸引、企业对创新的鼓励、新产品的开发、企业对新创意的接受、更多的激励和更少的挫折、企业创新士气的提高。

（一）企业的创新名誉

创新名誉来源于企业对创新文化的精心培育。当一个企业由于坚持创新而带来整体业绩的提高时，公司将更加重视创新。一旦企业的业绩和创新性同样被外界所认可时，企业的创新性就形成了创新名誉，这是企业吸引人才的一项重要品质，创新性人才会慕名而来。

（二）创造性人才的吸引

创造性人才会偏爱创新型的企业。多数具有创新性的科学家喜欢到享有创新名誉和重视研究的公司参加工作。

（三）鼓励创新

企业要落实鼓励创新的措施，在行动和资源上给予支持，比如，给他们更宽松的时间安排。另外还应该努力建设容忍失败和错误的环境。当一项创意获得成功后，精神或物质的奖励也是不可或缺的，精神方面的奖励包括对员工的宣传、表扬和认可。物质方面的奖励则可以采取加薪、升职或者奖励假期的方式。

（四）开发新产品

创新产品并不仅仅局限于融入最新技术的产品，只要开发与现有产品相比，有真正改进的产品即可视作是一种创新。

（五）企业接受创意的愿望

虽然对提出新创意的员工给予了奖励，但由于企业自身的能力问题而无法把新创意付诸实践也是可能的。这就要看企业对于新创意的接受程度如何。企业最终接受新创意的程度越强，对创新人才的激励将会越大。

（六）更多的激励和更少的挫折

提出创新的员工看到自己的创意和努力给企业的经营业绩带来了提升，他们将会受到进一步的鼓励。反过来说，如果一个人的创意总是不被采纳，将给他带来更大的挫折感。

（七）企业创新士气的提高

所有上述活动将有助于提升企业的创新士气，这样有利于创新和令人愉快的工作环境，有助于留住创新人才。而这反过来又加强了公司的创新能力，提升了公司的创新名誉。这样就形成了创新的良性循环，企业将获得持续性的创新能力。

三、平衡创新与效率

所有企业都面临着创新管理的困境，即稳定性需求和创造性需求之间的基本矛盾。一方面，企业要有稳定的生产或经营模式来有效和快速地完成正常的工作，以保证企业有稳定的收益。为了能够保持自身的竞争力，企业还需要不断地改善生产流程和经营方式，在保证不降低产品标准的前提下减少生产时间、提高生产效率来达到降低生产成本的目的。

另一方面，企业要想获得长期的增长就必须不断地改进和创新产品，这意味着企业需要创造条件为创新腾出空间，也就是说，在生产和经营过程中允许低效率的存在。于是创新管理的困境就出现了：企业如何一方面设法降低成本以提升竞争力而另一方面又要设法提供空间来创新？

显然，企业必须在二者之间找到平衡。企业需要保持在正常生产和经营中压低成本和提高效率以满足公司的短期利益。同时，又要为新产品开发和产品改进提供空间以换取企业的长期增长。

为了解决这个矛盾，很多企业都采取将生产从研发中分离出来的做法，但是实际上，很多新的创意和创新是无法脱离企业的生产或经营一线的。换句话说，企业的运作为创新提供了广阔的空间，除非企业需要的创新和原来的产品没有任何关系。

第二节　创新战略

创新战略是企业依据多变的环境，积极主动地在经营战略、工艺、技术、产品、组织等方面不断进行创新，从而在激烈竞争中保持独特优势的战略。创新战略是以产品的创新以及产品生命周期的缩短为导向的一种竞争战略，采取这种战略的企业往往强调风险承担和新产品的不断推出，并把缩短产品由设计到投放市场的时间看成是自身的一个重要目标。

创新战略包括的范围很广，例如，技术创新、组织与管理创新、产品创新等。

一、技术创新战略

（一）技术创新的内涵

熊彼特在《经济发展理论》中指出，技术创新是指把一种从来没有过的关于生产要素的"新组合"引入生产体系。其以产品创新为龙头，积极开发和应用新技术、新工艺、新设备和新材料。产品创新会带动和促进技术、工艺、设备和材料的一系列创新，而生产技术的创新又为更新产品准备了必要的生产技术条件。产品创新和生产技术创新循环往复、互相影响。

世界经济与合作发展组织对技术创新的定义是，技术创新包括新产品和新工艺，以及原有产品和工艺的显著技术变化。如果在市场上实现了创新，或者在生产工艺中应用了创新，那么创新就完成了。

苏塞克斯大学的科学政策研究所把创新分为以下几类：

渐进性创新：渐进性的、连续的小创新。

根本性创新：开拓全新领域、有重大技术突破的创新。

技术系统的变革：这类创新将产生具有深远意义的变革，通常出现技术上有关联的创新群的出现。

技术—经济范式的变更：这类创新将包含很多根本性的创新群，又包含很多技术系统变更。

（二）技术创新的模式

技术创新分为独立创新、合作创新、引进创新三种模式。独立创新也可称为率先创新，是指在无其他企业技术引导的条件下，企业在获取技术和市场创新机会后，依靠自身力量独立研究开发，攻克技术难关，获得新的技术成果，并完成技术成果的商业化过程。

独立创新在市场上主要表现为产品创新，它可以使企业获得超额利润。但独立创新也存在很大风险，需要企业具有很强的研发实力、敏锐的市场洞察力和较强的风险承受能力等。

合作创新是指企业通过与其他企业、科研机构、高等学校等建立技术合作关系，在保持各自相对独立的利益及社会身份的基础上，在一段时间内基于共同的目标开展合作从事技术或产品的研究开发，以实现各自目标的技术创新活动。

引进创新是指企业通过逆向工程等手段，对引进的技术和产品的消化、吸收、再创新的过程。它包含着渐进的创新和对原设计的不断改进。从经济学的角度看，这是一种更有效的创新。

（三）技术创新的演化

企业技术能力的演化和技术创新模式的升级，是引进、消化、吸收、再创新的重要特征。技术能力按照演化维度可分为技术仿制、创造性模仿和自主创新三个阶段，技术创新模式取决于技术能力，要与之相适应才能取得最佳的创新效益，按照技术创新的自主程度从低到高可分为简单仿制、模仿创新以及自主创新三种层次。企业引进、消化、吸收再创新，实质上是技术能力和技术创新模式匹配关系形态不断演进的过程。

二、组织与管理创新战略

组织与管理创新是指对组织结构模式和管理方法的创新。培育企业的核心竞争力，不仅要发展具有独特竞争优势的产品、技术和服务，还必须通过管理创新实现整合企业资源、挖掘内部潜力、提高管理效率、增强竞争实力、谋求最大效益的目标。随着企业规模的扩大、管理层级的增加，产权制度的缺陷也日益暴露出来。因此，企业要实现持续发展就必须进行管理创新，包括企业管理观念、管理组织、管理制度、管理方法、管理手段等方面的创新。目前，组织创新具有四大趋势：

（一）由"高度集权"向"下沉分权"的趋势

组织官僚化严重制约了企业发展。为了解决这一问题，必须打破层层审批的高度集权组织，增强组织的人性化和灵活性。越来越多的企业通过分权，实现职能下沉，把管理的触角延伸到每一个员工，让每个人都成为管理者，实现高效运营。

（二）由"僵化固定"到"柔性灵活"的趋势

扁平化的组织结构强调企业内部的沟通、协作与学习创新，使人的地位有所提高，面对市场变得相对灵活，但由于外部沟通的缺乏，应变力仍受到局限。

而现代企业往往需要不同部门之间协调，这就要求企业根据不同的项目、重大事件灵活设立新的组织机构，甚至有可能要求全体员工参与。传统"僵化固定"的组织模式的弊端日益显现，而以人为核心的企业"柔性组织"通过"以人为本"的人性化运营及管理，给人以更多的自由和创造空间，充分发挥了每一个人的智慧，因而具有更大的能动性、灵活性与应变能力。

（三）由"组织革命"到"微创新"的趋势

企业从手工作坊发展到规范化和制度化的现代企业阶段，组织也不断进行变革。在 2008 年的金融危机背景下，企业面临战略转型的生死关头，也掀起了"组织革命"的高潮。企业组织架构相对成熟稳定时，却发现规范和制度造成了本位主义和山头现象。如果不能打破不同职能部门之间的壁垒，内部的摩擦、消耗将会赶跑所有客户，低效率将蚕食企业的利润，甚至拖垮企业。解决这个问题就需要某一个部门组织结构或某些流程的"微创新"，打通组织机体的微循环系统。

（四）由"单兵作战"到"集团军作战"的产业联盟的趋势

我国私营企业平均存继周期只有 7 年。其根源之一是在日益国际化的环境下，尚处在发展期的中小企业或新兴产业在竞争中无法与成熟的企业巨头"单挑"，企业的"单兵作战"将会有越来越多的"殉葬者"。为了扭转这种不对称竞争的劣势，很多行业甚至跨行业组成产业联盟，实现由"单兵作战"转向"集团军作战"。这种趋势在 21 世纪的今天已经越来越明显。

三、产品创新战略

根据创新产品进入市场时间的先后，产品创新的战略有率先创新、模仿创新。率先创新是指依靠自身的努力和探索，产生核心概念或核心技术的突破，并在此基础上完成创新的后续环节，率先实现技术的商品化和市场开拓，向市场推出全新产品。模仿创新是指企业通过学习、模仿率先创新者的创新思路和创新行为，吸取率先者的成功经验和失败教训，引进和购买率先者的核心技术和核心秘密，并在此基础上改进完善，进一步开发。罗伯特·库伯在《新产品开发流程管理》中列出了六种不同类型或是不同级别的新产品。

一是全新产品。这类新产品是其同类产品的第一款，并创造了全新的市场，此类产品占新产品的 10%。

二是新产品线。这些产品对市场来说并不新鲜，但对于有些厂家来说是新的，约有 20% 的新产品归于此类。

三是已有产品品种的补充。这些新产品属于工厂已有的产品系列的一部分。对市场来说，他们也许是新产品。此类产品是新产品类型中较多的一类，约占所推出的新产品的 26%。

四是老产品的改进型。这些不怎么新的产品从本质上说是工厂老产品品种的替代。他们比老产品在性能上有所改进，提供更多的内在价值，该类新改进的产品占推出的新产品的 26%。

五是重新定位的产品。其适合于老产品在新领域的应用，包括重新定位于一个新市场，或应用于一个不同的领域，此类产品占新产品的 7%。

六是降低成本的产品，占新产品的 11%。

四、创新战略的实施

（一）明确自身定位

创业企业首先需要明确自身的战略目标和发展愿景，分析自身所处的宏观环境和竞争环境中存在的机会和挑战有哪些，然后根据所掌握的资源和已具备的能力，分析自身的优势与劣势，对目前可能采用的战略选择进行评估，从而做出最可行的、成本收益最大化的创新战略选择。正如人学会走路是从爬行开始的，技术的创新常常是从模仿开始的；正如人难以跨越爬行的阶段，企业的创新也难以直接进入完全自主创新的阶段。因此，清晰地分析自身技术发展能力所处的生命周期阶段，对发展目标有明确的定位是很重要的。但是必须清楚的是，模仿创新不是简单的模仿，其最终目的还是创新。

（二）建立系统创新能力

每一个创新成功的企业都有一些共同的要素：领导力、组织和基础建设、企业价值观、流程、工具、考核以及技术等。这些要素存在于每一个企业里，因此，想要建立一种系统的、特有的创新能力，就要创制与企业的文化和使命相协调的这些元素。其目标是建立一种可以与企业的目标和组织相匹配的稳健的创新。

建立学习型组织是许多企业保持持续创新能力的法宝。企业应建立学习型组织，面临变化剧烈的外在环境，组织应力求精简、扁平化、倡导终生学习、不断进行自我组织再造，以维持竞争力。知识管理是建设学习型组织的最重要的手段之一。

学习型组织不存在单一的模型，它是关于组织的概念和雇员作用的一种态度或理念，是用一种新的思维方式对组织的思考。在学习型组织中，每个人都要参与识别和解决问题，使组织能够进行不断尝试，改善和提高它的能力。学习型组织的基本价值在于解决问题，与之相对的传统组织设计的着眼点是效率。在学习型组织内，雇员参与问题的识别，这意味着要懂得顾客的需要。雇员还要解决问题，这意味着要以一种独特的方式将一切综合起来考虑以满足顾客的需要。组织因此通过确定新的需要并满足这些需要来提高其价值。它常常是通过新的观念和信息而不是物质产品来实现价值的提高。

第三节　创新与知识产权管理

知识和技术创新是人类经济、社会发展的重要动力源泉，并决定了一个企业、一个地区甚至一个国家的创新能力。目前，我们正处于以知识的创新、传播和应用为基础的知识经济时代，知识、科技创新型企业成为经济活动中最具活力的经济组织形式，代表了未来经济发展的方向。但是，在创新中，如何保护创新者的知识成果，并顺利将其转化为可应用的新技术和新产品，实现其市场价值成为创新活动中不可回避的问题。

一、知识与知识成果转化

创新活动中的知识包括科技知识、管理知识以及在长期工作中形成的相关方面的经验、能力等对创新和经济发展具有意义的各种知识。知识经济时代最重要的特征是知识取代土地和资本等资源成为最重要的生产要素。知识作为新的资源，具有共享普惠、无限增值的本质特征，克服了传统物质资源排他性和消耗性的固有缺陷，并能引导物质资源的可持续利用。知识创新是通过科学研究，包括基础研究和应用研究，获得新的基础科学和技术科学知识的过程，其目的是追求新发现、探索新规律、创立新学说、创造新方法和积累新知识。知识创新为人类认识世界、改造世界提供了新理论和新方法，为人类文明进步和社会发展提供不竭动力。对企业而言，知识创新是技术创新的基础，是新技术和新发明的源泉。

知识创新的成果有三种表现形式：一是新知识，主要是指通过基础研究和应用基础研究而取得的新发现、新学说，主要体现形式为科学论文、科学著作、原理性模型或发明专利等；二是新产品及新技术，这是应用技术性成果，即以科学原理或技术原理为基础，通过开展技术发明活动而取得的新技术、新工艺、新产品、新材料、新设备，以及农业、生物新品种、矿产新品种和计算机软件等实验室产品；三是思想性成果，主要涉及管理方式及管理手段等的新观点、新理念和新思想，主要体现形式为研究报告等。要发挥创新成果的要素价值，实现企业盈利能力和竞争力的提升，进而推动经济发展和社会进步，创新成果的转化和商业化应用是关键。

所谓知识成果转化是一个涉及新知识的产生、新技术的开发到新产品的生产、新产业的形成直至新价值的实现的复杂的动态过程。该过程强调将新产品、新技术及新思想经推广应用以及商业化后取得经济效益，因此可对成果的成熟度、是否具有实际应用价值、是否可实现盈利等商业潜质进行检验。其是将创新成果从实验室推向市场的环节，也是知识资本转化为企业利润的关键步骤。

不同类型的知识成果，转化的模式和过程也存在区别。通常，论文、著作等知识型成果的转化注重通过知识的普及和传播，丰富提升劳动者的知识和技能；模型和发明专利的转化需要经过试验、孵化等过程，演变成应用技术型成果，向企业转移，从而获得进入市场的机会。应用技术性成果的转化主要是新技术、新工艺、新产品、新材料、新设备等通过企业或现场测试，从而在企业内实现对现有技术、工具、原材料、产品等的改进和替代，并实现企业成本下降、利润上升等经济效益。思想性成果的转化主要强调通过新的管理理念和思想在企业内的应用，提高企业决策效率，完善企业管理制度等。论文、论著类知识型成果和思想性成果的转化一般不能直接带来经济利益，而是具有更多的社会价值。发明专利和应用技术性成果的转化往往可以直接带来经济价值，是企业技术创新的主要形式。

传统经济条件下的创新主体一般是纯粹的研究部门和科技人员，其主宰科技创新的全过程。而在知识经济条件下，企业、大学、研究机构、中介机构和政府等都将成为创新的主体。例如，一些以大学或研究机构为主进行的基础研究成果和思想性成果的转化通常需要在研究机构、成果所有人以及企业间建立合作互惠的机制，常见的方式有基于专利发明组建产学研联合体，成立科技型公司，或直接进行成果交易等。这要求社会提供较完善的技术中介服务，建立专利信息数据库，完善技术市场交易规则，一方面保护所有人的知识产权，另一方面又使得创新成果获得商业化的机会，给企业及成果所有人带来经济回报，保证创新活动的可持续性。同时，知识创新以及技术创新主体的多元化从宏观上要求国家建立完备的知识创新体系，即建立由科研院所和高等院校组成的知识创新系统和知识传播系统，从微观上要求企业建立技术创新系统和知识应用系统。从转化的最终实现来看，企业是创新与转化的核心，脱离企业和企业行为的创新与转化不可能具有持久的生命力。

二、创新与知识产权制度

作为社会生产的重要组成因素，知识本身是有价值的，其对生产的贡献在于可以组合生产要素、形成生产方向、提升要素品质，在相同的要素投入下获得更高的效率和更大的价值产出。此外，知识的生产需要投入，需要承担风险，因此，知识要素有资格参与收益分配，而学习和利用他人的知识也理应付出成本，而不是无偿使用和任意挥霍。人们是否愿意创新与创新所获得的收益有关，这种收益的多少则取决于创新者与创新成果的产权关系，因此，界定和保护创新者的知识产权成为促进和保障创新不可或缺的基础。

（一）知识产权的概念与分类

知识产权是指人们对通过脑力劳动创造出来的智力成果和知识财产所依法享有的权利，是权利人享有的对某一特定知识的排他性使用的权利。发明人、专利权人、注册商标所有人、作家、艺术家、表演者等都是知识产权保护的主体。新的技术方案、商标标识、文字著作、音乐、美术作品、计算机软件等是相应的客体。

与一般有形财产权相比，知识产权有以下特点：知识产权的客体是智力成果，具有无形性，不具有特定的物质形态；智力成果体现在一定的物品上，可以通过一定的手段被复制和被利用；智力成果需经过法定程序被国家有关机关的认可后才能受到法律保护（著作权除外）；知识产权具有排他性和绝对"垄断性"，不经权利人许可，其他人不能使用或者利用它，也就是说"一物不能有二主"；知识产权有一定时期的法定保护期，过了保护期就进入共有领域，人人可以无偿使用；知识产权既具有人身方面的权利，又具有财产方面的权利；在一国所获得的知识产权，只能在该国范围内有效，具有地域性。

（二）知识产权制度及其作用

知识产权制度是智力成果所有人在一定的期限内依法对其智力成果享有独占权，并受到保护的法律制度，贯穿于智力成果权的取得、利用、管理和司法保护的全过程，涉及创新激励、资源整合、知识成果转化等内容。目前，以专利、商标、著作权、商业秘密等为主要内容的知识产权制度在绝大多数国家已建立，知识产权的国内、国际保护已为知识经济的发展提供了有效的法律保障，并成为激励技术创新的根本制度。在国际上，发达国家及其跨国公司极力将其拥有的智力成果优势转化为知识产权优势，从法律上获得对创新成果的排他性使用，并由此形成国际市场的竞争优势。正如英国政府的一份白皮书所指出的那样，"竞争的胜负取决于我们能否充分利用自己独特的、有价值的和竞争对手难以模仿的资产，而这些资产就是我们所拥有的知识产权"。知识产权制度在创新活动中的作用主要体现在以下几个方面：

1. 保障作用

依据经济学理论，知识的可共享性会导致外部性和搭便车现象。知识的扩散和传播有利于社会整体的利益，使得知识具有很强的正外部性，如一项科技成果的引进，一家引进，百家受益。但是，知识的创造者基于利益的要求，追求的是对创新知识利用的垄断。不付出任何成本、不向知识的创造者支付任何代价即可获取创新知识的搭便车行为，使创新者的付出不能得到回报，甚至连投资成本都难以回收，这势必会抑制创造者的创新欲望和积极性，扼杀整个社会的创新能力，这就是知识共享的负外部效应。知识产权法律制度的设计，就是试图在知识共享与知识垄断之间寻求平衡，但更倾向于实现知识创造者对知识利用的控制，通过制度设计，使创新知识由可共享转化为创新者的私有权利，从而鼓励创新。

2. 促进作用

保护创新、促进创新是知识产权立法的基本宗旨之一，如《专利法》《商标法》《著作权法》等，其制度设计的出发点和最终目的都是保护和鼓励创新。其主要体现在：第一，知识产权法赋予权利人的独占权，实质是一定时期、一定范围的市场垄断，其潜在的垄断利益会刺激创新者的积极性，加大创新力度。第二，知识产权法赋予权利人的潜在垄断利益必须通过实施才能变为现实，这一制度本身对知识产权的实施具有推动作用。第三，知识产权制度在赋予权利人独占地位的同时，还辅以必要的配套措施，以化解垄断所带来的弊端。以《专利法》为例，包括专利的公开制度、专利权期限制度、专利的强制许可制度、专利侵权的特殊豁免制度等。第四，知识产权制度对创新的促进还具有效率性。专利制度将知识产权所能带来的潜在利益交给市场，权利人通过交换行为在市场上获取利益，这一机制有利于减少政府对市场的直接干预和发挥市场机制的作用。

3.资源配置作用

知识创新成果与一般产品不同，重复的创造活动不仅不会增加社会创新知识的总量，还会造成一定程度的社会资源浪费。如一个人完成某一发明创造和十个人均各自独立完成同样的发明创造，对社会知识财富积累的贡献是等同的，但后一种情况无疑导致了社会资源的浪费。因此，在知识创新活动中，市场机制容易失灵，这就需要依靠知识产权制度发挥其对创新的资源配置作用。

首先，在知识的创造活动中，知识产权制度规定的权利人对权利的独占权会在一定程度上使重复的创造活动失去价值。与权利独占制度相配套的权利登记、技术公开等制度，实现了权利的固定化和创新信息的公开化，为避免创新资源的重复投入或无效投入提供了制度保障和信息来源保障。同时，由此得以公开的大量与创新有关的信息，为整个社会的创新活动提供了丰富的、可供利用的基础资源，为后续创新提供了便利。以专利制度为例，世界知识产权组织的统计表明，世界上 90% 的创新成果可以在专利文献中查到，利用这些公开的专利信息，可以节约 60% 以上的研发时间和 40% 以上的研发经费。

其次，知识产权制度的设立可以明确创新知识的权利类型和界限，制止未经权利人许可的共享行为，使创新知识私有化成为现实。创新知识之所以可以具有交换价值，成为私权的客体，成为当今市场中最为活跃的交易对象，主要是依赖于越来越健全的知识产权法制。

最后，知识产权制度中的交易登记制度，以及针对知识产权的转让和许可的其他更加具体的规范和制度，为创新知识在市场主体间的流动提供了可能性和制度保障，避免了创新知识一物多卖，致使受让方的实际权利受损的情况。同时，针对创新知识的特殊性所设计的关于知识产权的入股、质押、证券化等法律制度，为知识产权、创新资源的合理流动提供了广泛的空间和法律保障。

4. 平衡和规制作用

知识产权法禁止或不认可违反法律、损害公共利益的创新行为，对以不正当手段或侵权方式利用他人成果的行为进行制止，对符合社会利益和能够促进社会进步的重要创新行为予以重点激励，指引着创新的方向。此外，知识产权制度作为一种具有垄断性质的权利，具有被滥用的可能，从而给社会公众利益造成损害。因此，知识产权制度一方面要充分肯定和保护创新者的权利，另一方面还要对其权利进行限制，以防止私权膨胀损害社会公益。目前，权利人滥用独占权进行捆绑销售、掠夺性定价、规避竞争的技术联盟以及滥用诉讼权等行为，已成为西方国家经济生活中的新的突出问题。因此，只有在充分发挥知识产权法制激励创新作用的前提下，高度重视知识产权创造、利用过程中的行为规制，才能营造出一种健康有益的创新环境。

三、企业知识产权的管理策略

对企业而言，知识产权是限制竞争者进入的一道门槛，否则创新利润会因为模仿而瞬间消失。因此，加强企业知识产权管理是提升企业创新能力、增加企业价值的重要途径。知识产权的获取和维护，是企业创新的基础；知识产权的运用，是企业创新成果获取收益的重要方式；知识产权的保护，保证了创新企业获利的权利。知识产权是企业自主创新的灵魂。企业一方面要不断推陈出新，另一方面要加强对自主知识产权的控制力，提高知识产权保护意识和应用能力，只有这样企业才能保持旺盛的生命力。

（一）企业知识产权的申请

著作权在作品创作完成之日就依法自动产生了，而工业产权则是需要通过申请，经行政主管部门审查批准才产生的民事权利。企业自主创新的成果，一般体现为新的科学发现以及拥有自主知识产权的技术、产品和品牌等。企业要加强知识产权管理，首先需重视专利的申请工作。专利权主要指发明专利、实用新型和工业外观设计，是与市场交易和企业创新活动关系最密切也最具有代表性的一类知识产权。专利获批需要三个条件：一是新颖性或首创性，它要求专利所包含的原理或设计必须是首次提出的，如果只是简单模仿或者改进就不具备申请专利的资格。二是公开信息，专利所包含的原理必须以书面形式完整、清晰、简单明确地表述，可以根据原理以同样方法制造。专利公开带来了两个重要社会福利，一方面可减少重复研发，避免资源投入的浪费；另一方面方便专利的出售与技术推广。三是收费性，它要求专利持有人必须每年向专利管理部门支付必要的金额，其作用在于建立一个进入门槛，并使个人产权获得受到限制，这可以提高专利的经济性。

企业专利权的申请决策主要包括以下内容：

1. 做出是否申请的决策

企业的发明创造产生之后，有申请专利、作为技术诀窍保密和公开成果三种处理形式。企业在做出专利申请决策之前，通常需考虑三方面的问题：一是发明创造是否属于专利保护的对象及范围；二是是否具备专利的实质性条件，即新颖性、创造性和实用性；三是是否符合企业的经营发展战略。如果企业决定申请专利，则要明确申请的目的。一般企业申请专利的目的有两种：一种是为了自己实施或通过有偿转让、共享等方式许可他人实施；另一种是出于策略上的考虑，通过抢先申请专利抑制或削弱竞争对手的优势，而自己则不想实施或暂不实施。如果该项发明创造不能给企业带来良好的预期收益，或企业可以采取技术诀窍方式保护该项发明，企业往往会放弃申请专利。有时，在申请专利好处不大的情况下，为了防止竞争对手将同样的发明创造进行申请并取得专利权之后给本企业带来威胁，企业也会选择抢先无偿公开技术，使竞争对手的专利无效。

2.选择专利申请类型

不同专利类型的审查标准、审查周期、专利费用及保护时限是不一样的。企业需根据发明创造的价值和效益大小，选择好申请类型。发明专利需要经过形式审查和实质审查，审查周期较长，对创造性的要求较高，但保护期较长。如果发明创造涉及的是一种方法或是没有一定形状、构造的产品，只能申请发明专利，对于重大的或创造性程度很高的发明创造也应考虑申请发明专利。实用新型专利仅保护具有一定的形状、构造且是可移动的产品，其获得授权只需经过形式审查，审查周期短，花费少，对创造性的要求较低，但保护期较短。通常对于产品市场寿命在10年以内，或产品创新性不强时可申请该类型。外观设计专利仅保护产品的外表式样，不涉及产品的制造技术、结构和用途，主要包括产品的形状、图案、色彩或者其结合所做出的富有美感并适用于工业上应用的新设计。外观设计专利获得授权只需经过形式审查。如果一项发明创造既可申请实用新型专利，又可申请外观设计专利，则应以选择后者较为合适。因为两者的保护期限相同，但后者申请文件的准备更简单，审批速度往往更快，且费用比前者更低。

3.确定专利申请内容

专利申请内容的选择有下面几种策略：一是确定要对发明创造的全部内容进行申请还是部分申请。如某些工艺参数、微量成分等技术特征在侵权诉讼中不易确认的，就应考虑采用技术保密方式保护，而不宜采用专利保护。二是确定仅对基本技术进行申请还是将基本技术和与之配套的外围技术一起申请。三是对于属于一个总的发明构思的两项以上的发明或者实用新型，要确定是否进行合案作为一件申请提出。如果在合案申请时，审查员认为申请不具备单一性，则申请人就需分案申请。四是企业需要对近期不准备实施，甚至将来是否实施也不明朗的技术，即储备性技术是否申请专利以及申请什么内容做出恰当的决策。

4.选择恰当的专利申请时间

申请专利时，选择好申请时间十分关键。选择得当，就能适时得到专利保护；选择不当，就有可能失去获得专利保护的机会，不仅白白浪费精力和申请费用，还向公众公开了自己的技术，从而给申请人带来损失。申请时间的选择有下面三种策略。一是及时申请，以防止竞争对手捷足先登。二是提前申请。按照我国专利法的规定，一项发明创造只要具备专利的"三性"就可以申请专利，并不要求技术必须完全成熟时才能申请。但是若在一项发明创造尚不成熟时过早地申请专利往往会造成申请文件准备不充分，影响专利申请的成功。因此，提出专利申请的时间，既要保证技术上有相当的可靠性，又要保证能抢在他人之前，这就是申请专利的最佳时间。三是延迟申请，即一项发明创造完成后并不及时申请专利而推迟到某一时间再行申请，以争取比较长的实施保护期。通常，当发明创造本身存在局限，有待进一步开发，或配套技术不具备，市场前景不明朗的时候，企业可考虑延迟申请。

5.确定专利申请的地域

申请专利时，对专利申请的国别进行选择。企业考虑在别国申请专利首先是占领市场的需要。企业一旦认为一项发明创造在某国有广泛的市场，就应考虑向该国申请专利。在外国申请专利有在技术上控制在该国的竞争对手的作用，使其无法生产出与自己能竞争的产品，从而使自己在国际上处于有利地位。此外，在数国均有市场时，还应考虑如何以最少的申请国数占领最广大的市场。

（二）企业知识产权的管理

知识产权管理是企业的一种新的管理职能，是借助于法律环境和市场对其所拥有的知识产权资源进行有效的计划、组织、领导和控制，以建立企业资产、保护企业权益、为企业创造利润，实现最佳经济效益和提高竞争力的过程。企业知识产权管理是一个系统活动，几乎涉及企业所有岗位。专利型知识产权主要涉及研发、设计机构；商标型知识产权则涉及销售、品牌与公关管理，由这两种基本的知识产权牵引的采购物流、生产组织、资本运营，知识产权发生改变，企业流程会发生重要改变；而知识产权的形成，也是由企业方方面面合作的结果，不仅需要研发、设计人员，以及企业高层战略管理者的参与，还需要外部法律机构的协作。因此，企业要形成以知识产权管理为核心的管理职能，需要建立有效的知识产权管理系统，借助于系统管理来实现。一个完整的知识产权管理系统应包括以下六个部分：

1.知识产权数据信息系统

其功能在于掌握知识产权信息，搜集知识及技术的进展方向，帮助企业识别知识产权机会，为知识产权决策和策略制定提供依据。如企业可针对专利权建立一个基于区域、技术、类别和时间的专利数据库，为企业提供明确的受保护专利、过期专利和受理专利状态的数据。根据自身情况，企业可采用独立构建的方式，也可以和外部企业合作，将自己需要的数据通过外包从外部订购，以节约费用，实现资源共享。

2.企业知识产权策略系统

该系统主要为企业是否需要拥有知识产权，拥有什么样的知识产权，如何拥有知识产权，发生知识产权诉讼该如何应对等问题提供策略选择和发展路线。其主要包括分析知识产权数据信息、发现知识产权机会、规划知识产权发展、优化知识产权结构、确定知识产权时空以及范围策略、监管知识产权漏洞等管理职能。

3.企业知识产权创建系统

该系统主要帮助企业增强知识产权形成力，将员工的创造性集合成企业智慧，将企业的创造发明上升为知识产权提案，并通过一系列提炼、整合、协调等活动，完成知识产权申请，从而形成一条知识产权生产线。该系统受企业知识产权策略系统的控制，是一个有计划的生产活动，也是企业知识产权策略的执行层。

4.企业知识产权开发系统

该系统是在企业获得知识产权后，借助于通用技术、外协部件和外包服务等完成新产品的开发，由此将知识产权引向生产和市场。该系统以挖掘技术的市场前景为主要内容，其职能是将知识产权进一步变成产品、服务和客户价值，变成企业利润和企业价值，使知识产权效益显性化，因此是对知识产权资源的深度利用，也是知识产权管理的高级形态。

5.知识产权保护系统

该系统是将知识产权保护管理化，主要是针对如何避免侵权、如何应对和处理产权纠纷、如何保护自己的权益等问题，承担知识产权保护分析、知识产权申请受理、知识产权侵权分析和知识产权纠纷处置等职能。

6.知识产权运营系统

该系统主要完成寻找外部有关的知识产权生产、开发的合作者，共同完成知识产权的价值发掘，形成企业外部创建、内生开发知识产权的企业内外交叉的作业活动。为了获得某些特殊的知识产权而出现收购行为，也属于知识产权运营范畴，例如，联想收购 IBM 的 PC 部门后，就拥有 IBM 的 2000 多项 PC 专利，这些专利除了用于电脑的生产外，每年创造的授权收入就高达 3000 万美元。知识产权运营的基本理念是企业对外部资源的再利用，分为创建或获取知识产权和利用知识产权两类。当企业确定了自己的知识产权战略，却难以达到某种知识产权创建能力或者已经为知识产权独占性所控制时，企业可借助于市场手段从外部购买知识产权生产能力或者知识产权本身。企业还可以通过转让知识或合作使用知识产权，以达到放大资源利用效果的目的，也可以将持有的知识产权进行担保融资等，将知识产权与自己的某些能力整合起来，形成更大的利益并将自己的资源加以利用。

第七章　创业机会识别

第一节　创业机会概述

一、创业机会的定义

创业机会是具有商业价值的创意，是一种特殊的商业机会。

英国雷丁大学经济学教授卡森认为创业机会是一种新的"目的、手段"关系，它能为经济活动引入新产品、新服务、新原材料和新组织方式，并能以高于成本价出售的市场情况。

所谓"目的"指的是创业者计划服务的市场或要满足的需求，表现为最终产品或服务；所谓"手段"指的是服务市场或满足需求的方式，表现为用于供给市场最终产品或服务的价值创造活动要素、流程和系统。

在一个完全自由的市场体系中，创业机会的出现往往是因为创业者准备进入的行业和市场上存在着缝隙。这是由商业环境的变化、市场体制不协调或不健全、技术的落后或领先、信息的不对称以及市场中其他各种因素影响的结果。

从这个意义上讲，中国的创业机会远比发达国家多，因为发达国家的市场已经相对完善，市场几乎没有缝隙，而中国的市场还很不发达、很不完善，因而充满了各种机会。这也是近年来外国投资者纷纷到中国投资、大批海外留学人员矢志回国创业的基本动因。

二、创业机会的特征和类型

（一）创业机会的特征

1.创业机会的一般特征

（1）潜在的盈利性。盈利性是创业机会存在的基础。创业者追逐创业机会的根本目的是基于创业机会组建企业，进而获得财富。如果创业机会不具有盈利性，机会也就不是创业机会了。同时，创业机会的盈利性是潜在的。对于这种潜在盈利性的理解尤其需要创业者拥有一定的知识和技能，同时也需要相关领域的实际经验。因此，这也为创业机会的评价和识别造成一定的难度。很多创业机会看起来似乎具备较强的盈利可能，但是经过仔细推敲之后却发现是虚假的信号。因此，在创业机会的识别和评价方面，需要创业者投入更多精力。

（2）创业机会需要具体的商业行为来实现。现实中，富有价值的创业机会具有很强的时效性，如果没有及时地把握住，一旦时过境迁，由于条件所限，原有市场不复存在，或者已经有其他创业者抢先一步占据市场先机，原先具有巨大价值的创业机会也会沦为无价值的一条市场信息。将创业机会商业化，还取决于许多客观条件，特别是创业者所面临的创业环境和所能够拥有的资源状况。因此，在创业机会的识别和开发上，创业者应当做好准备。

（3）创业机会的潜在价值能够不断开发和提升。创业机会的潜在价值依赖于创业者的开发活动，也就是说创业机会并非是被发现，而是被"创造"出来的。创业机会的最初形态很可能仅仅是一些散乱的信息组合。只有创业者以及创业过程的各类利益相关者积极地参与到机会识别中来，不断磨合各自的想法，创业机会的基本盈利模式才能够逐步形成，并且最终成为正式的企业。因此，创业机会的潜在价值具备很强的不确定性，它会随着创业者的具体经营措施和战略规划而发生变动。如果创业者的战略方案与创业机会的特征得到良好的匹配，创业机会的价值就能够得到很大的提升，创业活动也能够获得较好的效果。如果相关战略规划与创业机会特征不匹配，甚至产生严重的失误，那么即使创业机会潜在价值很大，也无法得到有效机会，甚至引起创业失败。

2.创业机会的核心特征

创业机会的核心特征表现为具有商业价值的创意。从某种意义上说，创业机会是创意的一个"子集"。创业机会可以满足创意的诸多特征：来源广泛；具有较强的创新性；未来的发展带有很大的不确定性。但是，创业机会拥有大多数创意所不具备的一个重要特征：能满足顾客的某些需求，因而具有商业价值。这一特征使有价值的创业机会得以从众多创意中脱颖而出，成为创业者关注的焦点。有商业价值的创意有两个特性：有用性及可行性。换句话说，漫无目的或是异想天开、天马行空的创意点子对创业是没有什么帮助的。

因此，从众多创意中寻找值得关注的机会，是创业者选择创业生涯、实施创业战略的第一步。而创业机会具有吸引力强、持久、适时的特性，它根植于可以为顾客或用户创造或增加价值的产品或服务中。

（二）创业机会的类型

1.从表现上划分

创业机会在其表现上，可以分为显性机会、隐性机会和突发机会。

（1）显性机会。显性机会是指在目前的市场上存在明显的没有被满足的现实需求，这是表面的市场机会。显性机会是我们大家都很容易看到的，但这种机会如果很快就消失的话，它也可能是一种陷阱。判断这种机会，就要看这种显性机会是不是一直存在，这种机会是不是可以商业化或者通过怎样的商业化可能把这种机会持续化，这种机会对我来说可能是一个机会，对其他人来说是不是机会同样大，为什么这种显性机会会一直存在，这些问题的回答和解决取决于机会的持续性和实现这一机会的资源、成本、独特能力以及环境等各项条件。如果基本条件具备的话，那这就是天赐良机。

（2）隐性机会。现有的产品种类未能满足的或尚未完全为人们意识到的隐而未见的需求，就是隐性机会。隐性机会也是潜在的市场机会，要发现和识别潜在的机会比识别显性机会需要更多的判断力和行业经验。另外，潜在的机会是通过征兆的识别而来的，要能在变化的因素中发现代表未来趋势的征兆。具有开创新时代的创业者往往具有准确把握未来趋势的能力，在新事物出现征兆时就能够迅速识别。

（3）突发机会。有时市场环境会出现一种突发的变化造成一种不平衡，由此而带来一个新的机会，这就是突发机会。德鲁克把它叫作意外的机会。它是指一种由外部的突发性变化而带来的机会，但这种机会往往也是一过即逝的。如何把握这种机会，并由此使得这种机会成为可持续性的机会，是一个重要问题。如淘宝网开始于2003年的"非典"时期，通过"非典"的机会进入之后开始获得发展，至今成为中国第一大C2C网站。这就是马云善于抓住这种突发机会而得到发展的。

2.从信息渠道上划分

通过对众多企业创业的案例分析发现，有很多是创业者需要重点关注的地方。一般可以大致归为以下几个方面：顾客、企业、渠道、政府机构。

（1）顾客。顾客是我们最应关注的，在这方面，几乎所有风行市场的产品的掌舵者都充分了解顾客，从史玉柱到杰克·韦尔奇都曾经在产品进入市场之前就与顾客有大量的接触。这就使得他们的产品能很好地满足顾客的潜在需求。他们在与顾客的接触中了解顾客对于现有商品的看法，从中得到真实的信息。与顾客接触大都是采用个人的非正式的方式，也可采用较为正式的顾客座谈等形式，使顾客可以在不同场合表达他们的意见和看法。如果能从不同顾客中看到大体一致或具有相同倾向的意见，而产品可以解决这些问题，说明该产品的市场机会足够大。

（2）企业。业内人士对于其产品更为了解，所以对业内企业的跟踪可以让创业者事半功倍。但由于对企业跟踪的成本比较高，所以对于行业较为熟悉的或有专业能力的创业者可以对市场上对手的产品、服务进行跟踪、分析和评价，由此发现市场上产品的优劣，并且有针对性地改进产品或开发新产品。这样就有可能发现较大的市场机会和开创新的市场机会。

（3）渠道。对于顾客的把握，分销商其实是最了解的，因为他们整天与顾客打交道。他们知道顾客和市场的需求，所以他们对产品的看法可能比单个的顾客更为清晰和准确。所以在这方面，创业者不仅要与顾客交流，还要与分销商进行交流，倾听他们的建议。他们的建议中不乏真知灼见，特别是他们对于渠道营销的方法可能有很多很好的策略，这样可以使产品更好地与顾客接触。

（4）政府机构。与政府机构的交流常常被创业者忽视，其实这也是发现创业机会的重要来源。首先是与政府机构的接触可以及时了解政府政策，而政府政策不仅包括政府管制，同样也包括政府支持，这两方面都包含巨大的商业机会。其次，了解政府的工作重点，解决政府因成本过高而不愿意做的事情，也会得到政府的大力支持。再次，政府相关部门有很多全面的其他信息，对于创业者整体把握市场也很重要。

3. "机会之窗"

德鲁克根据产业的发展，提出"机会之窗"理论。它是指产业的发展有一个生命周期，在产业刚刚产生时，人们并不了解该产业，所以在市场上规模很小或者几乎没有顾客群，而到了大家开始认识其价值时，该产业会出现急剧增长，这时产品和行业都进入了高速成长期。对于创业者来说，早期的进入期是最难的，这个时期最大的问题就是如何生存下去，并且一方面要完善产品，另一方面要宣传产品，这时的机会非常小。而到了成长期，机会突然增大，德鲁克把它比喻为机会像打开了一扇窗户一样，所以把这个现象取名为"机会之窗"。而到了成长期结束前，会有更多的企业涌入，这时产业成长的空间越来越小，大淘汰开始了，"机会之窗"就自然关闭了。

第二节 市场机会识别

一、市场机会识别的关键要素

有些人常常会想：为什么我想到的创业点子，别人好像早就想到了，创业商机很快趋于饱和，从而感叹自己生不逢时。但事实上，新的机会仍不断出现，但是创业并不是凭空而降，而是需要我们善于发现、善于累积。

为什么市场机会总是被某些人而不是其他人看到呢？这些能抓住市场机会的人有什么独特之处呢？

首先是前期经验。在特定产业中的前期经验有助于创业者识别机会。美国对企业创建者的调查报告显示，43% 的被调查者是在为同一产业内企业工作期间获得新企业创意的。这个发现与美国独立工商企业联合会的研究相一致。在某个产业工作，个体可能识别出未被满足的利基市场。同时，创业经验也非常重要，一旦有过创业经验，创业者就很容易发现新的市场机会。这被称为"走廊原理"，即指创业者一旦创建企业，就开始了一段旅程，在这段旅程中，通向市场机会的"走廊"将变得清晰可见。这个原理提供的见解是，某个人一旦投身于某产业创业，将比那些从产业外观察的人，更容易看到产业内的新机会。

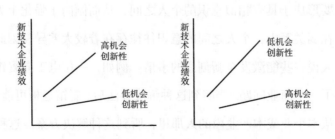

图7-1 新技术企业绩效与前期工作经验关系

其次是认知因素。有些人认为，创业者的"第六感"使他们能看到别人错过的机会。多数创业者以这种观点看待自己，认为自己比别人更"警觉"。警觉很大程度上是一种习得性的技能，拥有某个领域更多知识的人，倾向于比其他人对该领域内的机会更警觉。例如，一位计算机工程师，就比一位律师对计算机产业内的机会和需求更警觉。有些研究人员认定，警觉不仅是敏锐地观察周边事物，还包括个体头脑中的意识行为。例如，有位学者认为，机会发现者（即创业者）与未发现者之间最重要的差别在于对市场的相对评价，换句话说，创业者可能比其他人更擅长估计市场规模并推断可能的含义。目前，不少学者利用认知心理学乃至社会心理学的理论知识研究创业行为，值得关注。

再次是社会关系网络。个人社会关系网络的深度和广度影响着机会识别。建立了大量社会与专家联系网络的人，比那些拥有少量网络的人容易得到更多的机会和创意。一项对 65 家初创企业的调查发现，半数创建者报告说，他们通过社会关系得到了商业创意。一项类似的研究，考察了独立创业者（独自识别商业创意的创业者）与网络型创业者（通过社会关系识别创意的创业者）之间的差别，研究人员发现，网络型创业者比独立创业者能够识别出更多机会，但他们不太可能将自己描述为特别警觉或有创造性的人。在社会关系网络中，按照关系的亲疏远近，我们可以大致将各种关系划分为强关系与弱关系。强关系以频繁相互作用为特色，形成于亲戚、密友和配偶之间；弱关系以不频繁相互作用为特色，形成于同事、同学和一般朋友之间。

研究显示，创业者通过弱关系比通过强关系更可能获得新的商业创意，因为强关系主要形成于具有相似意识的个人之间，从而倾向于强化个人已有的见识与观念。在弱关系中，个人之间的意识往往存在着较大差异，因此某个人可能会对其他人说一些能激发全新创意的事情。例如，一位电工向餐馆老板解释他如何解决了一个商业问题。当听到这种解决办法后，餐馆老板可能会说："我绝对不可能从本企业或本产业内的人那里，听到这种解决方案。这种见解对我来说是全新的，有助于我解决自己的问题。"

最后是创造性。创造性是产生新奇或有用创意的过程。从某种程度上讲，机会识别是一个创造过程，是不断反复的创造性思维过程。在听到更多趣闻轶事的基础上，你会很容易看到创造性包含在许多产品、服务和业务的形成过程中。

二、识别机会的一般过程

创业过程开始于创业者对机会的把握，创业者从成千上万繁杂的创意中选择了他心目中的市场机会，随之持续开发这一机会，使之成为真正的企业，直至最终取得成功。在这一过程中，机会的潜在预期价值以及创业者的自身能力得到反复的权衡，创业者对市场机会的战略定位也越来越明确，这一过程可以称为机会的识别和开发过程。

市场机会的识别分为五大步骤：

第一步，判断新产品或服务将如何为购买者创造价值及使用新产品或服务的潜在障碍。根据对产品或服务使用的潜在障碍以及市场认可度的分析，得出新产品的潜在需求、早期使用者的行为特征以及产品创造收益的预期时间。

第二步，分析产品在目标市场投放的技术风险、财务风险并进行"机会之窗"分析。

第三步，明确在产品的制造过程中是否能保证足够的生产批量和可以接受的产品质量。

第四步，估算新产品项目的初始投资额，明确使用何种融资渠道。

第五步，在更大范围内考虑风险程度以及如何控制和管理这些风险因素。

这一过程可概括成三个阶段：

第一阶段，搜寻机会。这一阶段创业者对整个经济系统中可能的创意展开搜索，如果创业者意识到某一创意是潜在的商业机会，具有潜在的发展价值，就将进入机会识别阶段。

第二阶段，识别机会。相对整体意义上的机会识别过程，这里的机会识别应当是狭义上的识别，即从创意中筛选合适的机会。这一过程包括两个步骤：第一步是通过对整体的市场环境和一般的行业分析来判断该机会是否在广泛意义上属于有利的商业机会，所以该阶段也称为机会的标准化识别阶段。第二步对于特定的创业者和投资者来说，是考察这一机会是否有价值，也就是个性化的机会识别阶段。

第三阶段，评价机会。实际上这里的机会评价已经带有部分"尽职调查"的含义，比较正式，考察的内容主要是各项财务指标、创业团队的构成等。通过机会的评价，创业者决定是否正式组建企业、吸引投资。

事实上，在一些研究中，机会识别和机会评价是同时进行的，创业者在对市场机会识别时也在有意无意地进行评价活动。创业者在机会开发中的每一步，都需要进行评估，也就是说，机会评价伴随着整个机会识别的过程。在机会识别的初始阶段，创业者可以非正式地调查市场的需求、所需的资源，直到判定这个机会值得考虑或是进一步深入开发；在机会开发的后期，这种评价变得较为规范，并且主要集中于考察这些资源的特定组合是否能够创造出足够的商业价值。

三、识别市场机会的行为技巧

既然创业要从机会中产生，那么机会在哪儿？哪些情况又代表着机会呢？可以说机会无时不在，无处不在。但如果想知道掌握机会的简便方法，不妨关注以下几个方面。

（一）从"低科技"中搜寻机会

随着科技的发展，开发高科技领域是时下热门的课题。但是，市场机会并不只存在于高科技领域。运输、金融、保健、饮食、流通这些所谓"低科技"领域也有机会，关键在于发现。

（二）在大企业无暇顾及的缝隙中寻找机会

目前，市场上许多价格昂贵或需求最大、通用性强、购买频率高的商品为大企业所垄断。大企业依赖大批量生产方法，充分发挥生产和营销上的规模效应来获得收益，这是创业企业望尘莫及的。然而，大批量生产方式必然会引起分工协作的发展。在现代生产体系中，大企业想真正获得规模效应，谋求利润最大化，就必然会摆脱样样都由自己生产的传统体制，把相当一部分零部件或加工过程、装配过程转移出去，求助于社会分工与协作，而把自己有限的资源集中到附加值最高的环节。创业企业可以利用这种机会来发展自己。市场上总有一些对大企业而言既小又很特别的市场，这些市场不仅容量小而且发展潜力不大，但这些市场又符合市场细分有效性标准。一般而言，大企业对此无暇顾及或根本不愿顾及。因此创业企业可以以此为机会，主动介入，以满足这一层次的需要。

（三）在变化中抓住机会

环境的变化会给各行各业带来良机，人们透过这些变化，就会发现新的前景。这些变化包括产业结构的变化、科技进步、通信革新、政府放松管制、经济信息化、服务化、价值观与生活形态变化以及人口结构变化等。在国有企业改制与公共部门产业开放、市场自由竞争的趋势中，我们可以在交通、电信、能源产业中发掘更多的市场机会。再例如人口的变化，像单亲家庭快速增加、老龄化社会、教育程度的变化、青少年国际观的扩展等，必然提供许多新的市场机会。

（四）追求"负面"就会找到机会

所谓追求"负面"，就是着眼于那些大家"苦恼的事"和"困扰的事"。因为是苦恼、是困扰，人们总是迫切希望解决，如果能提供解决的办法，实际上就是找到了机会。例如双职工家庭，没有时间照顾小孩，于是有了家庭托儿所；没有时间买菜，就产生了送菜公司。这些都是从"负面"寻找机会的例子。

（五）整合资源创造机会

创业者除了要学会寻找机会之外，还要懂得创造机会。每个人在成长的过程中都会学习一些知识，从事过一种或几种职业，有一些工作或生活中的朋友。

此外，也许创业者还具备一些专业技能或特长，有特定行业的从业经验，以及过去的工作网络或销售渠道。所有这些不论是创业者自身具有的，还是存在于外界的，都是创业者的个人资源。从自己拥有的资源入手，通过分析与整合，也会产生出创业的机会来。曾经做过中学教师，后来创办了"好孩子集团公司"的宋郑还在创业之初，就是通过一位学生家长得到了第一批童车订单。之后不久，宋郑还在准备将自己设计的"好孩子童车"投入生产时遇到资金短缺问题，依然是通过一位在银行做主任的学生家长解决了问题。资源的整合为宋郑今日的成就提供了重要的支持，如果没有这些外部资源也许就不会有今天的"好孩子"。

第三节　市场机会评价

一、有价值市场机会的基本特征

较好的市场机会一般具有以下几方面的特征：

（一）价值性

一个好的市场机会，必然具有特定市场利益，专注于满足顾客需求，同时能为顾客带来价值增值。客户应该能够从产品或服务的购买中得到利益，或可降低成本，或可获得较明显的、可衡量的和确定的价值。创业企业能带给顾客的价值越高，创业成功的机会也会越高。

（二）可行性

将机会变为现实是创业的关键一步，有价值的市场机会一定是现实可行、具有可操作性的市场机会。

市场机会的可行性是指市场机会在技术、管理、财务资源以及市场竞争等方面有现实基础，能为创业者带来经济效益和社会效益以及未来的发展前景很好。假如创业者打算创办一个以产品生产为主的新企业，其技术可行包括以下几点：推出的产品适销对路，能够满足市场需要；工艺技术过关，具备满足生产需要的设备、技术人员和操作工人；各种原料、材料、燃料、动力可获得；不存在环境保护及其他社会问题等。经济可行包括生产的产品预计年销售量大、成本费用在可以承受的合理范围内、资金利润率有吸引力和投资回收期短等。

（三）时效性

市场机会具有很强的时效性，如果时间迟滞，创业"机会之窗"就会关闭。

"机会之窗"理论指出，创业者有可能把握住的市场机会，其机会窗口应该是敞开的而非关闭的，并且能保持足够长的敞开时间，以便于加以利用。假如在机会窗口接近关闭的时候选择创业，留给创业者的余地将十分有限，其成功的可能性和盈利性都将受到影响。因此，有价值的市场机会必须在创业"机会之窗"存在期间实施。

（四）创业者能够获得利用机会所需的关键资源

创业资源是支持商机转变为发展潜力的企业的一切东西。拥有一定的创业资源，是创业活动的基本前提。创业资源是创业的基础，它影响创业的类型和路径的选择，同时影响企业以后的成长。

二、市场机会评价的特殊性

（一）超前性与预见性

市场机会评价发生在一切经营活动开始之前，它与一般的战略机会评价相比更具有超前性和预见性。从创业项目启动到新创企业经营进入正轨需要经历一个漫长而又复杂的过程，因此创业者在分析市场机会的时候必须更加谨慎，留有一定的余地。

（二）综合性和系统性

市场机会不是独立存在的，市场机会评价不应该仅局限于对市场机会本身的评价，更需要从系统的角度或思维来思考评价问题，综合考虑市场、行业、经济、环境、政治、社会等各方面要素，选取评价指标。其中比较重要的评价指标包括财务、顾客、内部因素和创新成长四个方面。从系统角度看，这四个指标既包括内部因素，也包括外部因素；既包括财务因素，也包括非财务因素；既包括当前因素，也包括将来因素。

（三）持续性和动态性

市场机会评价是一个持续的过程，是一个从商业概念的产生、筛选、完善，到商业模式（或商业计划）的形成的过程。市场机会评价是一个动态的过程，贯穿于商业概念到商业模式（或商业计划）的每一个步骤。市场机会评价的动态性也是一个对商业概念不断完善的体现。市场机会评价的动态性也反映了创业环境和创业团队的动态性，这种动态性是社会需求与经济变化的必然结果。

三、市场机会评价的技巧和策略

（一）市场机会的评价准则

市场机会的评价一般有以下几条衡量标准，包括产业和市场、资本和获利能力、竞争优势、管理班子等方面。这些可以作为创业者从第三人角度看自己，进行自我剖析的重要参考。

1. 产业和市场

（1）市场定位。一个好的市场机会，或者是一个具有较大潜力的企业必然具有特定的市场定位。其专注于满足特定顾客的需求，同时也能为顾客带来增值的效果。因此评估市场机会的时候，可从以下几个方面着手：第一，市场定位是否明确，有没有做到别人不做的，我做；别人没有的，我有；别人做不到的，我做得到；第二，顾客需求分析是否清晰，是否从顾客需求或需求变化趋势着手，发现市场产品问题、缺陷，寻找市场进入机会；第三，顾客接触通道是否流畅，是否有效地建立了与顾客沟通的途径和方法，能及时寻找和发现有价值的市场营销机会；第四，产品是否持续延伸，也就是说，产品能否从深度和广度上不断拓展，产品是否能有效地进行各类组合等等。从以上几个方面着力，我们可以判断市场机会可能创造的市场价值。创业带给顾客的价值越高，创业成功的机会也会越大。对用户来说，回报时间如果超过 3 年，而且又是低附加值和低增值的产品或服务是缺乏吸引力的。一个企业如果无力在单一产品之外扩展业务也会导致机会的低潜力。

（2）市场结构。针对市场机会的市场结构我们可以进行几项分析，包括以下五项：第一，进入障碍。潜在竞争者进入细分市场，就会给行业增加新的生产能力，并且从中争取一定的重要资源和市场份额，形成新的竞争力量，降低市场吸引力。如果潜在竞争者进入行业的障碍较大，比如规模经济的要求，或者购买者的转换成本太高，或者政府政策的限制等，潜在竞争者进入市场就比较困难。第二，供应商。如果企业的供应商提价或者降低产品和服务的质量，或减少供应数量，那么该企业所在的细分市场就没有吸引力。因此，与供应商建立良好关系和开拓多种供货渠道才是防御上策。第三，用户。如果某个细分市场中用户的讨价还价能力很强或正在加强，他们便会设法压低价格，对产品或服务提出更多要求，并且使竞争者互相斗争，导致销售商的利润受到损失，所以要提供用户无法拒绝的优质产品和服务。第四，替代性竞争产品的威胁。如果替代品数最多，质最好，或者用户的转换成本低，用户对价格的敏感性强，那么替代性产品生产者对本行业的压力就大，行业吸引力就会降低。第五，市场内部竞争的激烈程度。如果某个细分市场已经有了众多强大的竞争者，行业增长缓慢，或该市场处于稳定或衰退期，撤出市场的壁垒过高，转换成本高，产品差异性不大，竞争者投资很大，则创业企业要参与竞争就必须付出高昂的代价。

（3）市场规模。市场规模大小与成长速度，也是影响新企业成败的重要因素。一般而言，市场规模大者，进入障碍相对较低，市场竞争激烈程度也会略为下降。如果要进入的是一个成熟的市场，那么纵然市场规模很大，由于已经不再成长，利润空间必然很小，因此新企业就不值得再投入。反之，一个正在成长中的市场，通常也会是一个充满商机的市场，所谓水涨船高，只要进入时机正确，必然会有获利的空间。一般来说，一个总销售额超过 1 亿美元的市场是有吸引力的，在这样一个市场上，占有大约 5% 的份额甚至更少的份额就可以取得很大的销售额，并且对竞争对手并不构成威胁，这样可以避免高度竞争下的低毛利风险。

（4）市场渗透力。市场渗透力也就是增长率。对于一个具有巨大市场潜力的市场机会，市场渗透力（市场机会实现的过程）评估将会是一项非常重要的影响因素。聪明的创业者往往选择在最佳时机进入市场，也就是市场需求正要大幅增长之际，做好准备等着接单。一个年增长率达到 30% 至 50% 的市场为新的市场进入者创造新的位置。

（5）市场占有率。在市场机会中预期可取得的市场占有率，可以显示新创公司未来的市场竞争力。一般而言，成为市场的领导者，最少需要拥有 20% 以上的市场占有率。如果低于 5% 的市场占有率，则这个新创企业的市场竞争力不高，自然也会影响未来企业上市的价值，尤其处在具有赢家通吃特点的高科技产业，新企业必须拥有成为市场前几名的能力，才比较具有投资价值。

（6）产品成本结构。对于风险投资者来说，如果创业计划显示市场中只有少量产品出售而产品单位成本都很高时，那么销售成本较低的公司就可能面临有吸引力的市场机会。产品的成本结构，也可以反映新创企业的前景是否亮丽。例如，从物料与人工成本所占比重之高低、变动成本与固定成本的比重以及经济规模产量大小，可以判断新创企业创造附加价值的幅度以及未来可能的获利空间。

2. 资本和获利能力

（1）毛利。单位产品的毛利是指单位销售价格减去所有直接的、可变的单位成本。对于市场机会来说，高额和持久地获取毛利的潜力是十分重要的。毛利率高的市场机会，相对风险较低，也比较容易取得损益平衡。反之，毛利率低的市场机会，风险则较高，遇到决策失误或市场产生较大变化的时候，企业很容易就遭受损失。一般而言，理想的毛利率是 40%。当毛利率低于 20%

的时候，这个市场机会就不值得考虑。例如软件业的毛利率通常都很高，所以只要能找到足够的业务量，从事软件创业在财务上遭受严重损失的风险相对会比较低。

（2）税后利润。高而持久的毛利通常转化为持久的税后利润。一般而言，具有吸引力的市场机会，至少需要能够创造 15% 以上税后利润。如果创业预期的税后利润是在 5% 以下，那么就不是一个好的投资机会。

（3）损益平衡所需的时间。损益平衡所需的时间也就是取得盈亏相抵和正现金流量的时间。合理的损益平衡时间应该能在两年以内达到，但如果三年还达不到，恐怕就不是一个值得投入的市场机会。不过有的市场机会确实需要较长时间的耕耘，通过这些前期投入，创造进入障碍，保证后期的持续盈利。比如保险行业，前期仅注册资金就需要数亿元，而一般投资回报周期为 7 到 8 年，这样的行业一般来说不会通用于第一次创业者。在这种情况下，可以将前期投入视为一种投资，才能容忍较长的损益平衡时间。

（4）投资回报率。考虑到创业可能面临的各项风险，合理的投资回报率应该在 25% 以上。一般而言，15% 以下的投资回报率，是不值得考虑的市场机会。

（5）资本需求量。资金需求量较低的市场机会，投资者一般会比较欢迎。事实上，许多个案显示，资本额过高其实并不利于创业成功，有时还会带来稀释投资回报率的负面效果。通常，知识越密集的市场机会，对资金的需求量越低，投资回报反而会越高。因此在创业开始的时候，不要募集太多资金，最好通过盈余积累的方式来创造资金。而比较低的资本额，将有利于提高每股盈余，并且还可以进一步提高未来上市的价格。

（6）策略性价值。能否创造新创企业在市场上的策略性价值，也是一项重要的评价指标。一般而言，策略性价值与产业网络规模、利益机制、竞争程度密切相关，而市场机会对于产业价值链所能创造的附加值，也与它所采取的经营策略与经营模式密切相关。

3.竞争优势

（1）可变成本和固定成本。成本优势是竞争优势的主要来源之一。成本可分为固定成本和可变成本，从另一个角度，又可分为生产成本、营销成本和销售成本等。较低的成本给企业带来较大的竞争优势，从而使得相应的投资机会较有吸引力。一个新企业如果不能取得和维持一个低成本生产者的地位，它的预期寿命就会大大缩短。

（2）控制程度。如果能够对价格、成本和销售渠道等实施较强的或强有力的控制，这样的机会就比较有吸引力。这种控制的可能性与市场势力有关，例如，一个对其产品的原材料来源或者销售渠道拥有独占性控制的企业，即使在其他领域较为薄弱，它也仍能够取得较大的市场优势。占有市场份额40%、50%甚至60%的一个主要竞争者通常对供应商、客户和价格的制定都拥有足够的控制力，从而能够对一个新企业形成重大的障碍，在这样一个市场上创办的一家企业将几乎没有自由。

（3）进入障碍。如果不能把其他竞争者阻挡在市场之外，新创企业的欢乐就可能迅速消逝。这样的例子可以在硬盘驱动器制造业中发现。在20世纪80年代早期到中期的美国，该行业未能建立起进入市场的障碍，到了1983年底，就有约90家硬盘驱动器公司成立，激烈的价格竞争导致该行业出现剧烈震荡。因此，如果一家企业不能阻止其他公司进入市场，或者它面临着现有的进入市场的障碍，它就没有吸引力。

4.管理班子

企业管理队伍的强大对于机会的吸引力是非常重要的。这支队伍一般应该具有互补性的专业技能以及在相应的技术、市场和服务领域有赚钱和赔钱的经验。如果没有一个称职的管理班子或者根本就没有管理班子，这种机会就没有吸引力。

（二）常见市场机会评价方法

1.标准打分矩阵法

约翰·G·巴奇的标准打分矩阵是通过选择对市场机会成功有重要影响的

因素，再由专家小组对每一个因素进行最好（3分）、好（2分）、一般（1分）三个等级的打分，最后求出每个因素在各个市场机会下的加权平均分，从而可以对不同的市场机会进行比较。下表是其中10项主要的评价因素，在实际使用时可以根据具体情况增加或选择部分因素进行评价。

表7-1　标准打分矩阵的10项主要评价因素

标准	专家评分			
	最好（3分）	好（2分）	一般（1分）	加权平均
易损伤性				
质量和易维护性				
市场接受度				
增加资本的能力				
投资回报				
市场的大小				
制造的简单性				
专利权状况				
广告潜力				
成长的潜力				

2.西屋电气法

该方法是由美国西屋电气公司制订的，通过计算和比较各个机会的优先级对一系列可供选择的投资机会进行评价，为最后的决策提供依据。其公式如下：

机会优先级别 =［技术成功概率 ×（价格－成本）× 投资生命周期］÷总成本

在该公式中，技术和商业成功的概率以百分比表示（从0到100%），成本是以单位产品生产成本计算，投资生命周期是指可以预期的年均销售数额保持不变的年限，总成本是指预期的所有投入，包括研究、设计、生产和营销费用。对于不同的市场机会将具体数值代入计算，特定机会的优先级越高，该机会越有可能成功。

3.哈南法

由哈南提出的这种方法认为，通过让创业者填写针对不同因素的"预先设定权值"的选项式问卷，可以快捷地得到市场机会成功潜力的各个指标。对于每个因素来说，不同选项的得分可以从 –2 分到 +2 分，通过对所有因素的得分加总，从而得到最后的总分。总分越高，说明特定市场机会成功的潜力越大，如下表所示：

表7-2　哈南法指标得分量表

1. 对于税前投资回报率的贡献	
+2	大于 35%
+1	25% 到 35%
–1	20% 到 25%
–2	小于 20%
2. 预期的年销售额	
+2	大于 2.5 亿美元
+1	1 亿到 2.5 亿美元
–1	5000 万到 1 亿美元
–2	小于 5000 万美元
3. 生命周期中预期的成长阶段	
+2	大于三年
+1	两到三年
–1	一到两年
–2	少于一年
4. 从创业到销售额高速增长的预期时间	
+2	少于六个月
+1	六个月到一年
–1	一年到两年
–2	大于两年
5. 投资回收期	
+2	少于六个月
+1	六个月到一年
–1	一年到两年
–2	大于两年
6. 占有领先者地位的潜力	
+2	具有技术或市场领先者的能力
+1	具有短期内的或和竞争者同等的领先者能力
–1	具有最初领先者能力，但容易被取代
–2	不具有领先者能力

7. 商业周期的影响	
+2	不受商业周期或反周期的影响
+1	能够在相当程度上抵抗商业周期的影响
-1	受到商业周期的一般影响
-2	受到商业周期的巨大影响

8. 为产品制订高价的潜力	
+2	顾客获得较高的利益能弥补较高的价格
+1	顾客获得较高利益可能不足以弥补较高价格
-1	顾客获得相等的利益能弥补相等的价格
-2	顾客获得相等的利益只能弥补最低的价格

9. 进入市场的容易程度	
+2	分散的竞争使得进入很容易
+1	适度竞争的进入条件
-1	激烈竞争的进入条件
-2	牢固的竞争使得很难进入

10. 市场试验的时间范围	
+2	需要进行一般的试验
+1	需要进行平均程度上的试验
-1	需要进行很多的试验
-2	需要进行大量的试验

11. 销售人员的要求	
+2	需要进行一般的训练或不需要训练
+1	需要进行平均程度的训练
-1	需要进行很多的训练
-2	需要进行大量的训练

　　哈南通过对市场机会评价的经验分析，发现只有那些最后得分高于15分的市场机会才值得创业者进行下一步的策划，低于15分的都应被淘汰，创业者不必利用那些应被淘汰的机会。

　　4. 贝蒂的选择因素法

　　这种方法的核心是通过对11个因素的评价来对市场机会进行判断。如果市场机会只符合其中的6个或更少的因素，这个机会就很可能不是适宜的市场机会。相反，如果这个机会符合其中的7个或7个以上的因素，则这个机会就是大有希望的机会，如下表所示：

表7-3　贝蒂的11个评价因素

这个市场机会在现阶段是否只有你一个人发现了？
初始产品生产成本是否可以接受？
初始市场开发成本是否可以接受？
产品是否具有高利润回报的潜力？
是否可以预期产品投放市场和达到盈亏平衡点的时间？
潜在的市场是否巨大？
你的产品是否为一个高速成长的产品家族中的第一个产品？
你是否拥有一些现成的初始客户？
你是否可预期产品的开发成本和开发周期？
是否处于一个成长中的行业？
金融界是否能理解你的产品和顾客对它的要求？

第四节　商业模式开发

一、商业模式的定义和本质

（一）商业模式的定义

商业模式是一个比较新的名词。尽管它第一次出现在20世纪50年代，但直到20世纪90年代才开始被广泛使用和传播。今天，虽然这一名词出现的频度极高，关于它的定义仍然没有一个权威的版本。

目前相对比较贴切的说法是，商业模式是一种包含了一系列要素及其关系的概念性工具，用以阐明某个特定实体的商业逻辑。它描述了公司所能为客户提供的价值以及公司的内部结构、合作伙伴网络和关系资本（Relationship Capital）等，借以实现（创造、推销和交付）这一价值，并产生可持续盈利收入的要素。

商业模式是一种简化的商业逻辑，依然需要用一些元素来描述这种逻辑。

1. 价值主张

即公司通过其产品和服务，所能向消费者（用户）提供的价值。价值主张确认公司对消费者的实用意义。

2. 消费者目标群体

即公司所瞄准的消费者群体。这些群体具有某些共性，从而使公司能够（针对这些共性）创造价值。定义消费者群体的过程，也被称为市场划分。

3. 分销渠道

即公司用来接触消费者的各种途径。这里阐述了公司如何开拓市场。它涉及公司的市场和分销策略。

4. 客户关系

即公司同其消费者群体之间所建立的联系。通常所说的客户关系管理即与此相关。

5. 价值配置

即资源和活动的配置。

6. 核心能力

即公司执行其商业模式所需的能力和资格。

7. 合作伙伴网络

即公司同其他公司之间为有效地提供价值并实现其商业化，而形成合作关系网络。这也描述了公司的商业联盟范围。

8. 成本结构

即所使用的工具和方法的货币描述。

9. 收入模型

即公司通过各种收入流来创造财富的途径。

10. 资本增值

伴随用户规模、品牌价值、市场份额方面的成长，项目本身估值也不断增加，被潜在觊觎者收购也将成为一种创造财富的路径。

商业模式的设计是商业策略的一个组成部分。而将商业模式实施到公司的组织结构（包括机构设置、工作流和人力资源等）及系统（包括IT架构和生产线等）中去，则是商业运作的一部分。这里必须要清楚区分两个容易混淆的名词：业务建模通常指的是在操作层面上的业务流程设计；而商业模式和商业模式设计，指的则是在公司战略层面上对商业逻辑的定义。

（二）商业模式的本质

商业模式的本质是企业创造价值的核心逻辑。商业模式本质上是由若干因素构成的一组盈利逻辑关系的链条，商业模式的本质主要表现在层层递进的三个方面：

1.价值发现

明确价值创造的来源，这是对机会识别的延伸。通过可行性分析创业者所认定的创新性产品和技术只是创建新企业的手段，企业最终盈利与否取决于它是否拥有顾客。创业者在对创新产品和技术识别的基础上，进一步明确和细化顾客价值所在，确定价值命题，是商业模式开发的关键环节。绕过价值发现的思维过程，创业者容易陷入"如果我们生产出产品，顾客就会来买"的错误逻辑，这是许多创业实践失败的重要原因之一。

2.价值匹配

明确合作伙伴，实现价值创造。新企业不可能拥有满足顾客需要的所有资源和能力，即便新企业愿意亲自去打造和构建所需要的所有能力，也常常需要很大的成本，面临着很大的风险。因此，为了在"机会窗口"内取得先发优势，并最大限度地控制机会开发的风险，几乎所有的新企业都要与其他企业形成合作关系，以使其商业模式有效运作。

3.价值获取

制定竞争策略，占有创新价值。这是价值创造的目标，是新企业能够生存下来并获取竞争优势的关键，因此是有效商业模式的核心逻辑之一。许多创业企业是新技术或新产品的开拓者，但却不是创新利益的占有者。这种现象发生的根本原因在于这些企业忽视了对创新价值的获取。价值获取的途径有两方面：一是为新企业选择价值链中的核心角色；二是对自己的商业模式细节最大可能地保密。就第一方面来说，价值链中每项活动的增值空间是不同的，哪一个企业占有了增值空间较大的环节，就占有了整个价值链价值创造的较大比例，这直接影响到创新价值的获取。就第二方面来说，有效商业模式的模仿在一定程度上将会侵蚀企业已有利润，因此创业企业越能保护自己的创意不被泄露，就越能较长时间地占有创新效益。

二、商业模式和商业战略的关系

商业模式与商业战略关系密切，商业模式对商业战略影响很大，表现为以下几点：

（一）商业模式不再围绕企业进行设计

任何一个企业家在设计商业模式时，他已经不再是一个单纯的谋求利润和商业价值的传统企业角色，已经进化成政治家，外交家，产业规律缺陷研究专家（就像索罗斯那样）以及行业协会，小政府等角色的混合，虽然还有企业这个基本角色，但已经天壤之别了。

企业制定商业战略的时候，还是以企业的角色，无外乎首先确定一个目标，其次就是达成这个目标的一套具体的行动路径，即围绕着实现这个目标，企业要思考确定怎样的客户，确定怎样的产品和服务，以怎样的一个价值交付方式，把这个产品和服务交给怎样的客户，最终实现价值的交付（进一步通过战略管理的保障，使得利润比一般人高，而且要保证这个利润是可控和长久的），这是传统商业战略设计的过程。

（二）商业模式是一种新的思维方式，颠覆了传统战略的设计过程

企业家制定商业模式时，是以一个外交家，以生态链的负责人，现有规律的破坏者的角度在思考：我可不可以提供更大、更深、更有价值的产品或解决方案，能不能给客户提供一个更垂直、更一体化，更低风险，更具备信息和知

识含量的服务，能不能通过生态链去提供一种能思考、有动能的价值。

概括而言，商业模式这个思维把企业由单纯的利润制造者，变成了通过他人，通过一个结构制造利润，所以战略本身没有变，变的是路径更加网络化，无边界化了。路径本身就是个支持总体战略实现的手段，而商业模式是其中路径的又一个支撑点，但是我们必须说，商业模式这个思维，使得实现战略的手段更加丰富多样了，更加多变了，思考空间更大了，差异性更大了；组织得好的话，获利空间也更大，组织得不好的话，崩溃得也会越快，它使得战略里面的时空分布发生了变化，甚至你可以说；商业模式本身像黑洞一样，改变了传统战略内部的空间分布、时间分布。商业模式本身就是一种战略创新或变革，是使组织能够获得长期优势的制度结构的连续体。

（三）商业模式异化了战略路径

过去企业的客户、产品和服务相对是确定的。商业模式这个思想的引入，使客户、产品、服务，所提供的价值等等需要再界定，甚至不断再界定。商业模式是在战略路径里面发育出来的一个新结构，这种发育其实是时代和企业运作的产物。它从外面借来很多价值，借来很多功能，但是并没有增加企业实际的投入。简单地说，它是一种体外融资融产融智融市场融很多东西的现象，体外获得能力的现象，但又不需要企业投入。本来路径相对是平滑的，但其中出现了一个小宇宙，一个新的功能环。

（四）商业模式改变了传统企业"我想做什么"的单向思考

商业模式让企业的思考变成了"我们想做什么"，而"我"在"我们"当中扮演什么角色，使得企业之间也出现了一个社会角色的分工。过去所有企业都像工蜂一样平等，都为产生利润和商业价值而活。现在有一个链上企业跳出来以后，把若干企业构成的平等世界政治化社会化生态链化了，其中有人是领袖，有人是一般管理者，有人就是产业个人，有人是智力工作者，有人是进行交易撮合的等等，一个生态链角色越丰富，其功能往往就越强大。

（五）商业模式是战略的一个横向切面和组成部分

商业模式必须相对清晰地描述整个生态链干什么，它在引导整个集团的各个子集团，怎样在商业模式层面上，乃至在彼此生态链上发生化学反应，发生聚合和交易。所以集团公司在设计产业组合的时候，要考虑在各个产业之间，（各个产业板块的）多个公司（包含非法人）之间，（公司之间的）产品和服务之间，这三个层面上如何形成有效的关系。

（六）商业模式强化了商业战略的内空间

虽然商业模式仅仅是战略里面的一个构件，但因商业模式这种网络式超边界整合思维的引入，作为一种强大的反作用力，大大地强化、深化了商业战略的内宇宙、内空间，使其内部出现了很多细腻的层状，甚至像千层饼一样内部空间多层次化，使得新型企业在考虑商业战略的时候，思考维度、空间就变得非常的广大。

三、商业模式因果关系链条的分解

商业模式设计过程是企业的一系列价值活动过程，是从价值主张到价值实现的过程。价值主张是商业模式设计的起点，价值实现是商业模式设计的终点。

（一）基于价值的商业模式设计要素描述

1. 价值主张

价值主张是通过产品和服务向消费者提供的价值。一个能为参与者理解且接受的价值主张应该能使每个参与者都能增加其经济效用，因此价值主张的阐释必须清楚、准确。如果价值主张表述得太复杂，会使顾客在购买时犹豫。价值主张必须对客户及其偏好深刻理解，必须是真实的、可信的、独特的、具有销售力的。价值主张的渗透力越强，就越能打动消费者的心，通过产品或服务创造价值就越持久。

2. 价值网络

价值网络是商业模式的价值链接机制要素，它能对商业模式价值主体实行有效链接。价值网络是由利益相关者之间相互影响而形成的价值生成、分配、转移和使用的关系及其结构。价值网络改进了价值识别体系并扩大了资源的价值影响，它潜在地为企业提供获取信息、资源、市场、技术，以及通过学习得到规模和范围经济的可能性，并帮助企业实现战略目标。价值网络通过在各个企业之间合作协调，汇集各种能力和资源，最终创造价值。企业商业模式是通过对企业全部价值活动进行优化选择，并对某些核心价值活动进行创新，然后重新排列、优化整合而成的。

价值网络构建主要是通过价值分析，对所有利益相关者的价值进行深入分析，构建合作共赢的价值网络，如针对市场的客户价值、针对伙伴的合作价值、针对上下游企业的供应链价值、针对广告商的广告价值、针对经销商的产品价值、针对电信商的增值服务价值。价值网络能提供价值实现的渠道、信息、资源等，使企业有效整合资源优势，降低运营成本，增强系统整体运营能力和风险控制能力。价值网络使网络中的供应商、渠道伙伴、客户、合作伙伴以及竞争者形成关系网络，通过核心能力互补，共同创造差异化、整合化的客户价值。

3. 价值实现

价值实现是指企业创造的价值被市场认可并接受，完成要素投入到要素产出的转化。价值实现主要依靠一系列商业策略来完成。随着竞争的激烈，免费的商业模式成为应用较多的互联网商业模式。比如中国互联网用户数量庞大，这种低成本或免费服务会带来用户量的爆炸性增长，产生用户锁定，为今后的增值服务提供巨大的空间和潜力。

（二）基于标准化框架分解研究法商业模式设计要素描述

由莫瑞斯、辛德胡特、艾伦等发展形成的商业模式标准化框架模型阐述了一个相当简单、逻辑性强而且可以测量的商业模式因果关系链条的分解研究方法，它在综合应用和操纵运作上有着很强的指导意义。从本质上讲，一个表达清楚确切的商业模式需要从这六个关键链条上进行刻画：价值主张、消费者、内在流程和能力、竞争战略、企业如何盈利、企业成长及时间目标。

1.企业如何创造价值

这个问题是针对企业的价值提供提出的。它包括企业经营的特定产品或服务、产品或服务的组合类型、相关纵深产品（产品线数目）和扩展产品（一条产品线上的产品名目或相关产品）的组合。此外，价值主张还包括企业提供获得产品或服务的途径，自己负责销售还是和其他产品或服务捆绑销售。其他观点还认为企业所提供价值包括自主产品或服务、外包产品生产或服务配送、授权其他公司生产和销售、收集产品转售或者收集上来产品再加工之后转售。最后，价值主张还关注产品或服务是企业直销还是通过中间商分销。

2.企业为谁创造价值

这个问题主要关注企业在哪种类型和多大范围的市场上展开竞争。一般是看企业的主要销售对象是消费者（B2C）还是企业或组织（B2B），或者两者都有，此外还要考虑其顾客处于价值链的哪个阶段。当向顾客提供产品或服务的时候，决策者一定要从深层次识别并区分其顾客是处在价值链的哪个位置，即是上游（矿业、农业、基础制造业）、中游（终端产品制造、装配）还是下游（批发商、零售商），或者是一些组合而成的形式，还要详细界定市场的区域范围，仅是本地销售还是区域营销，是全国范围内展开竞争还是实行国际化。创立企业还关心为做大营销而进行的零碎分散的销售，以及集中精力与一些重要客户维系深层持久的关系，在一定程度上二者谁更容易成功。

3.企业的内部资源优势是什么

核心竞争力是指企业获得的一种能为顾客提供特定利益的内部能力或技术。联邦快递依靠其在物流管理方面的竞争优势提供快速及时的配送；沃尔玛基于在供应链管理方面的优势做到了低价零售，即"天天平价"。企业可以根据自己的优势来源建立并维持自己的竞争力，这些优势可以来源于公司产品生产、运作系统、技术发展或革新能力、销售产品或市场营销经验、信息管理、原材料开采、产品包装的本领、融资管理、套利交易的竞争优势、对于供应链管理的精通以及网上电子商务交易管理和资源杠杆利用的技能。

4.企业如何进行自身差异化

企业如何进行自身差异化，取决于企业怎样运用自身的核心竞争力，其核心竞争力能促使企业从那些直接竞争者和间接竞争者中脱颖而出。差别化是指在自己的市场领域为顾客提供一些真正唯一的价值利益。差异化的重大挑战则是，识别企业区别于其他竞争对手的显著差异点，并很好地一直保持下去。企业间的模仿比比皆是，企业要追寻的差异化不能只是停留在这种表面的暂时性差异化。可持续的战略定位趋向于从差异化的以下五个基本形式中制定：卓越运营模式、产品质量／选择／用途／特色方面、创新型领导能力、低成本、维系良好客户关系或顾客体验。

5.企业如何盈利

企业商业模式的一个核心要素就是经济模型。经济模型为赚取利润提供不竭动力。它由四个子要素组成：第一个是企业的运作杠杆，或者说企业的成本结构在一定程度上取决于由固定成本主导还是变动成本驱动；第二个是企业销量，企业在市场机会和内部能力方面带来的销量是高、中还是低；第三个便是企业在产品和服务方面能够控制支配的利润收入是高、中还是低；第四个是经济模型还考虑公司有多少收入驱动点（主要收入来源或者外延产品收入），以及企业定价策略是固定价格还是灵活定价。企业盈利可能出现两个极端：一个极端是有的企业收入来源只依靠固定价格的单一产品；另一个极端是有的企业根据消费者细分和市场条件以不同的定价方式出售三种互补产品系列以及一些附加服务，这样的企业拥有很多十分灵活的收入来源项目。这种灵活收入驱动是很多网络公司所运用的创新商业模型形成收入的主要来源。

6.企业的时机、范围和远景目标是什么

企业商业模式必须要有自己的目标。企业目标可以从投资模型方面帮助新创立的企业开阔视野。有四种投资模式来描述大多数企业的投资行为：生存模式、收入模式、成长模式、投机模式。生存模式的目标是生存和满足最基本的财务需要；采用收入模式，创业者往往投资那些能够为投资者带来持续稳健收入的业务，这些业务一般被叫作"生活特色店"或者"夫妻店"；成长模式并不追求初始收入有多丰厚，但大量的收入用来尝试发展那些有益于企业成长的投资，最终也使这些投资项目为初始投资者创造最主要的收入来源；投机模式给予创业者的时间期限很短，目标就是展示企业的发展潜力，随后便将其出售。

四、设计商业模式的思路和方法

商业模式设计关注的是企业的价值实现，是企业的商业逻辑表达方式和产品服务赢利方式。商业模式是企业在给定的行业中，为了创造卓越的客户价值而将自己推到获取价值的位置上，运用其资源执行什么样的活动、如何执行这些活动以及什么时候执行这些活动的集合。

在创业培育期，一旦完成机会识别，就要开始商业模式的设计开发，即新业务如何开展、怎样盈利。需要考虑如何制定核心战略、构建合作网络、建立顾客关系、培育和配置独特资源以及形成价值创造的方法，并将它们反映在商业计划书中。同样，在企业成长过程中，适时进行商业模式的检讨和创新，是企业培育核心竞争力、取得竞争优势的基本途径。

（一）商业模式设计是创业机会开发环节的一个不断试错、修正和反复的过程

企业绩效是商业模式选择与企业如何有效运用该模式的函数。企业拥有一个表达清晰的商业模式很重要。一是商业模式可作为可行性分析研究的延伸（商业模式会不断提出"该业务是否有意义"的问题）；二是商业模式使人们的注意力集中于企业要素如何匹配以及如何构成企业整体上；三是商业模式解释了使商业创意具有可行性的参与者群体愿意合作的原因；四是商业模式向所有的利益相关者（包括员工）阐明了企业的核心逻辑。

1.通过分析和优化价值链来识别机会，构建相应的商业模式

价值链是指产品从原材料阶段开始，经制造和分销，最后到达最终用户手

中的一系列转移活动链条。价值链由基础活动和辅助活动构成。基础活动涉及产品制造、销售以及产品服务，而辅助活动提供对基础活动的支持。产品通过企业价值链的每个阶段时，企业内不同部门在每个阶段会增加产品价值（或不增加价值），最终产品或服务是各部门创造的价值总和。通过研究一个产品或服务的价值链，组织能够识别创造附加价值的机会，并评估企业是否有办法实现增值目标。价值链分析同样有助于新创企业识别机会，有助于理解商业模式如何形成。如果一个产品的价值链可以在某一领域内得到强化，它就可能代表着创建一家新企业的机会。创业者可以通过优化产品的价值链来创建新企业，但是，只有创造出一个可行的商业模式才能给新企业提供支持。

2.商业模式反思

一旦商业模式得以清晰确定，创业者应该将它诉诸文字，认真反思检查，提出并思考以下问题：我的商业模式是否有意义？我需要的商业伙伴是否愿意参与进来？如果合作伙伴愿意参与，如何激励他们？我们的利益相一致还是相背离？顾客的情况如何？他们是否愿意花时间和本企业做生意？如果顾客愿意购买产品，如何激励他们？我是否能激发足够数量的伙伴和顾客，以便补偿一般管理费用并能获利？业务独特性如何？如果本企业获得成功，大量竞争者是否很容易跟进和模仿？

如果上述每个问题的回答都不能令人满意，则该商业模式就应当修改或放弃。只有在购买者、销售者以及合作伙伴都将它视为一种经营产品或服务的合理方法时，一个商业模式才具有生命力。

（二）商业模式设计是分解企业价值链条和价值要素的过程，涉及要素的新组合关系或新要素的增加

有效的商业模式必须包括以下几个关键要素，只有充分掌握这些要素的重点以及彼此间的整合和搭配关系，才能设计出独特的商业模式。

1.核心战略

商业模式设计需要考虑的第一个要素是核心战略，它描述了企业如何与竞

争对手进行竞争，主要包括企业使命、产品和市场定位、差异化基础等基本要素。

企业使命描述了企业为什么存在及其商业模式预期实现的目标，或者说，使命表达了企业优先考虑的事项以及衡量企业绩效的标准。

产品和市场定位应该明确企业所集中专注的产品和市场，因为产品和市场的选择直接影响企业获取利润的方式。

差异化基础分为成本领先战略和差异化战略。采用成本领先战略的企业努力在产业内获取最低的成本，并以此来吸引顾客。相反，采用差异化战略的企业以提供独特而差别化的产品，以质量、服务、时间或其他方面为竞争基础。在大多数情况下，新创企业采用成本领先战略往往很困难，因为成本领先要求规模经济，这是需要花费时间的；而差异化战略对新企业却十分重要，因为这是取得顾客认可的很好的方式。

2. 战略资源

企业目标的实现需要战略资源作后盾。战略资源对创业机会、创业能力以及服务顾客的独特方式都存在很大约束。因此，商业模式必须展示企业的核心能力和关键资产的特征。

核心能力是企业战胜竞争对手的优势来源。它是创造产品或市场的独特技术或能力，对顾客的可感知利益有巨大贡献，并且难以模仿。企业的核心能力决定了企业从什么地方获得最大价值。

关键资产是企业拥有的稀缺、有价值的事物，包括工厂和设备、位置、品牌、专利、顾客数据信息、高素质员工和独特的合作关系。作为新企业，应该注重如何创新性地构建这些资产，为顾客创造更高的价值。一项特别有价值的关键资产是企业的品牌。

3. 价值网络

企业一般不具备执行所有任务所需的资源，因此要与其他合作伙伴一起才能完成整个供应链中的各项活动，新企业尤其如此。

企业的合作伙伴网络包括供应商和其他伙伴。供应商是向其他企业提供零部件或服务的企业。传统意义上，企业把供应商看成竞争对手。需要某种零部件的生产商往往与多个供应商联系，以寻求最优价格。然而，过去20年来，经理们开始越来越多地关注供应链管理，因为它贯穿产品供应链的所有信息流、资金流和物质流。企业管理供应链的效率越高，其商业模式的运作效率也越高。

大企业与新企业在供应链管理方面面临不同的资源和能力条件。大企业先期良好的经营往往给新事业开发积累了财务资源以及信誉资本，这为与优秀企业展开合作提供了有力保障。而新企业由于受到较大的资源约束，也往往具有较小的抗风险能力，因而在寻求优秀企业加入和合作过程中面临较大的障碍。

4.顾客界面

新企业针对特定的目标市场，构建友好的顾客界面是影响商业模式效果的重要因素。顾客界面是指企业如何适当地与顾客相互作用，以提供良好的顾客服务和支持，主要涉及销售实现和支持与定价结构两方面。

顾客实现和支持描述的是企业产品或服务进入市场的方式，或如何送达顾客的方法，也指企业利用的渠道和提供的顾客支持水平。所有这些都影响到企业商业模式的形式与特征。

价格往往是顾客接受产品的首要因素之一，创业者必须使用合理的定价方法制定有效的价格。多数专家指出新企业的价格结构必须符合顾客对产品或服务的价值认知，即顾客能够接受的价格是顾客愿意支付的价格，而不是在产品成本基础上一定比例的加成。

5.顾客利益

顾客利益是连接核心战略与顾客界面的桥梁，代表着企业的战略实际能够为顾客创造的利益。企业的核心战略要充分显示为顾客服务的意图。

其在构建顾客服务与支持系统以及进行产品定价的时候，也一定要考察这些是否与企业核心战略一致。一味追求产品低价的恶性竞争策略，显然没有真正从顾客受益的角度来考虑问题，同时不具有长期的战略意义。相反，如果企业提供了切实满足顾客需要的新奇产品或服务，索要远远高于产品生产成本的价格也是正确的竞争策略。因此，顾客利益是企业制定核心战略以及构建顾客服务体系时必须遵守的原则，它涉及企业生存的根本。

6. 构造

构造是连接核心战略与战略资源的界面要素，主要指两者间的有效搭配关系。战略资源是核心战略的基础，企业缺乏资源，难以制定和实施战略目标。企业产品和市场的选择必须紧紧围绕核心能力和关键资产，越来越多的证据表明，这样可以使企业受益。这主要是因为企业如果根据自身的核心能力和资源集中于价值链中较小的环节，较容易成为特定市场的专家，提供更高品质的产品和服务，也为自身创造更高的利润。很多成功的创业企业在这方面做出了榜样。

核心战略要充分挖掘企业战略资源的优势，一方面这是创造更多企业价值的需要，另一方面也是有效构建竞争障碍的途径。企业通过关键资源的杠杆作用对已有模式不断创新，将会使跟进者的模仿变得更加困难。

7. 企业边界

企业边界是连接企业战略资源与伙伴网络的界面，其内涵在于企业要根据所掌控的核心能力和关键资源来确定自身在整个价值链中的角色。传统的企业边界观点是建立在成本收益原则基础上的，一种产品是成立企业自己生产还是从市场购买取决于产品的边际成本，产品的边际成本等于交易成本之处就成为企业的边界。而随着市场竞争的日益激烈，现代企业边界观点产生了，它把企业为什么存在以及企业应该有多大的基础问题归为企业竞争能力的问题。其中企业的核心能力与关键资源决定了企业应该做什么。企业只有围绕其核心能力与关键资源开展业务才可能建立起竞争优势。尤其是新企业，创建之初往往面临较大的资源与能力约束，集中于自己所长是竞争成功的关键。

五、商业模式创新的逻辑与方法

（一）商业模式创新的逻辑

成功商业模式应当有其自身的逻辑系统，否则，不会出现在同一商业模式下运作的戴尔、阿里巴巴等商界巨头。成功商业模式的创新是商业模式与企业核心竞争优势相互耦合的过程，以客户价值主张为商业模式研究的基础；以"产业链系统（下游供应链、企业内部运营价值链、上游分销链、客户链）其他相关利益者链（包含企业治理结构关系、社会公共关系、企业宏观环境，即一组国家政治、经济、技术等环境系统）以及竞争链系统"组成的生态链系统作为商业模式创新的决策支撑；以强势企业文化构建作为商业模式创新执行的支持；产品与市场的创造作为成功商业模式的成果输出。

1.客户价值的研究是商业模式研究的基础，商业模式设计的根本目的是为客户体验创造新的价值，促使客户愿意为之买单

任何商业模式都是为了持续优化客户在消费过程中的体验或是为客户创造新价值的体验（简单理解就是企业经常所说的，持续为客户提供高效、优质的服务），倘若能寻找到实现这种提升客户体验价值的途径，也就形成了商业模式创新的原型。需要指出的是，处于产业链不同位置的企业对于"客户"这一概念的理解不能太过狭隘，制造企业或品牌企业对其上游的分销商、最终产品或服务的消费者都应当视为客户，而不仅仅是终端消费者。例如，西南航空的低成本运作的商业模式，为客户提供高效的服务；谷歌的关键字竞价服务；房地产行业的"地产＋游乐""地产＋运营"等商业模式，都是对客户价值的优化和创造。

2.组成商业模式创新的生态链系统是企业生存所必须面对的生态环境链，生态链系统的研究其实是一个完整的战略分析、决策的过程

通过对客户价值的研究，可以得到商业模式的原型，为了使商业模式更加具有竞争力，就必须围绕企业经营的内外部环境（由供应者、企业内部运营价

值链、分销渠道、客户、其他相关利益者以及竞争者组成的一组生态链系统）进行资源、能力的分析，从而确认生态链系统能否对客户价值主张进行很好的支持，最终确定生态链系统进行整合的方向。

分析生态链系统的关注点：一是深入了解生态链系统中各相关者可获取的剩余价值；二是与本企业优势资源能力相似的标杆企业（可跨行业选择）分析；三是与客户价值主张的配比。通过上述的分析，确认生态链系统整合的方式。

生态链系统内部整合主要有四种方式：一是产业链的内部整合，是一种纵向整合的方式，即增加本企业产业链条的长度，其中与竞争链的整合，是一种横向整合的方式，即增加本企业的运作规模；二是企业运营价值链内的整合，提升企业内部的运作效益；三是企业运营价值链内相关环节直接跨产业整合资源，突破资源发展的瓶颈；四是分步进行，有次序地整合，最终以实现客户价值主张。

3. 企业文化是一种软实力，是企业进行各类活动执行的支持系统

一个缺少强势文化的企业，在创新商业模式的执行过程中，势必处处受阻。通常，成功的企业一定存在着特定的文化，有时会隐含在企业日常的运作过程之中，此时，企业就应当努力提炼自身的文化，以不断强化企业的正向文化，配合企业未来战略发展的需要，鼓励更多的员工融合到组织中去，以提高组织的整体执行效力。在进行商业模式的创新研究过程中，其必须要持续性强化企业在过去取得成功的文化基因，并引入新的文化元素，以保证商业模式创新过程的得以顺利进行。

（二）商业模式创新的方法

商业模式创新就是对企业基本经营方法进行变革。一般而言，有四种方法：改变收入模式、改变企业模式、改变产业模式和改变技术模式。

1. 改变收入模式

改变收入模式是改变一个企业的用户价值定义和相应的利润方程或收入模

型。这就需要企业从确定用户的新需求入手。这并非是市场营销范畴中的寻找用户新需求，而是从更宏观的层面重新定义用户需求，即去深刻理解用户购买本企业的产品需要完成的任务或要实现的目标是什么。其实，用户要完成一项任务需要的不仅是产品，而且是一个解决方案。一旦确认了此解决方案，也就确定了新的用户价值定义，并可依此进行商业模式创新。

2.改变企业模式

改变企业模式就是改变一个企业在产业链中的位置和充当的角色。也就是说，改变其价值定义中"造"和"买"的搭配，一部分由自身创造，其他由合作者提供。一般而言，企业的这种变化是通过垂直整合策略或出售及外包来实现的。

3.改变产业模式

改变产业模式是最激进的一种商业模式创新，它要求一个企业重新定义本产业，进入或创造一个新产业。如国际商业机器公司通过推动智能星球计划和云计算，重新整合资源，进入新领域并创造新产业。如商业运营外包服务和综合商业变革服务等，力求成为企业总体商务运作的大管家。

4.改变技术模式

正如产品创新往往是商业模式创新的最主要驱动力，技术变革也是如此。企业可以通过引进激进型技术来主导自身的商业模式创新，如当年众多企业利用互联网进行商业模式创新。当今最具潜力的技术是云计算，它能提供诸多崭新的用户价值，从而为企业提供进行商业模式创新的契机。

当然，无论采取何种方式，商业模式创新需要企业对自身的经营方式、用户需求、产业特征及宏观技术环境具有深刻的理解和洞察力。这才是成功进行商业模式创新的前提条件，也是最困难之处。

第八章　创业策划

第一节　创业目标策划

创业目标是创业路上的航标，创业没有目标犹如航行在茫茫大海中没有灯塔和航标的船只一样，极易迷失方向。明确创业目标是创业道路上的关键一步，它决定了创业企业今后的发展方向与发展规模，是创业能否成功的基石。创业行为从本质上看是一种追求价值实现的过程。价值实现可分为个人价值实现和社会价值实现两种，生存型创业者更关注个人价值实现，而机会型创业者则两者兼而有之。

一、个人目标

个人价值的追求包括经济价值和社会地位。经济价值指创业者通过创业活动取得的经济收入，由于机会成本的存在，创业者经济价值的大小直接影响创业者创业行为的延续与创业企业的成长；社会地位指创业者的创业活动中为其个人带来的社会价值，诸如受人尊重、社会知名度提高、社会交往层面扩大、成为社会名流等。从社会与公众角度看，社会价值更值得关注。创业者的社会价值体现在为社会创造的就业岗位、企业创造的经济利润以及促进社会福利等方面。追求价值实现应当确立创业目标。创业者的目标可分为个人目标和企业目标两个层面，两者相互联系、相互区别，个人目标在很大程度上影响着企业目标。

创业本身带有强烈的个人色彩，创业者创业就是为了实现所期望的生活方式或个人价值、社会价值。通常，创业者的个人目标与企业目标是分不开的，个人目标的实现与企业目标的实现是相辅相成的。创业者个人价值实现是其创业行为的动力，也是实现其社会价值的基础。依据个人创业目标的不同，大体可以将创业者分为三种类型：迫于生存、生活压力或是为了改善自己和家人的生活条件而创业，属于生存型创业；已经拥有一定的经济基础和实力，为了获取更大的经济利益的，属于投资型创业；为了实现自己的人生理想、社会价值而决定创业的，属于机会型或事业型创业。

拟定创业个人目标不能凭一时冲动或头脑发热，应当经过慎重选择与思考。

（一）创业者的目标要尽量清晰明确、易操作和可实现

只有能够达成的目标才能称得上是真正的目标，才是有意义的目标；不能达成的目标，尽管看起来十分美好，但却因为无法实现，就像是镜中花、水中月一样虚无缥缈。只有那些能够实现的创业目标才具有真正的意义，才能使人有所收获、有所成就。

（二）创业者的目标要合理

目标的大小取决于制定目标时所处的地位。一个合理的目标不仅要远大，要让人兴奋，还应是可达到的。它不能只是一个遥远的梦想，根本无法实现，也不能是轻而易举就能达到，这样都无法产生良好的激励作用。好的创业目标应该是要付出一定的努力才能达到，并且这个目标能让你振奋，具有一定的挑战性，促使你努力去实现它。

（三）创业的目标要经过深思熟虑

它可能是经过反复思考而决定的，也可能是儿时的梦想，还可能是通过生活经验的积累或现实的需求而产生的。它应该是一个成熟的决定。因为一旦确定创业目标，创业者就要为实现它而拼搏奋斗。成熟且长远的目标可以促使我

们发挥出自身的最佳能力，激励我们去努力工作，全力以赴，走向成功。

（四）创业的目标应该是符合自己条件和个性化的

他人成功的路可以走，但并非人人都可以走。有些路对他人来说可能是铺满鲜花的大道，但对创业者来说也许就是充满了荆棘的陷阱。如果创业者和他人的成长生存环境不同，就和他人形成了差异，这种差异就决定着创业者不能随意地踏上一条创业道路。确定创业目标也一样，创业者必须根据自己的条件，根据自身存在的环境来制定。待确切地知道自己成功的绿洲在哪里后再开始行动，才有可能获得创业的成功。

二、企业目标

在明确个人目标后，创业者应该考虑"我要建立什么样的企业"。建立了创业团队，要让大家跟你一起干，就要把你的目标变成大家的目标，把大家凝聚在一起的就是企业共同目标。做大家都想做的事情，自然就形成一个利益整体。为了这个目标的实现，形成团队才有更为强大的力量。那么如何确定企业的目标，又如何使它与大家的目标相一致，进而把大家凝聚在一起共同奋斗呢？

一般而言，生活方式型的创业者往往不需要很大的企业规模，当企业过于庞大时可能会使自己陷入工作的泥潭之中，妨碍创业者享受人生快乐；希望获得资本收益的创业者，往往建立足够大的企业框架，因为只有使企业达到一定的规模，创业者才能获得所期望的资本收益。

如果将创办企业视为自己毕生追求的事业型创业者，必然希望企业在经受了技术换代、雇员和客户的更迭之后仍能不断更新发展，即便有人出高价收购企业，他都会拒绝被收购。拟定创业企业目标应当注意：

一是目标要远大。目标远大才能吸引更多的人参与，才能吸引更多有才能的人加盟。马云在创业初期曾向员工这样描绘过企业目标："阿里巴巴要成为一家102年的企业，要于未来十年内进入全球三大顶级互联网公司的行列，同时成为一家财富 500 强企业。"这样的创业目标何等远大，何等鼓舞人心、激励士气！对于许多创业者来说，创业初期往往把"盈利"当作企业最高目标。固然企业发展必须以金钱为支持，但如果始终以追求金钱为终极目标，从长远看未免目光短浅，最终必然会陷入困境。这就是为什么很多小企业在创业起步时很团结，但到发展中期团队就会出现内部分裂，导致目标不再统一，团队失去凝聚力。

二是目标要清晰。目标是团队奋斗的希望，在前进的过程中，必然会充满很多困难和挑战，若目标不清晰，员工很容易会出现动摇，并对企业的发展前景产生怀疑。这种怀疑是创业阶段致命的管理问题。在竞争对手的打压与威胁下，员工是容易变化的，并且人的变化往往内在而含蓄，等管理者发现再采取行动时，已经晚了。

三是目标要与大家的利益息息相关。目标要成为团队的凝聚力，除了目标被大家认可外，还需要跟大家的利益息息相关，否则大家可能会在某一时期支持你、同情你，但不会长久跟随你，更谈不上"以身相许"。因此，把企业的目标制定并分解得与每个员工息息相关，目标才具有团队的凝聚力。需要注意的是，企业目标不是一成不变的，应随着企业的发展和宏微观环境的变化。企业目标应当是个动态变化、与时俱进的过程，这就要求创业者不但要适时调整企业的目标，而且要在管理中通过适当方式传递企业决策层的信号，通过企业文化、企业绩效管理体系和企业战略管理，重新建立企业的战略目标。比如，柳传志在 20 世纪 80 年代创业初期曾信誓旦旦提出过联想的创业目标：我们要努力成为一个年销售额达 200 万元的大公司！实际上，联想集团的企业目标是在不断调整变化，与时俱进的。今天，联想集团的年销售额早已超过千亿元大关，成为我国民营企业的"领头羊"。万事开头难，在创业初期，事业很难发展，资金周转会遇到不少困难，经常是入不敷出。创业者不但工作繁忙，还要承受巨大的心理压力，应对可能出现的种种情况。因此，需要有一个明确的创业目标，来承受如此重负并不断激励自己和创业团队，否则，很难开创出一片新的事业天地。此外，对于投资家来说，创业目标可以用来判断投资这个新事业在未来可能实现的价值。

三、目标选择原则

创业的资金投入哪个项目、哪种商品，是一种投资决策。相关业内人士给出了七大建议。

（一）做大不如做小

大型项目运行后，单位成本低、技术基础强，容易形成支柱产业，但资金需求量大，管理经营难度大。而一般的投资者，哪怕你已经是百万富翁，只要是做民间性质的投资，就宜选择投资小见效快、技术难度系数低的投资方向。近年来，发展最快的民间投资项目种类千差万别，经营方式无奇不有，但上千万的大项目却是寥寥无几。

（二）重工不如轻工

重工业是国民经济发展的基石，轻工业却是发展的龙头。重工业投资周期长、回收慢，一般不是民间资本角逐的领域，而是国有企业的一统天下。无论是生产加工，还是流通贸易，经营轻工产品尤其是消费品，风险小、投资强度小、难度小，容易在短期内见效，因此特别适合于民间资本。

（三）用品不如食品

民以食为天，中国人有闻名世界的饮食文化。千家万户的一日三餐，逢年过节，婚丧嫁娶，食品市场是十分庞大而持久不衰的，而且政府除了技术监督、卫生管理外，对食品的规模、品种、布局、结构，一般不予干涉。食品业投资可大可小，切入容易，选择余地大。

（四）做男不如做女

全社会购买力 70% 以上是掌握在女人手中。女人不但执掌着大部分中国家庭的"财政大权"，而且相当一部分商品是由女人直接消费的，如高档时装、鞋帽、名贵首饰、化妆品等，无不是女人的世界。所以，你若在消费品领域投资，无论是生产还是销售，把你的客户定向于女人，你就会发现更多的机会。

（五）大人不如孩子

小孩代表未来，中国的儿童消费品市场大有发展前景。在零售食品、用品方面，很大一部分是儿童消费品的市场。儿童消费品市场弹性大，随机购买力强，加上容易受广告、情绪、环境的影响，向这种市场投资，是一种富有生命力的选择。尤其要看到，在我国满足了小孩的需求，在很大程度上就是满足了他们父母的需求。

（六）综合不如专业

品种丰富，大众买卖，这已经是一般投资者的思维定式。大而全、小而全的经营，是计划经济中上下认同的模式。市场经济是综合化发展的，不过这更多的是一种宏观的态势和整体格局，微观领域往往要靠专业化取胜。专业化生产和流通容易形成技术力量雄厚和批量经营的市场特色，厂商有竞争的环境，用户有较大的选择余地。

（七）新建不如租赁

购买设备，招聘员工，这是投资者的项目上马后相继要做的事情，但投资不一定都要从头开始。经济发展到一定阶段，有许多投资项目可以利用现成的人才、设备、厂房、门面甚至管理机构等，从而缩短投资周期，节省资金。有统计资料表明，对现有项目进行技术经济改造，比完全的新建项目资金消耗要减少 1/3，原材料和时间消耗要节约 1/2。实现这种效果的有效投资方式就是租赁，可通过向技术、设备、建筑物等经济资源的所有者交付一定的租金，从而取得这些资源的使用权和经营管理权。"创业模式比高技术更重要，因为前者是企业能够立足的先决条件。"不管这种观点是否准确和完整，一个不争的事实是，企业必须选择一个适合自己的、有效的和成功的商业模式，并且随着客观情况的不断变化加以创新，才能获得持续的竞争力，从而保证企业的生存与发展。

第二节　创业方式选择

创业者决定创业之前，需要考虑采取何种创业方式：是独创，还是合伙，或是收购（包括特许经营）。为此，要将自己的经营能力、可动用的经营性资源与可能的创业方式做一番慎重评估，才能最后做出决定。

一、独创企业

独创是指创业者独立创办自己的企业。在现代社会，随着技术进步的加快和技术周期的缩短，在一个人的有生之年，完全有可能经历"从理论研究到应用研究，再到研究开发和创建企业"这一技术创新成果商业化的全过程。因此，个人独立创业也逐渐成为一种普遍现象。

（一）独创企业的优点

独创企业的优点在于产权是创业者个人独有的，相对独立，而且产权清晰，不会与其他个人或团体产生产权上的纠纷；企业由创业者自由掌控，创业者可按自己的思路来经营和发展自己的企业，可以最大限度地发挥个人的智慧与才能；企业利润归创业者独有，无须担心他人分享；同时也不存在其他所有者，无须迎合其他持股者的利益要求和其对企业经营的干预。这都是其有利的方面。

（二）独创企业的缺点

独创企业也存在着不利的一面，主要表现在：

1.创业者需要独自承担风险

虽然创业者个人的利益是独立的，但其风险也是独立的，创业者需要独立承担创业中的任何风险，这在激烈竞争的市场环境中，往往是极其危险的。

2.探索性极强

由于没有经验可循，独创企业具有很强的探索性，因此对于创业者的创业精神、创业技能以及经营管理水平等都提出了更高的要求。

3. 创业资金筹措比较困难

由于独创企业在法律上不得不采取业主制的组织形式，在企业组织的存续上存在先天性缺陷。因此，在社会信用不发达的今天，这类企业往往很难得到金融机构的信贷支持。

4. 财务压力大

设立和经营企业的一切费用必须由创业者个人独立承担。因此，创业者将面临较大的财务压力。

5. 个人才能的限制

创业者个人的智慧和才能终究是有限的，独创企业设立、运营和发展过程必然会受到个人智慧、才能和关系网络的限制。

6. 缺乏优秀的管理团队

独创企业难以形成优秀的管理团队。一个好汉三个帮，任何具有较强创新与创业精神的员工都不会心甘情愿地长期服务于这样的企业。且由于高层员工不是企业的股东，他们极易与创业者离心离德。

基于以上关于独创企业的分析，当个人要独创一个企业时，往往需要回答以下问题。

审视自己：你的智慧、才能、理性、资源、社会联系、财务能力和风险能力能否足够支撑你独创企业。

审视他人：假若对上面第一个问题的回答是"不能"，你真的不需要一个创业团队吗？或者你真的不能容忍"合伙创业"，不能容忍邀请其他人与你合伙创业或者是你加入他人的创业团队吗？

审视环境：即当时的社会环境、政策环境是否有利于你独立创业。如改革开放之初，不少个体民营企业千方百计想挂一个集体企业的牌子，原因就在于当时的社会环境还不利于个人独创企业，个体企业的利益往往会受到社会多方面的侵害。

二、合伙企业

合伙企业是指加入他人现有企业或与他人共同创办企业。创业者需仔细考虑采用这种方式发展企业的可行性，分析有助于成功的因素，解决好合伙的具体问题。

合伙企业与独创企业相比，有以下几个优势：

共担风险。由于合伙企业存在至少两个或两个以上的创业者，在风险承担方面可以共同分担，在遇到困难时可以一起克服。

融资较易。在合伙企业中吸纳具有融资优势的个人加入，可以减弱甚至克服个人独创企业融资难的问题。

优势互补。由于合伙企业的创业者为两人或更多，创业者的智慧、才能以及资源可以互补。只要团队结构合理、协调合作，即可以形成一定的团队优势。

合伙企业也存在一些问题，主要表现在：

（一）产权关系不明晰，关系难处

在我国有关创业的法律体系不完善的情况下，合伙企业往往会遇到产权关系不明晰的问题。特别是合伙创业起步之初，往往需要某些无形资产持有者的加入，但无形资产的股份难以合理确认，且当企业发展到一定程度，无形资产提供者在企业中的地位和利益往往会遇到挑战。

（二）易产生利益冲突

合伙意味着数个人的利益交织在一起，团队成员之间的利益关系需要反复磨合，在企业设立、运营、发展中不免会产生这样或那样的利益矛盾。一旦利益关系出现了较大不协调，就可能导致企业存续和运营的危机。

（三）易于出现中途退场者

当团队内部出现了较大的利益矛盾，或是某些团队成员遇到了更好的发展机会，或者某些团队成员已有能力独立创业，以及某些团队成员对创业前景持悲观态度之时，这些成员就可能退出现有的创业团队。一旦有人退出，就可能影响整个合伙创业的进程，以致影响新创企业的发展。

（四）企业内部管理交易费用较高

常言道，人多嘴杂。企业设立、运营和发展都需要集体决策，如果团队内部沟通不好，关系不协调，往往形成大事小事皆议而不决的局面，就会贻误良机。

（五）企业发展目标不统一

由于各合伙人的商业目的不一致，可能导致在企业发展方向方面不统一。

基于上述关于合伙创业的优劣势，当某个人要创立合伙企业时，需要分析、研究并回答以下问题。

审视你对合伙的需求程度：你真的需要加盟某个现有企业吗？你真的需要加盟某个现有企业团队与他人合伙创业吗？合伙企业获得成功，至关重要的是正确评估各个参与方，考虑在以后的合作关系中如何更好地经营新创企业。如果合作者都能够合作愉快，合作就会更有效；否则，合伙企业往往会遇到很大的困难甚至彻底失败。

审视自己：你能够与他人合作共事吗？你对合伙企业经营结果的期望值是否合理？你与团队其他成员有无共同点或共同利益？自己是否可能在某一天退出目前的创业团队？合伙企业中，经常会出现这种现象，即至少有一方合作者将合伙看成是解决企业所有存在问题的灵丹妙药。这显然是不切实际的，对合作方与合作企业的期望一定要务实。

审视合伙成员：有没有难以沟通的成员？有没有某个成员的某一特性或切身利益方面无法与你合作？团队中有没有你难以容忍的成员？会不会出现成员之间的信任危机、利益关系危机？团队未来的关系能否协调？合伙过程中会不会产生大的矛盾？合伙企业中的合作者具有"对称性"。这种对称性是从经营目标、资源能力和性格相容角度而言的，也就是说，合作各方的关系应该是相对平衡的。当一方感到自己付出的更多，或者一方追求利润而另一方为产品寻找出路，或者某一成员性格与其他合伙者格格不入，矛盾很快就会出现。合伙企业要取得成功，合作者必须在企业目标、所能提供资源的水平及性情相容等方面达成一致，并且必须从一开始就建立良好的信任合作关系。

审视合伙的未来趋势：如果环境不断变化，行业条件不断改变，那么生产条件和市场条件也会不断变化。不断加剧的市场竞争会使投资环境变得极端恶劣，从而大大加大投资风险。创业者必须弄清合伙能为企业发展提供机会还是带来不利？在市场前景下，有无可能阻碍其进入某个市场？

三、收购企业

收购是指一家公司用现款、股票、债券或其他资产购买另一家公司的股票或资产以获得对目标公司本身或其资产实际控制权的行为，被收购企业仍然保持其原有的独立法人资格。有这样一种认识误区：将创业简单地理解为一定是要亲手创立一家新企业，并从小做到大。其实，投资收购现成的企业，包括既有企业并购（并购经营成功企业、收购待起死回生企业），购买他人智能（如知识产权的收购、特许经营）等方式或通过管理变革、市场拓展，引入新的商业模式，将经营已经稳定或有一定规模的企业改造成适应新的市场环境所需要的企业，也是一种创业。

客观地看，创业不外乎是培育某种财富生产能力，为自己创造利润，为社会提供福利。因此，投入资金，通过产权交易，直接变他人的财富制造能力为己所有，也不失为创业的可行途径。第二次世界大战以前，世界上主要跨国公司的国外生产性子公司中有 37% 是通过收购而建立的。根据统计资料表明，在美国，通过收购而建立子公司的数量仍呈上升趋势。

在创业史上，收购成功企业之后，经由收购者励精图治、付出更多创业心血、缔造出经营佳绩的，当属美国克洛克先生收购麦当劳兄弟之麦当劳汉堡连锁店成为世界性汉堡王国。购买知识产权投入新产品开发及新商品推销成功的，当属日本 SONY 公司收购西方电气公司晶体管专利。今天，很多创业者通过参加加盟连锁店，借助连锁总公司经营指导、统一采购及其他协助开始创业。收购现有企业的优点是企业已具备基础，所有资源包括商誉、产品、客户、广告促销等已经具备一定的条件，可变因素较易掌控，因此更能节省创业者的时间及开办成本。近年来，国内已经有不少创业者通过收购现有企业，使其扭亏为盈或实现超常发展，在体现自己的价值的同时，迅速完成了创业初期的资金积累，这对于资金少却期望利用现有条件迅速积累资本的人来说，收购现有企业是一个可行的方法。

（一）收购企业的优点

1.迅速进入

新创企业进入市场时总会遇到这样那样的障碍，诸如技术壁垒、规模壁垒、市场分割壁垒、政府许可壁垒等。收购方式最基本的特性就是可以省掉很长的时间，迅速获得现成的管理人员、技术人员和设备。其可以迅速地建立一个产销据点，有利于企业迅速做出反应，抓住市场机会。如果被收购企业是一个盈利企业，收购者可以迅速获得收益，从而大大缩短了投资回收年限。

2.迅速扩大产品种类

收购方式可以迅速增加母公司的产品种类，尤其是原有企业要跨越原有产品范围而实现多元化经营时，如果缺乏有关新产品类型的生产和营销方面的技术和经验的话，采取收购方式显然更为稳妥。

3.选择性大

目前，我国不少行业的生产能力过剩。如在轻工行业，某些产品的生产能力超过市场需求的25%，有些甚至超过100%，其他行业也有相似的情况。这就给购买他人的生产能力提供了较大的选择空间。创业者关键是要在可能的购买对象中做出恰当的选择。

4.利用原有的管理制度、管理人员和技术

采取收购作为直接投资的方式，可以不必重新设计一套适合当地情况的经营管理制度，这样可以避免由于对该领域或该地区的情况缺乏了解而引起的各种问题。收购技术先进的企业可以获得该企业的先进技术、设备和专利权，提高公司的技术水平。

5.采用被收购企业的分销渠道

可以利用被购企业已经成形的市场分销渠道，以及企业同经销商多年往来所建立的信用。

6.获得被购企业的市场份额，减少竞争

市场份额的增加会导致更大规模的生产，从而实现规模经济。企业可以收购竞争对手的企业，然后将它关闭来占据新的市场份额。

7.获得被购企业的商标

收购一些知名的企业往往可利用其商标的知名度，迅速打开市场。

8.廉价购买资产

一种情况是，从事收购的企业比目标企业更知道他所拥有的某项资产的实际价值。例如目标企业可能拥有宝贵的土地或按历史折旧成本已摊提了，可是在账簿上还保有的不动产，它有时低估了这项资产的限期重置价值使得收购者廉价地买下这家企业。另一种情况是，收购不盈利或正在亏损的企业，可以利用对方的困境压低价格。

9.迅速形成自己的财富生产能力，加快进入市场的速度

在新经济时代，要求企业对市场变化、市场竞争有更高的响应速度。如果新建一种财富生产能力，往往要花数月甚至数年的时间，等创业者的生产能力建成了，市场机会早被他人抢走了。而购买他人现有的生产能力，只需进行必要的技术改造，即可迅速提供市场需要的商品，实实在在地抓住某些盈利良机。

（二）收购企业的缺陷

1.价值评估困难

其一是因为，有的目标企业为了逃税漏税而伪造财务报表，有的财务报表存在着各种错误和遗漏，有的目标企业不愿意透露某些关键性的商业机密，加大了评估难度；其二是对收购后企业的销售潜力和远期利润的估计困难较大；其三，企业的资产还包括商誉等无形资产，这些无形资产的价值却不像物质资

产的价值那样可以较为容易地用数字表示。

2. 失败率高

失败有很多原因，一个重要的原因是被收购企业的原有管理制度不适合收购者的要求。如果原有的管理制度好，收购企业可以坐享其成，无须很大的改变；若原有的管理制度不适合要求，收购后对其进行改造时问题就出现了，习惯原有经营管理方式的管理人员和职工往往对外来的管理方式加以抵制。母公司在被收购企业内推行新的管理和控制体系常常是一个困难而又缓慢的过程。另外企业虽然可以通过收购方式获取市场份额和产品技术，但如对被收购企业的产品种类过于缺乏经验，可能无法进行有效的管理，这也会导致收购的失败。

3. 现有企业往往同它的客户、供给者和员工有某些已有的契约关系或传统关系

现有企业可能同某些老客户具有长期的特殊关系，该企业被收购后，如果结束这些关系可能在公共关系上代价很大，然而继续维持这些关系又可能被其他客户认为是差别待遇，与供给者之间也可能会碰到类似的情况。

4. 转换成本

一般而言，收购对方的生产能力后，总要对所购入的生产能力进行某些技术改造，这就涉及所谓转换成本问题，包括技术改造成本、原有某些设备提前报废的损失、原有人员进入新岗位的培训费用等。这是购买现有企业生产能力时不得不考虑的问题。

5. 选择收购对象是个难点

一般而论，要恰当地选择目标企业，进而决策购买，不是一件容易的事情。通常在选择购买对象时，创业者应该考虑：目标企业目前的市场地位、未来的市场地位；目标企业目前的技术能力、技术能力的成长性；目标企业的负债状况；目标企业目前的经营业绩；目标企业要求的出资方式及其方便性；并购后技术改造需要的增量投资；企业原有员工的安置，以及可能随之增加的企业社会负担等。

6.原有企业的包袱会随之而入

我国目前正处于经济制度转轨时期，计划经济时期遗留的企业办社会问题仍困扰着企业，政府从稳定社会的角度出发，往往也显得无可奈何，这样，创业者如果收购某个企业，常常也不得不随之收购进现有企业原本承担的某些社会义务。收购也可能导致人力资源管理上的麻烦。现有企业被收购以后，由于企业的整顿往往会产生大量的剩余人员，对这些人员的安置和报酬的支付，在企业的经济效益上或在道义和法律上都会碰到麻烦。

（三）收购评估的重点

一般而论，成功收购一个企业，必须经过这样几步：确认目标，考察与价值评估以及交易谈判。在收购创业前，关键是要对被收购的企业进行认真的考察与价值评估，包括：

1. 对被收购企业的体制做一番彻底调查与分析。

2. 考虑收购者自身经营实力能否经营自如。例如，对被收购企业之所属产业是否有足够认识，整顿企业应达到的具体指示是否充分、恰当，是否具有通才和管理技能。

3. 对企业长期发展的预测及精密的收益成本分析。

4. 对被收购企业权利义务、债权债务是否清楚。

对被收购的企业的价值评估应当以公允的市场价值为基础，大致分为三种途径。

一是成本途径，从重置成本构成的角度来评估企业价值可以说是这一途径的思路。成本法是指在评估一个企业价值时，把这个企业的全部资产按评估时的现时重置资本扣减各项损耗来计算企业价值的方法。实际上就是在资产清查和审计的基础上将企业整体资产化整为零，以单项资产的评估为起点，对各项有形资产、无形资产分别根据各自的特点和使用状况，用重置资本减去贬值来确定各组成要素资产的个别价值，最后将全部资产进行加和。二是市场途径，在收购兼并中的应用是识别、分析与被评估企业同行业公司买卖、收购和合并的情况，并据此计算出合适的指标。三是收益途径，对企业预计的未来收益进行折现以得出现值，要考察预期净收益和税后现金流量，折现率包含当时市场要求的收益率及与该企业或资产相关联的风险系数。成本途径考察的是企业的历史，市场途径考虑的是企业的现状，而收益途径关注的是企业的未来。资产评估时至少运用以上的两种评估方法，并对结果进行权衡和调节，最终得出一个评估价值。在考察、评估后，创业者还需要慎重回答以下几个问题：

收购的必要性。即与独创、合伙创业相比，作为创业者，真的需要收购某个既有企业吗？收购的得失、利弊有哪些？

收购后改造目标企业的可能性。一般情况下，同意被创业者收购的企业往往都存在着较为严重的问题和困难。特别是一些企业创新能力差、生产技术落后、整体技术能力提升速度大大落后于社会技术进步的步伐。这就涉及对企业进行技术改造是否可行、是否具有经济价值的问题。如果收购后基本上要重起炉灶另开张，那还不如自己新建一个企业。

扭转现有企业低回报的能力。现实中，被收购的企业往往只有很低的收益水平与规模，这就需要创业者去扭转企业的低回报状态。由此，也要求创业者考虑自己是否有能力扭转该企业目前的业绩状态。

管理现有企业的经验。在新创一个企业的过程中，创业者可以逐步积累管理和运行企业的经验。但一下子买进一个企业，创业者受其知识、经验、能力的限制，往往无力管理这个企业，甚至使一个原本较好企业的经营状况变坏，使一个原本较差企业的经营状况雪上加霜。因此，在购买某个企业之前，创业者一定要问问自己：我有管理和运营这个企业的能力和经验吗？时间允许我去积累管理、经营这个企业的经验吗？

对方有无隐形债务。显然，即使对方要价很低，创业者也需要好好考察对方的债务状况，以免背上一堆不明债务。天下没有免费的午餐，虽然通过收购企业进行扩张有很多优点，但是收购企业也有不利之处，创业者在收购中也可能陷入一些误区。例如：负债高、资金缺乏、商誉不佳、设备陈旧、商品无销售利润等，这些都是可能发生并影响整个企业运作的问题。因此，创业者必须在收购现有企业之前，彻底了解以上的负面因素，仔细评估，才不会导致全盘皆输的局面。此外，也可以通过选择性地收购现有企业的某一部分，如客户名单、商誉，而不收购其陈旧设备、机器或库存产品等，以减少资金负担和规避风险。很多学有专长的经营者都喜欢收购体制不良、但有发展潜力的企业，在既有经营基础上，经营者经由彻底的企业诊断，通盘寻找企业经营缺失以对症下药，进而对企业经营做系统的、持续性的整体改善，从而使企业起死回生，再造辉煌业绩。当事业有成之日，创业者可以继续经营，也可高价出售而功成身退，静享创业成果。

第三节　创业资源整合

成功的创业者大多都是资源整合的高手，创造性地整合资源是他们成功的原因之一。在知识经济时代、经济全球化的今天，资源整合不仅是创业者的专利，企业经理人甚至每个人职业生涯发展都需要注重资源整合。

一、创业资源整合的意义

哈佛商学院教授斯蒂文森强调，创业是不拘泥于当前资源条件的限制下对机会的追寻，将不同的资源组合以利用和开发机会并创造价值的过程。他认为，创业者在企业成长的各个阶段都会力争用尽可能少的资源来推进企业的发展。他们需要的不是拥有资源，而是控制这些资源。因此，在创业的视角下，要求创业者具备独特的整合能力，运用少量资源，控制更多资源，创造更大价值。

资源是人类开展任何活动所需要具备的前提，要把握创业机会，同样必须具备相应的资源条件。创业活动往往是在资源不足的情况下把握商业机会，这就需要创业者必须创造性地整合资源。人们经常用"白手起家"来描述创业者敢于冒风险、艰苦奋斗、坚强的意志等品质。资源匮乏、难以融资、人才不足等，对创业者来说经常是普遍现象。当初蒙牛创业初期，显性的资源几乎是一无所有，也就是资金、奶源、厂房、销售渠道一无所有，后来牛根生和他的团队利用自己在伊利创建的人脉资源、信誉资源以及内部团队的智力资源，通过这些隐性资源，把各种显性资源一一整合起来，到了 2009 年初，蒙牛就实现增长 575 倍。

牛根生说："蒙牛企业文化中有四个 98%，资源的 98% 是整合，品牌的 98% 是文化，经营的 98% 是人性，矛盾的 98% 是误会。"在这里，第一个 98% 就是资源整合，可见在牛根生眼中，资源整合之重要。

纵观中国和世界著名成功企业家，无一不是资源整合高手。海尔的张瑞敏认为："企业最重要的是利用多少科技资源，而不是拥有多少科技资源，企业要具备整合各种科技资源为自己所用的能力，整合力即竞争力。"可见，创业资源的整合极为重要。下面是一个创业资源成功整合的实例。

国际商场是天津市第一家上市公司，20 世纪 80 年代初期开业，定位于引进国外最好的商品，让改革开放初期急于了解国外又无法出国的人了解国外，准确且新颖的定位使国际商场开业后很红火。国际商场邻近南京路，这是一条十分繁忙的主干道，道路对面就是滨江道繁华的商业街。在国际商场刚开业时，门口并没有过街天桥，行人穿越南京路很不方便也不安全。应该修建天桥，这是很正常的事情，估计经过那里的人都会很自然地想到这一问题。但是，估计绝大多数有这样认识的人会觉得这个天桥应该由政府来修建，所以想想、发发牢骚也就过去了。有一天，一位年轻人产生了不同的想法，他没有认为这是政府该干的事情，而是立即找政府商量，提出自己出钱修建过街天桥，而且还不说是自己建的，希望政府批准，前提是在修建好的天桥上挂广告牌。不花钱还让老百姓高兴，再说天桥也不注明谁出资修建，政府觉得不错，就同意了。这个年轻人拿到政府的批文，从政府出来后立即找可口可乐这些著名的大公司，洽谈广告业务，在这么繁华的街道上立广告牌，当然是件好事情。就这样，这位年轻人从大公司那里拿到了广告的定金，用这笔钱修建了天桥还略有剩余。天桥修建好了，广告也挂上了，年轻人从大公司那里拿到余款，这就是他创业的第一桶金。

二、创业资源整合的原则

（一）尽可能多地发现和确定可供整合的资源提供者

要整合资源，就要找到可以提供整合资源的对象。对此，一种办法是找到少数的拥有丰富资源的潜在资源提供者，如政府、大公司等，这方面创业者往往没有优势；另一种办法是尽量多地找潜在的资源提供者。如修天桥的小伙子找到了政府、愿意做广告的大公司等。

（二）分析并寻找到潜在资源提供者共同利益所在

商业活动强调利益，要做到资源整合，需要认真分析潜在资源提供者各自关心的利益所在。在修天桥的故事中，小伙子想赚钱，政府希望有政绩，大公司想在黄金地段做广告。表面上看，各自的目的不同，利益诉求也不同，但存在联系。一旦不同诉求的组织或个人之间存在共同利益，或建立起紧密的利益联系，就成为利益相关者。

（三）让对方先赢自己再赢的整合机制

资源能够整合到一起，需要合作，合作需要双赢甚至是共赢。合作总要有一个开始，在没有合作基础的前提下，一开始就双赢不容易。上述例子成功的关键在于主人公想到的是让对方先赢，以此换取对方的信任。修天桥的小伙子就明确告诉政府，自己出钱修天桥还不标明是自己建的，政府不花钱还让老百姓高兴，当然是件好事；有人主动为世界级著名企业在大都市繁华的街道上立广告牌，为大公司做广告，这当然也是件好事。这让我们想起老洛克菲勒的一句名言，建立在商业基础上的友谊永远比建立在友谊基础上的商业更重要。经济全球化的重要特征是资源的全球性流动，资源整合可以突破空间、组织和制度等方面的限制，从而在更加广阔的范围内开展，这也是创业活动活跃的重要原因。要成功地整合资源，创业者必须要有创新的思维，要兼顾各方面利益相关者的利益，达到多赢、共赢的境界。

（四）强化沟通

沟通很重要。不管是修天桥的小伙子还是其他成功的创业者，具有较强的沟通能力都是创业者成功整合资源的关键因素。有两个数字可以很直观地反映沟通的重要性，就是两个 70%。第一个 70%，是指创业者实际上 70% 的时间用在沟通上。开会、谈判、协商、拜见投资者或约见客户等是最常见的沟通形式，撰写计划书和各类文字材料实际上是一种书面沟通的方式，对外各种拜访、联络也都是沟通的表现形式，管理者大约有 70% 的时间花在此类沟通上。第二个 70%，是指企业中 70% 的问题是由于沟通障碍引起的。比如，创业企业常见的效率低下的问题，往往是由于缺乏沟通或不懂得沟通所引起的。另外，企业里执行力差、领导力不强的问题，归根到底，都与沟通能力的欠缺有关。人与人之间最宝贵的是真诚、信任和尊重，其桥梁就是沟通。创业企业的资源整合，在很大程度上就是通过企业与外部和企业内部间的沟通来实现的。其与外部的沟通，主要包括与投资者、银行、政府部门、媒体、业界、客户、供应商等，主要目的是通过沟通建立联系，获得信任，与对方达成共识，争取对方的支持或帮助，取得一个双赢的结果；在企业内部，通过有效的沟通，凝聚了员工人心，降低了内部冲突，提升了整个企业的效率和业绩。

三、创业资源整合方式

就资源整合方式而言，必须懂得正确的整合方式和手段，随着社会进步，那些流传多年的以交易、拉拢、贿赂为手段的整合方式，必将逐渐退出历史舞台。本章我们主要从非物质资源的角度，包括人脉资源、信息资源、技术资源、行业资源和政府资源五方面探讨创业资源的整合方式。

（一）人脉资源整合

在个人创业过程中，人脉资源可谓是第一资源。人脉是一个人通往财富与成功的入场券，有了各种良好的人脉关系，便可以方便地找到投资、找到技术与产品、找到渠道等各种创业机会，整合人脉资源是创业成功的基本条件。美国成功学大师卡耐基经过长期研究得出结论："专业知识在一个人成功的作用中只占 15%，而其余的 85% 则取决人际关系。斯坦福研究中心曾经发表一份调查报告指出，一个人赚的钱，12.5% 来自知识，87.5% 来自关系。"由此可见，人脉资源在一个人的成就里扮演着何等重要的角色。

1. 人脉资源的类型

人脉资源根据重要性程度可以分为核心层人脉资源、紧密层人脉资源、松散备用层人脉资源。

核心层人脉资源是指对职业和事业生涯能起到核心、关键、决定作用的人脉资源。例如，一个营销部门经理的核心层人脉资源，可能是他的顶头上司、公司老板、关键同事和下属、对公司业务和自身业绩有重大影响的重要客户，以及其他可能影响其职业与事业发展的重要人物。

紧密层人脉资源指在核心层人脉资源基础上的适当扩张。同样对这个营销经理而言，紧密层人脉资源包括公司董事会成员、其他领导、其他部门领导、一般下属、次重点客户，以及对自己有影响的老师、同学与朋友等。

松散备用层人脉资源指根据自己的职业与事业生涯规划，在将来可能对自己有重大或一定影响的人脉资源。比如公司未来可能的接班人选、有发展潜力的同事、客户、同学、朋友等。

2. 人脉资源整合的要点

人脉资源结构要科学合理。不少创业者人脉资源结构太单一，导致人脉资源的质量不高。例如，有人只重视公司内部的人脉资源，而忽略公司外部的人脉资源，造成圈子狭窄、信息闭塞、坐井观天；有的人只重视眼前的人脉资源，而忽视未来的人脉资源，结果随着事业的发展和环境的变化，造成关键时刻人脉资源的缺位断档。

注意长期投资性和关联性。长期投资性是指平时要注意人脉资源的积累，因而你必须从现在开始建立联系，人脉资源的形成需要很多时间和精力，这本身就是一种投资。而人脉资源是可以通过合作、交流、关心、帮助、友情、亲情等进行维护，并会不断巩固，同时在维护中可以不断地发展新的人脉关系。关联性是指借用朋友的朋友或他人的介绍拓展你的人脉资源。你的朋友可能帮不了你，但是你朋友的朋友或许可以帮你，千万不要有人脉的"近视症"和"功利症"。

兼顾事业和生活。不能只顾职业的发展、事业的成功，而忽视生活的丰富多彩和应急需要。比如，有些人尽管在创业者创业事业的发展上起不到什么作用，但他们却可能是你在日常生活、强身健体甚至是柴米油盐等生活诸事上的好帮手，一样不能忽略他们。

重视心智方面的需要。在日常工作、生活中，要注意结交一些专家、学者、实战高手和智者，定期与他们交流，将会使你开阔眼界、受益匪浅。

3. 人脉资源整合的途径

创业者人脉资源的整合是重中之重。人脉资源的整合在某种程度上来说就是做人，做一个让他人快乐同时也让自己获益的人。需要注意的是，人脉资源的整合一定要整合健康的人脉资源，以自身的人格魅力来积聚，酒肉、投机、贿赂、侥幸得来的不会长久，为此创业者自身的素质、人格、品质需要不断提升。

参与社团活动，扩张人脉链条。参与各类社团活动来经营人际关系十分有效。平时如果太主动亲近陌生人，由于人的防卫心理，很容易遭拒。但是，在参加各类社团活动时，人与人之间的交往会在"自然"的情况下变得相当顺畅。因为人与人的交往互动最好在非强求、无所求的情况下发生，这样有助于建立情感和信任。如果你参加了某个社团，最好能谋到一个组织者或能为大家服务的机会就更好了，在为他人服务的过程中，自然就增加了与他人联系、交流、了解的机会和时间，你的人脉之路就得以不断延伸。

参加培训，搭建人脉平台。参加培训对于创业者有三大好处：一是走出去方知天外有天、人外有人，才能结交到"高手"；二是"学而知不足"，经常充电、深造才知道自己才疏学浅、孤陋寡闻；三是借此机会拓展人脉资源，搭建平台，扩大"圈子"。近年来，长江商学院、中欧国际工商学院、清华大学、北京大学、复旦大学的 MBA、EMBA、总裁研修班如雨后春笋、遍地开花，无论学费多么昂贵，那些总裁们还是趋之若鹜地报名学习。当然，在培训课程中的确能够学习到一些经典的商业案例。但是，总裁们真正看重的其实是里面的"人脉"。他们并不在乎老师是谁，反之则更为注重同学有谁，他们所渴望并营造的是一种氛围，一种充分交流和交际的空间。通俗点说，就是"圈子"。

了解人脉，满足需求。人脉资源整合需要合作，合作需要双赢或共赢，而且往往是要让对方先赢。为此，首先你需要了解人脉对象的基本情况，比如家庭环境、收入状况、学历教育背景、兴趣爱好、价值观、事业目标、工作生活习惯、性格特点等方面细节，必要的话可以在备忘录或数据库中记录；其次，了解人脉对象目前工作生活中的最大需求是什么，最看重什么，看看自己能为对方做些什么或提供什么建议参考；最后，即便人脉对象的需求千差万别，但有些基本需求是相通的，那就是被赞美、被尊重、被关心、被肯定、被理解、被帮助等。由此根据自身的条件和可能，采取适当的行为满足人脉对象的需求，对方自然获得一种满足感，感受到你对他的重视和他对你的重要，你也就获得了对方的信任和人脉忠诚。

日积月累，细心呵护。人脉网络需要长期的积累、精心培育、细心呵护。"人脉用时方恨少"，因此，平时就应该将人脉资源经营管理纳入创业者长期的事业规划中，逐步培养积累。比如，根据不同层次的人脉资源分类，确定相应的联系、拜访、聚会的频次；节假日或对方特殊重要的日子，不妨打一个问候的电话、发一条祝福的短信，或寄上一张精美的贺卡、小礼品等。人脉资源是创业必不可少的关键元素，创业者整合人脉资源能力的大小基本上决定了创业的成败。你能整合到大量的人脉资源就可以吸引到人才、资本、技术等等，创业就会变得很容易、很快乐。快乐整合人脉资源，快乐创业，快乐分享。

（二）信息资源整合

从工业化时代走向信息时代，随着信息技术的发展，信息与日常生活、工作越来越密不可分，最直接的体现就是信息爆炸，大量的、各类信息充斥在我们周围，如何整合信息成为一大挑战。因为现在信息太多太杂了，创业者如何在最有效的时间内获得最有效的内外部信息，抓住成功创业的机遇事实上很难。信息资源与人力、物力、财力以及自然资源一样，都是创业企业的重要资源，因此，应该像管理整合其他资源那样管理整合信息资源。对创业者而言，了解分析包括竞争对手、政府、行业、合作伙伴、客户等在内的周边环境的变化信息，才能做到"知己知彼，百战不殆"，才能做到"有的放矢"，集中精力、财力、人力抓住转瞬即逝的成功机遇。

（三）技术资源整合

最关键的创业核心竞争力是什么？技术。因为它决定了所需创业资本的大小、创业产品的市场竞争力和获利能力。美国的微软公司和苹果公司，最初创业资本都不过几千美元，创业人员也只有几人，它们之所以能走向成功，就是因为它们拥有独特的创业技术。所以，创业企业成功的关键是首先寻找到成功的创业技术。

（四）行业资源整合

整合行业资源，了解掌握该行业各种关系网，比如业内竞争对手、供货商、经销商、客户、行业管理部门等。所以，创业的一个成功类型，就是做自己熟悉的行业，熟悉本行业企业运营、熟悉竞争对手。但行业资源不仅仅只有这些，科研机构、行业协会、行业杂志、行业展会、业内研讨会、专业书籍等资源都需要创业者平时加以关注，发掘其价值为企业长大服务。此外，很多小企业长不大，追根究底，是一次又一次地放弃了合作的机会，个人或少数人的单打独斗，是无法在现代市场中取胜的。

（五）政府资源整合

掌握并充分整合创业的政府资源、享受政府扶持政策，可使你的创业少走许多弯路，达到事半功倍之效。目前政府的创业扶持政策主要包括财政扶持政策、融资政策、税收政策、科技政策、产业政策、中介服务政策、创业扶持政策、对外经济技术合作与交流政策、政府采购政策、人才政策等。整合政府资源的方式途径：一是上政府官网查询。现在政府只要发布政策就组织其上网，并印发政府公报。你要注意定期到政府公共服务网上浏览检索，看看是否有新政策出台或者是否有项目申报通知。二是委托政策服务公司提供政策咨询。政策服务公司比较关注政策变化，与政府有关部门关系密切，不仅了解政策，也知道如何帮助你享受政策。寻求政策服务公司的帮助，需要支付一定的中介费，但对你来讲还是很合算的。三是注意与有关部门保持密切的沟通。每一家企业都要与一些政府部门打交道，你也不例外，要注意配合你经常打交道的政府部门的工作，并注意定期向这些部门咨询政策。与政府部门保持密切的关系，你可以用足用好政府政策，寻求更快的发展。四是条件允许的话，可指定专人负责有关政策信息的收集。你要让每位员工了解并注意收集与其工作有关的政策信息，及时跟踪政策的变化。特别是在有疑问时，一定要咨询清楚，并及时解决，千万不要把今天的问题留到明天。

第四节　创业融资

融资，也称资本的融通，是指为支付超过现金的购货款而采取的货币交易手段或为取得资产而集资所采取的货币手段，有广义与狭义之分。广义的融资指资本在持有人之间的活动，以余补缺的一种经济行为。它是资本双向互动过程，不仅包括资本的融入，也包括资本的融出，即它不仅包括资本的来源，也包括资本的运用。狭义的融资主要是指资本的融入，也就是通常所说的资本来源。其具体是指公司从自身生产经营现状及资本运用情况出发，根据公司未来经营策略与发展需要，经过科学的预测和决策，通过一定渠道，采用一定的方式，利用内部积累或向公司的投资者或债权人筹集资本，组织资本供应，保证公司生产经营需要的一种经济行为。

任何公司的生产经营活动都需要资金的支撑。对于新公司来说，无论是进行产品研发还是产品的生产和销售，都需要大量的资金投入，如何有效融集资金是创业者极为关注的问题之一。创业者通过合理选择融资渠道和融资方式，可能降低资金成本，将创业公司的财务风险控制在一定范围之间；通过对公司不同发展阶段融资需求特点的分析，有利于创业者做出科学的融资决策，使创业公司实现可持续发展。

一、创业融资困难的原因

创业融资难的主要原因是新创新公司的不确定性大、信息不对称以及资本市场欠发达等。

（一）新创公司的不确定性大

首先，商业机会本身具有不确定性。创业者的创业机会不可避免地会受到外界环境的影响，当外界环境发生变化时，机会也会相应丧失。对于创业活动本身而言，由于创业项目尚未实施，或刚开始实施，创业项目受到外界的影响相对于既有公司来说更大，其市场前景不够明朗。

其次，新创公司的利润具有不确定性。多数创业者创业经验缺乏，导致其应对内外部环境变化的能力不足，公司盈利的稳定性较差。

再次，新创公司的寿命具有不确定性。在中国，中小公司的寿命往往很短，据统计，我国新创公司的失败率在70%左右。国外有学者估计，新创公司在2年、4年、6年内的消失率分别为34%、50%和60%。

与此同时，与既有公司相比，新创公司在融资方面还有明显的劣势。公司创办初期一般来说规模较小，固定资产等有形资产的价值偏低，有效的可供抵押的资产较少；加上新创公司的融资规模较小，使得投资方的融资成本较高，这不但表现在事前的资料调查和可行性分析过程中，而且表现在事后对投资方资金的管理过程中。因为无论多大规模的投资，对于投资方来说必经的例行调查和事后的管理工作都不会较少，故当融资规模较小时，使得投资者对于投入到公司的资金的安全性的判断较为困难，从而限制了公司的资金筹集。

（二）新创公司和资金提供者之间信息不对称

信息不对称是经济生活中普遍存在的现象。创业融资中信息不对称表现为创业者对自身能力、产品或服务、公司的创新能力和市场前景等的了解多于投资者，从而处于信息的优势，投资者则处于信息的劣势。

首先，创业者倾向于对创业信息进行保密。创业者在融资时，往往倾向于保护自己的商业机密及其开发方法，特别是进入门槛低的行业的创业者更是如此。由此，创业者对公司信息的隐藏会增加投资者对信息甄别的时间和成本，从而影响其投资决策。

其次，新创公司的经验和财务信息具有非公开性。新创公司或者处于筹建期，或者开办的时间较短，缺乏或只有较少的经营记录，公司规模一般较小，经营活动的透明度较差，财务信息具有非公开性，使得潜在的投资者很难了解和把握创业者和新创公司的相关信息。

再次，高素质的投资者群体尚未形成。由于中国市场经济发展的时间较短，普通大众的投资理念比较保守，尚未形成一个相对成熟的投资者群体，潜在投资者对行业认识、直觉和经验等也相对缺乏，使得其在选择投资项目时更为谨慎。创业者、新创公司和投资者群体之间的信息不对称，会导致创业融资时的道德风险和逆向选择。

（三）资本市场欠发达

中国真正意义的资本市场是以 20 世纪 90 年代沪、深证券交易所的建立为标志的，经过 20 多年的发展已经成为国家经济调控和公司融资的重要场所。但与发达国家相比，中国的资本市场仍然不够完善，缺少擅长从事中小公司融资的金融机构和针对新创公司特点的融资产品，对公司上市的要求较高，产权交易市场不够发达，致使新创公司的融资受到一定限制。

二、创业融资的方式

"巧妇难为无米之炊"，对新创公司的大学生创业而言，对融资方式的了解与认识比任何时候都更加紧张、更加深刻。对大学生创业者而言，对融资方式的考察应着眼于债务融资与股权融资的比较、内部融资与外部融资的差异上。

（一）股权融资与债务融资

公司的全部资本，按属性不同可以分为股权资本和债权资本两种类型。这是由公司资本的所有权决定的。正确认识这两类资本的内容和属性，有利于安排它们之间的比例关系。

所谓债务融资是指利用涉及利息偿付的金融工具来筹措资金的融资方法，通常也就是贷款，其偿付性只是间接地与公司的销售收入和利润相联系。典型的债务融资一般都需要以某种资产做抵押，也就是通常所说的抵押贷款。

债务融资要求创业者不仅要归还借到的全部资金，而且还要按事前约定的利率支付利息，有时债务融资还附有资金的使用或使用条件的限制。债务融资从时间期限划分还可以分为短期融资与长期融资，创业公司的短期融资往往充当流动资金，而长期融资往往用于购买固定资产。债务融资令创业者持有公司较多的股份，从而在股份权益上获得更大的回报，特别是利率低迷时更是如此。

股权融资无须资产抵押，它赋予投资者在公司中某种形式的股东地位。投资者分享公司的利润，并按照预先约定的方式获得资产的分配权。与债务融资相比，股权融资筹措资金具有永久性、无到期与归还性以及无固定股利负担等特点，是公司筹措资金，保障经营现金的重要手段。但因为它牵涉公司最核心的所有权问题，创业者应灵活运用与慎重考虑。

（二）内部融资和外部融资

公司应在充分利用了内部融资之后，再考虑外部融资问题。内部融资是指在公司内部通过留用利润而形成的资本来源。内部融资是在公司内部"自然地"形成的，因此被称为"自动化的资本来源"，一般无须花费筹资费用。对于新创公司而言，内部筹资主要来源于创业者自己的积累。对于一个新创公司，启用阶段的利润一般都全部再投资到公司经营中去，创业者很少指望在初期岁月里得到回报。常见的内部融资来源可以是利润、存货抵押、资产出售甚至延期的应付款等。

资金的另一个来源就是公司外部融资。外部融资是指公司在内部融资不能满足需要时，向公司外部筹资而形成的资本来源。处于初创期的公司，内部融资的可能性是有限的；处于成长期的公司，内部筹资往往难以满足需求。因此，公司就需要开展外部融资，需要花费筹资费用。常见的外部融资渠道来源有吸收投资者投入资金、亲友投入资金、银行借贷、政府资助、私募以及上市等，而对外部融资渠道的评估可以从资金可用的时间长短、资金成本以及公司控制权的丧失程度三个要素展开。

三、创业融资的过程

一般来说，创业融资过程包括融资前的准备、资本需求量测算、创业计划编写、融资来源确定及融资谈判等以下五个方面的内容。

（一）做好融资前的准备

尽管新创公司融资较为困难，但创业融资却是新创公司顺利成长的关键。因此，创业者一定要在融资之前做好充分的准备工作：对融资过程有一定了解，建立和经营个人信用，积累自己的人脉资源，学习估算创业所需资金的方法，知晓了解融资渠道的途径，熟悉创业计划书的结构和编写策略，提升自己的谈判技巧等，以提高融资成功概率。

积累人脉资源，创业所需融资渠道和创业计划等内容，其他章节都有详细讲到。因此，这里只强调一下个人信用的重要性。

个人信用指的是基于信任、通过一定的协议或契约提供给自然人及其家庭的信用，使得接受信用的个人不用付现就可以获得商品或服务。它不仅包括用作个人或家庭消费用途的信用交易，也包括用作个人投资、创业以及生产经营的信用。个人信用记录包括以下四个方面：

一是个人基本信息，包括姓名、婚姻及家庭成员状况、收入状况、职业、学历等。

二是信用记录，包括信用卡及消费信贷的还款记录，商业银行的个人贷款及偿还记录。

三是社会公共信息记录，包括个人纳税、参与社会保险、通信缴费、公用事业缴费以及个人财产状况及变动等记录。

四是特别记录，包括有可能影响个人信用状况的涉及民事、刑事、行政诉讼和行政处罚的特别记录。

市场经济是一种信用经济，信用对国家、社会、个人都是一种非常重要的资源，信用在创业融资过程中起着重要的作用。无论是从何种渠道筹集资金，投资者都会比较关注创业者个人的信用状况。因此，为保障融资的顺利进行，创业者应尽早建立起良好的个人信用记录，如做一个信用卡的诚信持卡人，同时注意在日常生活中按时缴纳各项费用，遵纪守法，保持良好的个人信用记录。

（二）计算创业所需的资金

世上没有免费的午餐，也没有零成本的资金。创业者必须明白，公司所使用的资金都是具有一定成本的。这并不是说，筹集的资金越少越好，因为任何一家顺利经营的公司都需要基本的周转资金，如果筹集的资金不足以支持公司的日常运转，则公司会面临资金断流，进而导致破产清算；但这也并不意味着筹集的资金越多越好，如上所述，资金都是具有成本的，如果在资金使用过程中不能够创造出高于其成本的收益，则公司会发生亏损。因此，创业者在筹集资金之前，要能够运用科学的方法，准确地计算资金需求量。

（三）编写创业计划书

新创公司对于资金的需求，需要通盘考虑公司创办和发展的方方面面，要对公司有一个全面的筹划。编写创业计划书是一种很好的对未来公司进行规划的方式。在创业计划书中，创业者需要估计未来可能的销售状况、为实现销售需要配备的资源，并进而计算出所需要的资金数额。

（四）确定融资来源

确定了新创公司需要的资金数额之后，创业者需要进一步了解可能的筹集渠道和不同筹集渠道的优缺点，根据筹资机会的大小，以及创业者对公司未来的所有权规划，充分权衡利弊，确定所要采用的融资来源。

（五）展开融资谈判

选定所拟采取的融资渠道之后，创业者即需要与潜在的投资者进行融资谈判。要提高谈判成功的概率，就要求投资者首先对自己的创业项目非常熟悉，充满信心，并对潜在投资者可能提出的问题做出猜想，事先准备相应的答案。另外，其在谈判时，要抓住时机陈述重点，做到条理清晰；如果可能的话，向有经验的人士进行咨询，将会提高谈判成功的概率。

四、创业融资的规划

制定合理的融资策略是从融资需求的评估、融资方案的制定到融资决策的形成的完整过程。

（一）融资需求的评估

融资需求的评估主要解决的是"需要多少钱"的问题。事实上，在公司成立的最初五年中，要确切知道公司到底需要多少资本是不太现实的，因而一些创业者往往是根据同行的经验或主观判断进行资本需求量的最低限额估算。实际上，创业者掌握一些基本的财务知识，将财务报表与创业计划、公司发展战略结合起来，对公司资本需求量进行切实可行的估算还是有可能的。

1.启动资金

启动资金是指用来支付场地（土地和建筑）、办公家具和设备、机器、原材料和商品库存、营业执照和许可证、开业前广告和促销、工资以及水电费和电话费等费用的资金。一般来说，启动资金中占比最大的是固定资产的购置费用。启动资金的计算公式如下：

$$启动资金 = 投资（固有资产）+ 流动资金$$

（1）投资（固有资产）的含义。固有资产是指使用寿命超过一年，且能够在相当长的生产经营期间，为公司的生产经营提供连续服务，单位价值较高的资产。创业公司除了购买必要的生产设备或办公设备外，应尽量少投资以降低经营风险。明智做法是把必要投资降到最低，可以租赁设备以缓解资金压力。首次创业应尽量找一些投资较少的项目起步。当然固定资产可以折旧，即分期打入成本逐步回收。

（2）流动资金的含义。流动资金是指公司用于购买、储存劳动对象（或）商品以及占用在生产过程和流通过程中的那部分周转资金。从其构成要素来看，它包括用于购买原材料等劳动对象（或商品）、支付工资和其他生产费用（或流通费用）的资金。从其具体存在形态来看，它包括分布在储备形态、生产形态、产成品（或商品）形态和货币形态上的资金。

对于小微公司而言，一般要考虑准备三个月的资金以供日常运转。

2.投资（固有资产）的预测

在开办公司之前，创业者有必要预测需要多少投资，这笔投资可能要几年后才能收回。固有资产投资主要用于以下几个方面：

（1）项目本身的费用。这是指付给所选定项目的直接费用。例如，对所选项目投入前的市场调研费用，接受面授或者函授某一技术的培训费用、技术资料费用，购买某种机器设备的费用，某一个项目的加盟费用等。如果创业者要到项目出让方处考察，还需要计算差旅费用。

（2）公司用地和建筑投资。创办公司需要场所和建筑，为解决这种需要，创业者可考虑建造新建筑，购买现成建筑，租赁场地或建筑，或者在住所办公，上述营业场所的投资额度是依次降低的。对创办小微公司来说，稳妥的做法是，最好先在家庭住所开业起步，等公司运行稳定后再考虑租房或买房。但是有的行业是无法选择在家庭住所营业的，那就只好选择租房了。一般租金较低廉的地方是地下车库、仓库、阁楼、城乡接合部等。

（3）设备投资。设备一般是指公司生产经营所需的机器、工具、工作设施、车辆、办公家具等。对于制造行业和某些服务行业公司，最大的投资往往就是设备，所以在制定创业计划时，一定要确定好必须购买的设备名称、类型、数量等。例如开餐饮店，需要购置冰柜、炊具、燃气灶等设备和工具等。

总之，对于有限的创业资金，创业者最好采用租赁方式解决用地和建筑用房问题，而将主要资金用于购置设备。

3. 流动资金的预测

店铺开张后要运转一段时间才能有销售收入。零售商需要先联系供应商进部分货物作为库存。服务公司在开始提供服务之前要先购买材料和产品；零售商和批发商在出售货物之前必须先进货；公司在招揽顾客前必须先花时间和费用进行促销。总之，公司需要流动资金用以购买原材料和成品、进行促销、发放工资、支付租金、缴纳保险等。要准确地预测公司所需的流动资金，需要学会制定现金流量计划。预测流动资金时要考虑以下几个方面。

（1）原材料、配件和成品库存。由于业务经营的需要，公司需要储备一定的原材料、配件和成品库存，预测的库存越多，需要用于采购的流动资金就越大，既然购买存货需要资金，就应该将库存降到最低限度。如果公司在经营过程中允许赊账，资金回收的时间就越长，需要动用流动资金再次充实库存。

（2）促销。新公司开张，需要推广、宣传自己的商品和服务，这些促销都需要流动资金。

（3）工资。公司需要每月给员工支付工资。通过每月工资总额还未达到收支平衡的月数的乘积就可以计算出流动资金。

（4）租金。公司一开始运转就要支付土地和房屋的租金。用于房租的流动资金为月租金额乘以还未达到收支平衡的月数。但要考虑到租房合约中要求起租时租金三个月、六个月或一年一付，这会占用更多的流动资金。

（5）保险。公司自开始运转之日起，就必须付清投保的保险费，这也需要流动资金。公司可以考虑购买财产保险和人身安全的保险，万一发生财产灭失或在送货途中发生交通事故等意外，可以由保险公司赔偿部分损失，降低创业公司的经营风险。

（6）其他费用。公司运转过程中还要支付一些费用，例如电费、文具用品费、交通费等。

4.预估销售收入、销售成本、销售费用、利润

对于新创公司来说，预估销售收入是制定财务计划与预计财务报表的第一步。为此，需要立足于市场研究、行业销售状况以及试销经验，利用购买动机调查、销售人员意见综合、专家咨询、时间序列分析等多种预测技巧，按月估计前五年的销售收入。由于新创公司启动成本较大，对于第一年的全部经营费用都要按月估计，逐笔记录支出。

在完成上述项目的预估后，就可以按月预估出税前利润、税后利润、净利润以及第一年利润表的内容，然后就进入预计财务报表过程。

5.预计财务报表

新创公司可以采用销售百分比法预估财务报表。这一方法的优点是，能够比较便捷地预测出相关项目在销售中所占的比率，预测出相关项目的资本需求量。但是，由于相关项目在销售额中所占比率往往会随市场情况、公司管理等因素发生变化，因此，必须根据实际情况及时调整有关比率，否则会对公司经营造成负面影响。

6.结合公司发展规划预测融资需求量

上述财务指标及报表的预估是创业者必须了解财务知识，即使公司有专门的财务人员，创业者也应该大致掌握这些方法。需要指出的是，融资需求量的确定不是一个简单的财务测算问题，而是将现实与未来综合考虑的决策过程，需要在财务数据的基础上，全面考察公司经营环境、市场状况、创业计划以及内外部资源条件等因素。

（二）融资方案的制定

融资方案的制定是创业者在融资需求量评估基础上对"什么时候需要钱""需要什么样的钱"等问题的系统判断与实施纲略。在融资方案制定过程中，创业者需关注的重要因素有财务生命周期、投资者偏好、融资环境与自有资金的压力三部分。

1. 财务生命周期

从新创公司角度看，新创公司在不同的发展阶段具有不同的资本需求特征。创业者应该充分考虑不同融资方式，合理规划公司的资本结构。根据公司成熟程度，可将新创公司分为以下发展阶段，即种子期、起步期、成长期、成熟期。在每一个发展阶段上，公司的资本需求特征是不同的，因而融资渠道也不同。

第一阶段：种子期。

此时，资本需求量较少，但是对一家处于种子期的公司进行投资，将面临技术风险、市场风险、财务风险以及创业管理团队尚未形成的风险。因此，以盈利为目的资本通常不敢介入。创业者除了依赖个人的积蓄、家庭财产、朋友借贷以及申请国家创业基金以外，只有向风险基金内那些以冒险为目的的"天使资本"求助了。此时对创新公司的投入成为种子资本。

第二阶段：起步期。

此时公司已经注册成立，产品（服务）已经开发出来，处于试销阶段。这一期间经费投入明显增加，其活动主要围绕着以下方面进行：根据试销情况进一步完善产品（服务）、确立市场营销模式、完善管理模式、扩充管理团队、筹集起步资本。在这一阶段，公司面临着市场风险、管理风险以及财务风险，资本需求量增大。创业者可以在前期融资的基础上，吸引"零阶段风险资金"，也可以利用短期租赁方式解决生产经营中的资本不足状况。

第三阶段：成长期。

在这个阶段，公司已经开始有了营业收入，但在成长阶段的前期，收取仍然少于投入，公司仍处于负的现金流量中，现金需求量增大。而在这一阶段，公司并未建立起稳定的市场声誉，因此向银行贷款依然存在困难，仍然需要创业投资机构的帮助。在成长阶段后期，公司通常可以通过银行贷款补充流动资本，但若想公开上市，有时还需要投资银行对其进行美化投资，以完善其资本结构，并协助完善上市前的各种技术准备和业务公关工作。另外，公司也可以通过融资租赁等方式筹集资本。

第四阶段：成熟期。

此时，公司在产品营销、服务以及内部管理结构方面都已经成熟，资本需求量稳定并且筹措较以前任何一个阶段都相对容易。公司可以通过股票融资、债券融资以及银行借款等方式筹集进一步发展扩大的资本。

2.投资者偏好

从投资者角度看，投资商一方面对处于不同发展阶段的创业项目有各自投资偏好，另一方面，对创业项目的行业分布也存在投资偏好的差异性。

从我国创业投资项目的行业分布看，软件、一般IT行业、医药保健、新材料、制造业等是中国创业投资最为集中的5个行业，这些行业一般都具有良好的增长前景，而且也是目前国内外整个产业投资的重点。通信、农业等其他行业的创业投资项目所占比例较小。

从主要行业的创业投资阶段分布看，创业投资对医药保健、生物科技等行业的投资主要集中在种子阶段；而对于软件、计算机硬件、通信和一般信息产业，创业投资主要集中在起步阶段。

总体而言，我国创业投资主要集中在特定行业技术风险、市场风险相对较小的阶段，由此反映出在我国创业投资具有承担风险意识较弱或风险规避意识较强的特点，也印证了创业投资机构"不懂不做，不熟不做"的项目投资理念。这是创业投资机构根据目前我国的市场和政策环境所做出的一种适应性选择。

3.融资环境与自有现金的压力

融资过程中最容易犯的错误是低估了融资所需要的时间。创业者越是急需资金，创业者的谈判筹码就越低。因此，创业者如何做到未雨绸缪是制定成功融资方案的关键因素之一，相关因素主要集中在融资环境与自有现金的压力两方面。

融资环境的变化会对创新或小公司融资市场和融资渠道产生重大的影响，

主要体现在贷款人和投资者高度谨慎的风险防范态度。而自有现金压力对融资方案的影响主要集中在公司现金流的评估上，这也是创业公司外部融资需求与方案制定的核心。针对公司现金流这个因素，如果创业者有一年或一年以上融资过渡时间，创业者的选择权、条件、价格和承诺将大大改善，也就是说，筹资的基本策略是"在不急用钱的时候就开始筹钱"。

（三）融资决策的形成

公司资本结构决策就是要确定最佳资本结构。所谓最佳资本机构是指公司在适度财务风险的条件下，使其预期的综合资本成本率最低，同时使公司价值最大的资本机构。确定公司的最佳资本结构，可以采用资本成本比较法。

五、创业融资的渠道

资金缺乏是大部分大学生创业者创业过程中面临的主要问题。而由于受融资信息、信用能力等多种因素的影响，相当多的大学生创业者的创业资金主要来源于"父母支持""朋友合股"等融资渠道。因此，认识与拓展大学生创业融资渠道是大学生创业活动中现实而且紧迫的要求。

（一）个人资金

个人资金是创业者通过积累、继承而形成的资本。对我国大学生创业者而言，个人资金往往来源于父母的资金支持。与外部资本相比，创业者的自我积累资本具有两个突出优势：一是从公司外部寻找投资者会占用创业者大量的精力、时间，并要花费相应的费用；二是一味地遵循投资者的标准会降低创业者构建新公司时的灵活性，而利用自我积累资本能够使创业者最初的创意得以实施。

尽管有些大学生创业没有动用个人资金就办起了新的风险公司，但这种情况比较少。这不仅因为从资金成本或公司经营控制的角度来说，个人资金成本最为低廉，而且还因为在试图引入外部资金，尤其是获得银行、私人投资者以及创业资本家的资金的时候，必须拥有个人资本。外部资金的供给者通常认为，如果创业者没有投入个人资金，投资者很可能认为创业者对公司经营不会那么尽心尽力。大学生自有资金往往有限，因此对于大学生创业者而言，个人资金的投入水平，关键在于创业者的投入占其全部可用资产的比例，而不在于投入资金的绝对数量。

（二）亲友资金

对于大学生创业活动而言，新创公司早期需要的资金具有高度的不确定性。但由于需求的资金量相对较少，因此，对银行和其他金融机构来说缺乏规模经济性。除了一些特殊情况，机构的权益投资者和贷款人几乎不涉及这一阶段的新创公司。

在这一阶段，对新创公司而言，亲友资金就是常规的资金来源，出于他们与创业者之间的亲情关系，也由于他们易于接触，他们是最可能进行投资的人。尽管从家人或朋友那里获得资金较为容易，但同所有其他资金来源一样，这种融资渠道既有好处，也有如股权稀释、容易给公司贴上家族公司标签、形成特权股东等潜在的缺陷。虽然获得的资金金额较少，但如果这是以权益资金的方式注入，家庭成员或朋友就获得了公司的股东地位，享有相应的权益和特权。这可能会使他们觉得他们对公司经营有直接的投入，从而对雇员、设施或销售收入及利润产生负面的影响。

（三）政府资助

为支持大学生创业，我国各级政府出台了许多优惠政策，涉及融资、开业、税收、创业培训、创业指导等诸多方面。"十一五"期间，浙江省也将积极筹建大学生创业基金，鼓励大学毕业生以其科研成果或专利发明申请创业基金资助大学生创业，加速科研成果产业化，打造一批高科技公司，为浙江省的经济和社会发展增添活力和后劲。同时，浙江省六大高教园区也将开辟出一定土地，设立大学生科技创业园区，作为大学生科技成果的孵化和转化基地，并成立大学生科技创业管理委员会，对校园企业家进行法律、会计、营销等知识和技能培训，提供包括培训、咨询等相关服务。

（四）商业贷款

创业商业贷款是指具有一定生产经营能力或已经从事生产经营活动的个人，因创业或再创业提出资金需求申请，经银行认可有效担保后而发放的一种专项贷款。符合条件的借款人，根据个人状况和偿还能力，最高可获得单笔50万元的贷款；对创业达到一定规模，还可提出更高额度的贷款申请；期限一般为1年，最长不超过3年。为了支持大学生创业，很多地方政府也指定专门银行，从事与再就业配套的小额贷款，条件比正常贷款业务更优惠，部分金融公司推出的对高校毕业生创业贷款业务，可以高校毕业生为借款主体，以其家庭或直系亲属成员的稳定收入或有效资产提供相应的联合担保，对创业贷款给予一定的优惠利率扶持，视贷款风险度不同，在法定贷款利率的基础上可适当下浮或小幅度上浮。

商业贷款的优点是利息支出可以在税前抵扣，融资成本低，运营良好的公司在债务到期时可以续贷；缺点是一般要提供抵押（担保）品，还要有不低于30%的自筹资金，由于要按期还本利息，如果公司经营状况不好，就有可能导致财务危机。

大学生申请创业贷款的途径主要有三种：直接向银行申请贷款、申请科技型中小公司贴息贷款和利用新的技术成果或知识产权、专利权进行担保贷款。但是因为银行在对个人申请贷款方面的审核非常严格，特别是注重申请贷款人的偿还能力，大学生刚刚开始创业时，在银行的贷款审核部门看来几乎不具备偿还能力，所以直接向银行申请贷款较为困难。

（五）天使投资

天使投资是权益资本投资的一种形式，是指富有的个人出资协助具有专门技术或独特概念的原创项目或小型初创公司进行一次性的前期投资。它是风险投资的一种形式，根据天使投资人的投资数量以及对被投资公司可能提供的综合资源而进行投资。

天使投资实际上是风险投资的一种特殊形式，是对于高风险、高收益的初创公司的第一笔投资。一般来说，一个公司从初创到稳定成长期，需要三轮投资，第一轮投资大多是以个人的天使投资作为公司的启动资金；第二轮投资往往会有风险投资机构进入为产品的市场化注入资金；而最后一轮则基本是上市前的融资，来自大型风险投资机构或私募基金。

对此，投资专家有一个比喻：如果对一个学生投资，私募股权投资着眼于大学生，风险投资机构青睐中学生，而天使投资者则培育萌芽阶段的小学生。

通常天使投资对回报的期望值并不是很高，但 10 到 20 倍的回报才足够吸引他们，这是因为，他们决定出手投资时，往往在一个行业同时投资 10 个项目，最终只有一两个项目可能获得成功，只有用这种方式，天使投资人才能分担风险。其特征如下：

第一，天使投资的金额一般较小，而且是一次性投入，它对风险公司的审查也并不严格。它更多的是基于投资人的主观判断或者是由个人的好恶所决定的。通常天使投资是由一个人投资，并且是见好就收，是个体或者小型的商业行为。

第二，很多天使投资人本身是企业家，了解创业者面对的难处。天使投资人是起步公司的最佳融资对象。

第三，他们不一定是百万富翁或高收入人士。天使投资人可能是您的邻居、家庭成员、朋友、公司伙伴、供货商或任何愿意投资公司的人士。

第四，天使投资人不但可以带来资金，同时也带来联系网络。如果他们是知名人士，也可提高公司的信誉。

天使投资往往是一种参与性投资，也被称为增值型投资。投资后，天使投资人往往积极参与被投公司战略决策和战略设计；为被投公司提供咨询服务；帮助被投公司招聘管理人员；协助公关；设计推出渠道和组织公司等。然而，不同的天使投资家对投资后管理的态度不同。一些天使投资及积极参与投资后管理，而另一些天使投资家则不然。

（六）风险投资

风险投资简称 VC，在我国是一个约定俗成的具有特定内涵的概念，其实把它翻译成创业投资更为妥当。广义的风险投资泛指一切具有高风险、高潜在收益的投资；狭义的风险投资是指以高新技术为基础，生产与经营技术密集型产品的投资。根据美国全美风险投资协会的定义，风险投资是由职业金融家投入到新兴的、迅速发展的、具有巨大竞争潜力的公司中的一种权益资本。

风险投资一般采取风险投资基金的方式运作。风险投资基金的法律结构是采取有限合伙的形式，而风险投资公司则作为普通合伙人管理该基金的投资运作，并获得相应的报酬。在美国采取有限合伙制的风险投资基金，可以获得税收上的优惠，政府也通过这种方式鼓励风险投资的发展。

风险投资具有以下特征：

第一，投资对象多为处于创业期的中小型公司，而且多为高新技术公司；

第二，投资期限至少3～5年以上，投资方式一般为股权投资，通常占被投资公司30%左右股权，而不要求控股权，也不需要任何担保或抵押；

第三，投资决策建立在高度专业化和程序化的基础之上；

第四，风险投资人一般积极参与被投资公司的经营管理，提供增值服务；除了种子期融资外，风险投资人一般也对被投资公司以后各发展阶段的融资需求予以满足；

第五，由于投资目的是追求超额回报，当被投资公司增值后，风险投资人会通过上市、收购兼并或其他股权转让方式撤出资本，实现增值。

（七）私募与上市

大学生创业者的创业资金来源可能还有私人投资者的私募资金，这些私人投资者可以是富有的个人、亲朋等。这些私人投资者在做出投资决策之前，通常会征询投资顾问、会计师、技术分析专家或律师等的意见，最后做出投资决策。在我国，私募方面的立法还没有完善，加上较严格的国家金融监管，私募基金在短时间内很难成为一种有效的大学生创业资金募集方式。

创业公司能够公开上市是许多大学生创业者的梦想。但实际上，公开上市通常是很艰难的事情。创业者必须评价公司是否已经做好公开发行股票的准备以及公司股票上市的有利之处是否超过其不利之处。在评价上市准备情况时，创业者必须考虑公司的规模、盈余、业绩、市场条件、资金需求的紧迫性以及现有股东的意愿。在利弊分析过程中，创业者应综合考虑公开发行股票的主要优势——新资本、流动性和价值评估、增强了获得资金的能力以及威信，和主要的缺点——融资费用、信息的披露、股权的失控和维持增长的压力等。

根据《创业企业股票上市审核规则》，我国创业型公司上市的基本条件包括：申请人为合法存续的股份有限公司；在同一管理层下，持续经营两年以上；最近两年内无重大违纪违规行为，财务会计文件无虚假记载；申请人符合《创业企业股票发行上市条例》规定的融资金额与股权比例条件；申请人符合《创业企业股票发行上市条例》《公司法》等法律法规规定的资产金额与比例、上市流程、治理结构、行业与盈利预期等其他相关条件。

同时，中小型公司在深交所上市交易大致要经过改制和设立、上市辅导、申请文件的申报与审核以及最后发行与上市等基本程序。首先，中小公司根据《公司法》的规定，依据自身的状况通过改制或者设立来完成主体资格的转变。拟订改制重组方案后，聘请中介机构对拟改制的资产进行审计、评估；或签署发起人协议和起草公司章程等文件，但不管如何改制，都应达到以下要求：具有独立的营运能力，主营业务突出，规范和完善公司法人治理结构，公司改制后的财务制度应符合相关法规、规章的要求。公司在改制的过程中，应重点关注业绩连续计算问题。

其次，中小型公司需要聘请辅导机构对其进行尽职调查、问题诊断、专业培训和业务指导，学习上市公司必备知识，完善组织结构和内部管理，规范公司行为，明确业务发现目标和募集资金投向，对照发行上市条件对存在问题进行整改，准备首次公开发行申请文件。公司和所聘请的中介机构，按照证监会的要求制作申请文件，保荐机构向证监会推荐并申报，证监会对申请文件进行初审，提交股票发行审核委员会审核，报证监会核准。

最后，公司才进入股票发行与上市阶段。中小公司的发行申请经证监会进行核准后，公司应该在指定媒体上刊登招股说明书摘要及发行公告，公开发行股票，提交上市申请，办理股份的托管与登记，挂牌上市。

在创业公司上市后，创业公司要保持与金融机构的关系，接受证监会、证监会派出机构和交易所对上市公司关于信息披露和实时监控的监管，以保障其上市之后的规范运作。公开发行股票的预测需要很多的计划和考虑，需要大量的财力、物力来完成准备工作。实际上，公开发行股票不是对每一个新创公司都适用的。

第九章 新创企业风险防范与危机管理

第一节 创业风险的概念

一、风险与创业风险

一提起风险，很多人马上和失败、亏损联系在一起。其实，这是不全面甚至是错误的看法。对于风险的理解，一般有两个角度，一个角度强调了风险表现为结果的不确定性，另一个角度则强调为损失的不确定性。前者属于广义上的风险，说明未来利润多寡的不确定性，可能是获利（正利润）、损失（负利润）或者无损失也无获利（零利润）；后者属于狭义上的风险，只能表现为损失，没有获利的可能性。

创业风险是指企业在创业过程中存在的各种风险。由于创业环境的不确定性，创业机会与创业企业的复杂性，创业者、创业团队与创业投资者的能力和实力的有限性而导致创业活动结果的不确定性，就是创业风险。

二、创业风险的构成

构成创业风险的三个主要要素包括风险因素、风险事件和风险损失。

（一）风险因素

风险因素是指能够引起或增加风险事件发生的机会或影响损失的严重程度

的因素，是风险事件发生的潜在条件，一般又称为风险条件。创业风险因素从形态上可以分为人的因素和物的因素两个方面。物的因素属于有形的情况或状态，如技术的不确定性，经济条件恶化等；人的因素指道德、心理的情况或状态，如道德风险和心理风险因素等。

（二）风险事件

风险事件是风险因素综合作用的结果，是产生风险损失的原因，也是风险损失产生的媒介物。创业风险事件是指创业风险的可能性变成现实，以致引起损失后果的事件。如技术的不确定性确实引起了产品研发的失败，经济条件的恶化最终导致了销售的下降等。

（三）风险损失

风险损失是指非故意的、非预期的、非计划的利益减少，这种减少可以用货币来衡量。风险损失包括直接损失和间接损失。创业风险损失是指由于风险事件的出现给创业者或创业企业带来的能够用货币计量的经济损失，如由于产品研发失败引起的导致无法及时将产品投放市场而损失的经济利益、销售下降导致的收入减少等。

风险因素引起风险事件，风险事件导致风险损失，三者之间密切相关，共同构成了风险存在与否的基本条件。

三、创业风险的分类

（一）按风险产生的原因划分

按风险产生的原因划分，可分为主观创业风险和客观创业风险两类。

主观创业风险：在创业阶段，由于创业者的身体与心理素质等主观方面的因素导致创业失败的可能性。

客观创业风险：在创业阶段，由于客观因素导致创业失败的可能性，如市场的变动、政策的变化、竞争对手的出现、创业资金缺乏等。

（二）按创业风险的内容划分

按创业风险的内容划分，可分为技术风险、市场风险等六类。

技术风险：由于技术方面的因素及其变化的不确定性导致创业失败的可能性。

市场风险：由于市场情况的不确定性导致创业者或创业企业损失的可能性。

政治风险：由于战争、国际关系变化或有关国家政权更迭、政策改变而导致创业者或企业蒙受损失的可能性。

管理风险：因创业企业管理不善产生的风险。

生产风险：创业企业提供的产品或服务从小批试制到大批生产的风险。

经济风险：由于宏观经济环境发生大幅度波动或调整而使创业者或创业投资者蒙受损失的风险。

（三）按创业过程划分

创业活动须经历一定的过程，一般而言，可将创业过程分为四个阶段：识别与评估机会；准备与撰写创业计划；确定并获取创业资源；新创企业管理。相应的，创业风险也可分为四类。

机会的识别与评估风险：在机会的识别与评估过程中，由于各种主客观因素，如信息获取量不足，把握不准确或推理偏误等使创业一开始就面临方向错误的风险。另外，机会风险的存在，即由于创业而放弃了原有的职业所面临的机会成本风险，也是该阶段存在的风险之一。

准备与撰写创业计划风险：创业计划往往是创业投资者决定是否投资的依据，因此创业计划是否合适将对具体的创业产生影响。创业计划制定过程中各种不确定性因素与制定者自身能力的限制，也会给创业活动带来风险。

确定并获取资源风险：由于存在资源缺口，无法获得所需的关键资源，或者即使可获得，但获得的成本较高，从而会给创业活动带来一定风险。

新创企业管理风险：其主要包括管理方式，企业文化的选取与创建，发展战略的制定、组织、技术、营销等各方面的管理中存在的风险。

四、创业风险的共同特征

创业风险种类繁多，贯穿并交织于整个创业过程，但是这些风险具有一些共同的特征：

（一）客观性

创业本身就是一个识别风险和应付风险的过程，风险的出现是不以人的意志为转移的，所以创业风险的存在是客观的。

（二）不确定性

由于创业所依赖和影响的因素具有不确定性，这些因素是不断变化、不断发展的，甚至是难以预料的，因此造成了创业风险的不确定性。

（三）双重性

创业有着成功或失败的两种可能性，创业风险具有盈利或亏损的双重性。

（四）可变性

随着影响创业因素的变化，创业风险的大小、性质和程度也会发生变化。

（五）可识别性

根据创业风险的特征和性质，创业风险是可以被识别和划分的。

（六）相关性

创业风险与创业者的行为紧密相连。同一风险采取不同的对策，将会出现不同的结果。

第二节　创业风险的识别

既然创业风险是创业过程中不可避免的现象，那么直面风险并化解之，是创业过程中的重要任务。

风险识别是应对一切风险的基础，只有识别了风险才可能有化解的机会。

同时风险也是一种机会，应该开拓、提高它的积极作用。

创业风险识别是创业者依据企业活动，对创业企业面临的现实以及潜在风险运用各种方法加以判断、归类并鉴定风险性质的过程。创业者都必须掌握风险识别的能力，并不断提高这种能力。

一、风险识别的基本理念

作为创业者，应该正确树立识别企业风险的基本理念，主要具备以下条件：

（一）有备无患的意识

创业风险的出现是正常的，带来一些损失也是正常的，既不能怨天尤人，也不能骄兵轻敌。关键的问题是要密切监视风险，减少损失，化解不利。

（二）识别风险的能力

发现和识别风险，是为了防范和控制风险。如果创业者在企业未发生损失之前就能够识别风险发生的可能性，那么这个风险是可能被管理的。因此，风险识别是进行风险管理的基点。

（三）未雨绸缪的观念

创业风险需要创业者通过创业活动的迹象、信息归类，认知风险产生的原因和条件，不仅要识别风险所面临的性质及可能的后果，更重要的是（也是最困难的）是识别创业过程中各种潜在的风险，为采取有效措施提供依据。

（四）持之以恒的思想

由于创业风险伴随着整个创业过程，同时风险具有可变性和相关性的特点，所以创业者必须要有"持久战"的准备。风险的识别工作应该是连续地、系统地进行，并成为企业一项持续性、制度化的工作。

（五）实事求是的精神

虽然风险识别是一个主观过程，但是必须遵循客观规律。风险识别是一项复杂而细致的工作，要按特定的程序、步骤，选用适当的方法逐层次地进行分析各种现象，并实事求是地为企业做出评估。

二、风险识别的基本途径

创业风险的识别途径，重点从风险的来源上入手，即自然因素和人为因素两大方面。

（一）自然因素

比如，地震多发区、台风多发区和炎热地区。这与企业的选址、项目有着密切关系。又如对于许多行业来说，必须注意影响到原材料供应的矿产、能源、农产品以及交通问题。

（二）人为因素

主要应了解一个国家或者地区的政经制度、法律政策、民情民俗以及企业周边的营运环境等。

三、识别风险的方法和步骤

在风险识别之后，就必须进行风险评估，这需要一定的专业知识，必须根据不同性质与条件，按照一定的途径，运用一定的方法，或者借助一定的工具来实施。

（一）基本方法

一般而言，风险识别的方法包括信息源调查法、数据对照法、资产损失分析法、环境扫描法、风险树分析法、情景分析法、风险清单法。

有能力的企业也可以自行设计识别的方法，比如专家调查法、流程图分析法、财务报表分析法、SWOT 分析法等。

（二）实施步骤

信息收集：首先，要通过调查、问讯、现场考察等途径获得；其次，需要敏锐的观察和科学的分析对各类数据及现象做出处理。

风险识别：根据对于信息的分析结果，确定风险或潜在风险的范围。

重点评估：根据量化结果，运用定量分析、定性分析、假设、模拟等方法，进行风险影响评估，预计可能发生的后果，提出方案选择。

拟定计划：提出处理风险的方法和行动方案。

（三）实施中要注意的问题

信息收集要全面。收集信息可以通过两个途径：一是内部积累或者专人负责；二是借助外部专业机构的力量。后者可获得足够多的信息资料，有助于较全面、较好地识别面临的潜在风险。

因素罗列要全面。根据企业在运营过程中可能遇到的风险，逐步找出一级风险因素，然后再进行细化，延伸到二级风险因素，再延伸到三级风险因素。例如管理风险属于一级风险因素、管理者素质属于二级风险因素。

最终分析要进行综合。既要进行定性分析，也要进行定量分析。

第三节　创业风险的防范

风险贯穿于整个创业过程，各个阶段的创业风险既有共同的特征，也有自身独特的特征。创业风险在各个阶段的表现形式也各不相同，所以应对和化解风险的方法和手段也不尽相同。有的类型的风险虽然始终存在，但是化解之道也随着时间、环境的变化而需要对症下药。

一、创业启动阶段风险来源及防范

（一）创业启动阶段风险来源

1.创意或创业计划的内容被泄露

由于创意或创业计划的内容被泄露，因而被人模仿甚至捷足先登，导致创业失去源头。在当今信息社会激烈的市场竞争环境下，涉及关键商业机密的信息泄露事件屡有发生，往往给创业企业带来致命风险。这其中，既可能有创业团队"内部人"作祟，也常有一些信息收集公司会将自己掌握的信息标价出售给共享信息企业的竞争对手。

2. 仓促上阵

从创业过程上来看，一家公司在盈利之前，必须完成大量的工作，如寻找厂房、装修门面、安装设备、购入存货、联系客户等，同时，还要办理许多准备事项，如各种证件和手续，和政府的相关部门打交道等。不仅如此，创业初期，很可能没有几个顾客会来光顾你的公司，对这一点要有足够的心理准备。否则，要想在较短的时间内使你的公司产生效益，产生盈利，根本就不可能，这时候很可能就会失败。

此外，作为一家新创企业的决策者，他可能一开始还不适应他的这个新角色。这不仅不利于企业的经营，而且很可能会犯一些低级错误，而有时这些低级错误实质上就是致命的错误。

3. 创业团队内讧

太多的创业者创业没有成功，其主要原因之一就是创业伙伴选择不当，败在创业伙伴之间的分裂。创业团队内讧通常经历三个阶段：第一阶段，企业还未见效益，就开始争利益，股份的大小、利益的多少、我吃亏了你占便宜了等；第二阶段，企业刚有起色，就开始为职、权、利你争我夺、钩心斗角；第三阶段，当企业开始盈利、红火成长时，开始闹纷争，斗得你死我活，最后企业也灭亡了。

4. 市场分析不到位，资源缺乏

创业要想成功，在很大程度上依赖于市场，没有市场也就没有创业。通过对创业机会的评价，若发现创业创意并不具备足够的市场潜力，或在创业之前错误地估计了市场，那么，就会导致整个企业失败。也有一些创新产品，尽管很管用，但是可能因为昂贵的价格或者信息传递有误，也可能无人问津。所以，如果一家创业企业的主要产品没有市场，创业注定要失败。另外，是没能获得外部资本的支持或缺乏足够的流动资金。可能，创业者向风险投资者或预期的战略伙伴提交了精心准备的创业计划，但结果并未被看好，没能获得外部资本的支持；也可能，创业者一开始在固定资产、原料存货上投入过多，就容易造成资金匮乏。而没有了现金，你的公司可能运转一天都很困难。实际上，公司要在足够规模的购买量发生之后，才会有资金的回流。所以，创业者务必要充分估计创业初期资金的需求量、资金回流的时间，这有助于你的公司度过最初的难关。

5.计划模糊

凡事预则立，不预则废。机遇从来都是垂青有准备的人。计划不明就意味着创业是盲目的，碰壁对你来说必不可免。计划在创业过程中具有指导性、方向性。计划的错误或者不明确都会给创业者带来苦头，尤其是关键的步骤、关键的环节不明确，失败就会向你招手。

（二）创业启动阶段风险防范

风险与收益具有对称性，但高风险不一定就能获得高收益。为降低创业启动阶段风险，最大限度地促进创业成功，其核心是以人为本，在充分发挥各种有形、无形资源的基础上，把风险防范、减少损失和经营管理、扩大盈利相结合，从而达到风险与收益相统一。

1.严格筛选项目

项目初选是十分重要的。通常创业者应当选择自己熟悉的行业，同时地域上也必须较为邻近，以便于沟通和联络，在此基础上，再对项目内外环境进行信息收集、访谈和论证，进行详细评估，做深入的投资可行性研究。评估主要是针对具有商业价值的创新目标和创意，侧重市场目前的竞争态势和市场增长潜力。种子期、初创期所面临的技术风险和市场风险远比其他创业阶段高，因此创业项目遴选十分关键。

2.有效保护商业机密

势单力薄的创业者通常希望寻找创业伙伴或者投资伙伴，补充自身或资金上或经营能力上的不足，从而增加创业成功的胜算。创业者在向潜在投资者透露对方考查该创意真正有独创意义的可行性所需的信息时，就一定要注意对该创意进行保护。然而创意本身又是难以保护的，这样，我们只能通过一些有效的方法保护创意的资本属性，确保创意人和以创意为基础的创业者的利益，让投资人对于商业创意和技术内容做出合适的有利于自己的股份安排。要达到这样的目的，我们或许可以通过以下几个方面来努力：

商标注册。麦当劳、肯德基并没有任何有技术含量的产品，他们的最初商业创意仅仅是为司机等蓝领阶层提供快速、便捷、卫生的食品，它们正是靠商标来保护自己的经营服务特色。当然，麦当劳、肯德基已经超越了普通商标的概念，其品牌价值已经赋予了商标无形资产，也就是它已经拥有高额的资本属性。

专利申请。如果你的商业创业是基于一项技术发明，我们建议你尽早申请、注册技术专利，尤其是对独有设计和新型实用专利，因为你的业务今后的成功很可能就依赖于这样一个专利的保护。但申请前一定要不断提醒自己，你的专利是否可以被别人轻易地加以改进，从而导致他人的胜出？例如，可口可乐的配方至今仍是一个秘密，也从来没有获得专利，但可口可乐的味道很难被模仿。

版权保护。很多产品往往够不上申请专利的标准，但它却是企业或个人投入了成本自行设计的，为了保护这一创意产品，就需要用到版权保护。我国的版权保护法律制度正在逐步完善，除了著作权法以外，还包括计算机软件保护条例、集成电路布图设计保护条例等专项法规。

制度保护。在知识经济环境中，员工知识已经成为企业最为重要的资本，规范企业与员工的关系可以有效预防知识产权纠纷以及不正当竞争行为。比如企业与员工除了签订劳动合同以外，还要签订保密协议、同业竞争限制协议；在企业投入力量研发之前，先明确知识产权的归属等。

保密协议。法律要求律师、托管人、银行职员等对客户的业务保守机密。风险投资家也同样对保守秘密非常重视，因为一个人一旦有了"偷猎"创意的名声，就很难再迅速地获得任何新的创意了。对于一名正在寻求合作或者融资的创业者来说，对要求阅读你的商业计划书的专业人士签署保密协议也是十分重要的，千万不要因为所谓的信任或者其他原因而放弃这一原则和权利。特别是在你参加相关商业计划大赛时，对所涉及的教练、服务供应商和评委都要要求签订保密协议。因为依据我国合同法的规定，当事人在订立合同过程中知悉的商业秘密，无论合同是否成立，都不得泄露或者不正当地使用。泄露或者不正当地使用该商业秘密给对方造成损失的，应当承担损害赔偿责任。

3. 选择最合适的创业伙伴

最基本的法则，就是选择最了解的人一同创业。大家都相互了解，长短都清楚，不会为相互了解、磨合而花费太多的精力。

选择不太计较的人一起创业时，在创业初期最需要的是模糊学，"难得糊涂"。很多创业者奉行"明算账"的哲学，这对创业团队来说是最大的伤害。创业八字未见一撇，大家就争得面红耳赤，天天为鸡毛蒜皮的事情争来吵去，非坏事不可。

创业伙伴不要把朋友关系和家族关系掺合在一起。相对而言，纯粹的血缘关系和姻亲关系较容易创业成功；长期的朋友关系一同创业也是很好的选择伙伴。但如果是朋友关系加上夫妻关系等家族关系，这几乎宣告了创业团队不可能走远，再好的朋友也耐不住夫妻枕边风。所以创业伙伴要么选择纯家族关系，要么选择纯朋友关系。选择了纯朋友关系，就不要半路上让伙伴的家族成员一同参与创业团队。

创业团队最好有个权威人物，或灵魂人物，当大家意见不一致时，权威人物能拍板定调，防止大家议而不决，原地踏步。

领军人物最好是第一大股东。均衡股份的股权安排，在创业初期可能很有效，但创业有所成之后麻烦就来了。领军人物股份和大家一样，在重大决策面前往往意见达不成一致，会错过企业最好的发展机遇；领军者不是第一大股东，当企业发展到一定程度后，就会出现领军者挑战第一大股东，取代第一大股东，或领军者带领核心成员离开了，这些必然造成创业团队的分裂，进而创业失败。

4.密切关注资金风险和技术风险

处于创业启动期的企业面临的最大风险是资金风险和技术风险。资金就如同种子发芽需要的水分一样，缺少了它种子就不可能发芽，而资金风险普遍是创业启动阶段的"命门"。首先，要认真筹划创业初始需要的融资或投资数额。融资时要考虑好准备借多少，能借到多少，最佳值应该是多少，风险有多大。其次，考虑企业的持续融资能力。注意企业在运营过程中，一旦缺乏资金支持，就很可能导致整个项目的流产和创业的失败，也就是常说的"最后一口氧"谁补给？因此，创业者要提前考虑好融资方法，并建立起快速融资渠道，以防万一；再次，建立财务"预防"机制，正确把握企业负债经营的"度"。企业可以负债经营，但要保持合理的负债比率。生产经营状况好，资金周转快，负债经营比率可以适当高一些；生产经营不理想，产销不畅时，负债比率则要相对低一些。资产负债率的临界值为 35% 至 65%。

此外，由于创业启动阶段企业的研发工作处于概念设计阶段，因此技术的可行性几乎无法判别和确定，所以处于该阶段的创业企业即使获得了少量的风险资金支持，也往往会因为技术问题而颗粒无收。

5.注重建设营销队伍

吸纳、任用既掌握营销能力又掌握技术知识的营销人才，建设最坚强有力的营销队伍，这是防范市场风险最有效的办法。创业企业不一定拥有最好的产品和最先进的技术，但一定要拥有正确的营销理念和最好的营销策略。创业企业所要生产的产品或提供的服务除了要进行切实细致的市场分析和经济评估外，还要对产品生命周期的各个阶段可能引发的风险，制定合理的对策。对于导入期，应考虑产品能否被消费者接受，如何降低流通费用、促销费用，从而降损增利。

6.采用迂回战术竞争

创业启动阶段与别人竞争不能搞正面战、阵地战，而应当搞迂回战术，干别人不敢干的，干别人不愿干的；要学会风险回避，对一些风险过大的方案应该加紧回避，坚持避免不必要的风险。比如，所有的创业活动要在国家有关的法律、法规允许的范围内进行，用法律、法规来保护自己的合法经营；回避风险还要做到拒绝与不讲信用的厂商业务往来，在创业启动阶段发现问题立即果断停止等。

7.设法分散或转嫁风险

有的风险不可避免，但可以分散和转嫁，特别是在创业启动阶段。创业者的一个通病就是过高估计自己的能力，总以为自己无所不能。创业起始阶段的工作非常艰辛而又费时费力，不要试图独自解决一切问题，要积极主动地寻求合作和支持，这样有利于分散风险。转移风险的有效办法是去保险公司投保，企业的财产和责任、员工的健康、职工失业均可以进行保险。例如财产投保，就是转嫁投资意外事故风险；以租赁代替购买设备是转嫁投资风险；个人独资承担无限责任，但几个人共同投资，就是有限责任，就能分散风险。许多个体创业都对保险很忽略，但买保险是"小投入大保障"，必不可少。

二、创业成长阶段风险及防范

创业公司成长阶段是指经过创业启动与起步阶段的万般艰辛和不懈努力，创业构想变成现实，公司开始真正产生商业价值，业绩、利润开始维持在一个较为稳定和较为满意的水平，可以说创业者的初始目标基本达到了。此时，新创公司步入成长和发展阶段。伴随公司步入快速成长阶段，创业后期的风险也接踵而至。

（一）成长阶段风险来源

1.管理风险

成长阶段创业公司面临的最大风险是管理风险。步入快速成长期后，公司迅速开拓发展。这个阶段的公司，技术风险逐步消除，市场风险也变得很小，许多风险投资基金也开始一改往日的态度，变得非常主动，竞相投资。但是该阶段由于管理的幅度不断加大，人员急剧增加，生产规模不断加大，资金规模不断加大，市场区域不断拓展等，这些因素都在迅速增加管理的难度。如何控制成本，如何保障质量，如何管理渠道，如何树立品牌等，正如人的成长要经历青春期的烦扰一样，这一阶段公司会涌现许多管理问题，管理的风险变得最大。如果不能及时解决这些问题，不仅会影响到公司的未来发展，也会影响到公司价值的体现。我们不仅需要优秀的创业者，更需要优质的公司。因此，创业者出于考虑公司未来的发展与自身命运这一战略问题，在快速成长阶段，应考虑在公司管理方面做些什么。

2. 盲目冒进

当创业公司初具规模、小有成就时，许多公司容易被自己营造的区域性知名度冲昏头脑，有时甚至觉得无所不能，不顾实际扩大经营且盲目多元化发展，开拓超越实力的大市场。摊子铺得太大和对新业务不甚了解，难免会出现失误，从而侵蚀公司的利润，不断地拓展不相关的行业往往导致资金链断裂而破产。像这样在获得巨大成功后又遭遇失败的惨痛教训实在不少，其共性在于：普遍盲目扩张、发展速度太快，而人员、资金、管理三大要素相对滞后，公司发展根基脆弱。这三大要素中的任何一个问题出现时都会引发本不稳固的公司整体发生塌方。

3. 用心不专

第一种是"花心病"，当公司有了一定实力，就开始"对外搞活"，不再专注于主业，移情别恋，想再找能挣大钱的项目。这种愿望很好，但发展思路超越了公司经营能力和公司实力，往往以失败告终。第二种是多动症，比如一家生产啤酒的公司，觉得碳酸饮料能挣钱，就开始研制碳酸饮料，后来发现果汁饮料是未来发展趋势，于是就改生产柠檬茶，之后又改成这个汁那个汁，这并不是产品系列化，而是"狗熊掰棒子，手里只剩一个"，变来变去，变没了公司辛辛苦苦铸就的品牌和形象，从而失去了最重要的核心竞争力。第三种是虚胖症，和"花心病"相似，创业初步成功后开始向多业并举的态势迈进，但主辅业不分，大都是亏本的多，挣钱的少，基本是拆了西墙补东墙，说起产业来如数家珍，其实都是"夹生饭"、亏本买卖。

4.小富即安

一种是近视症，创业者目光短浅，小富即安，不思进取，排斥新的融资方式与能人参与，排斥现代营销理念，看不到更为广阔的市场，甚至产生自卑心理，否定自身可以发展壮大，不敢找高手竞争，由于目光狭隘，形成公司"弱不禁风"的体质，往往导致公司市场的萎缩而逐渐失去竞争力。另一种情况是走老路，走老路就是人们常说的离不开老本行，以前在干什么，以后还想干什么。笔者有几位朋友，在服装业的圈子里转悠了几年后，想出来自己投资做点事情。在选择项目时，总是离不开服装。他们说只知道服装能赚钱，自己还熟悉市场，除此之外，不知还有什么行业适合自己。这就是被老本行捆住了思想和手脚。对于他们而言，走出这个圈子，也许就会有广阔天地，可以大有作为。正是因为有很多创业者走不出这个圈子，创业时按固有的模式和套路操作，一成不变导致失败。

5.家庭压力

作为坚实的后盾，家人在创业过程中给予了创业者无私的奉献，他们当然希望创业者能够获得成功。创业初步成功后，配偶希望创业者更多地关心家庭，儿女希望创业者能够尽到父母的责任，而创业者则在这个阶段比以前更忙、更累，根本无暇顾及家人，于是家庭压力开始增大。

如果说创业过程中，公司是根据危机进行管理，那么创业成功后是管理造成了危机。创业者必须认真考虑和解决创业快速发展阶段的管理危机问题。

（二）成长阶段的风险防范

1.尝试授权

创业成功后两个主要因素会导致创业者考虑开始授权：一是管理问题变得又多又复杂，创业者不堪重负；二是员工渴望分享权力，希望得到更多的空间与舞台来发挥自己。创业过程中，创业者主要是通过集权来实施管理。创业成功后，创业者需要授权，但不要分权。所谓授权是指在公司内由上向下分派任务，并让员工对所要完成的任务产生义务感的过程。所分派的任务可能是制定决策，也可能是执行决策。当所分派的任务是实施一项已经制定的决策，并且所授予的权力本质上对全局没有影响时，称其为"授权"。但如果所分派的任务就是制定决策，也就是说，让员工决定应该实施的内容，则称为"分权"。分权容易产生离心力，员工会自作主张，而公司此时所需要的是向心力，否则创业者就会失去对公司的控制。当然，从集权到授权，创业者往往会感到胆战心惊，害怕失去对公司的控制，所以，创业者授权实际上准确的含意是"只准你们做我自己才会做的那种决定。"

最有效的授权是由创业者拟定哪些问题由自己来决策，哪些工作可以授权给员工去完成，哪些工作需要员工定期汇报，哪些工作可以放手不管。一般而言，创业者需要审批销售计划、财务预算、生产计划，至于销售人员的行为管理、客户拜访计划、销售汇报、车间作业计划、生产排班、加班申请等就可授权给中层管理人员负责。当然，财务报账签字和人事安排等重要业务，创业者还是应该由自己来掌控，以防止费用的上涨以及人事矛盾的出现。这里，创业者也可以向一些管理人员授予一定额度的签字权。通过把一些日常性的、非核心的工作授权给中层管理人员，创业者就可以把自己从繁重的事务工作中解脱出来，把更多的精力集中在战略性问题的思考上。当然，创业者实现个人或公司的创业目标后，也可以选择急流勇退享受生活，从而真正解脱。

2.完善组织架构，规范公司章程

创业过程中，创业者和公司只是对各种市场机会做出反应，而不是有计划、有组织、定位明确地开发利用自己所创造的未来机会。那时创业者不是在左右环境，而是被环境所左右；不是驾驭机会，而是被机会所驱使。相应地，公司的行为是被动的，而不是主动的、具有预见性的，布置任务不一定是根据员工的岗位和能力，其典型的状况就是因人设事、因人设岗。创业者常常会依习惯直接给下属安排工作，而不会依照工作流程行事。创业成功后，公司为了更好地发展，必须建立一整套完善的组织架构来有效地执行决策，有计划地完成公司的既定目标。创业者不必奢求一步到位，也不要期望建立一套能持久不衰的组织架构，因为公司的组织架构也需要根据公司的目标和发展阶段来进行调整，不可能一劳永逸。创业者应该尝试围绕工作本身来进行组织，打破围绕人来组织的旧习惯，力图通过公司组织来实现自己的管理决策和管理理念。通常的做法是创业者或公司委托外部咨询公司，或者聘请具备丰富管理经验的职业经理人来帮助搭建组织架构。最稳妥的方式是先健全完善辅助管理部门如行政部门、财务部门和服务部门等部门的组织设计与调整，然后是价值增值部门的组织调整，如生产部门和营销部门（或销售部门）等，这样做能在最大程度上稳定公司的经营。设计公司组织架构时，创业者可以运用一些非常规的小技巧，例如，多设置几个管理岗位，但并不安排人员，这样，对员工是一种吸引力，会起到正面激励员工的作用。如把三级销售组织结构调整成五级，效果会非常明显。当然创业者还需要明白，在管理体系完善之后还应重视简化公司的管理层级，防止官僚管理的出现。此外，不仅仅是简单地设计公司的组织架构，同步需要进行的工作是健全完善公司的管理制度。

3. 建立风险责任机制，趋利避害

创业公司风险责任机制是根据创业公司的风险控制规划和实施方案，确定相应的责任主体，做到风险管理工作各有其主，各司其职，各负其责。同时要建立和不断完善风险控制目标体系和风险报告制度，创业公司内部各风险管理运作主体要严格按照既定目标要求和具体标准从事相应的监控和管理。

首先，要通过分析，主动预测风险可能会带来的负面影响。例如，投资一旦失误，可能造成多大损失；投资款万一到期无法挽回，可能造成多大经济损失；贷款一旦无法收回，会产生多少影响；资金周转出现不良，对正常经营会造成哪些影响。

其次，是积极预防风险。例如，对投资方案进行评估，对市场进行周密调查，制定科学的资金使用政策等。一旦某个环节出了问题，要有采取补救措施的预案，尽可能减少负面影响。同时，通过加强管理，特别是合同管理、财务管理、知识产权保护等，建立健全公司各项规章制度，在平时的业务交往中认真签订、审查各类合同，加强对决策过程和合同履行过程的监督。在经营活动中有所为、有所不为，经营什么产品，选择什么样的市场，都要仔细衡量，发挥自己优势特长，干应该干的，干可以干的，趋利避害，扬长避短，以变制胜。所谓"适者生存"，强调的就是"变"，创业者要适应外部环境的变化，随时做出调整。

最后，还要学会减少风险和转移风险。对无法回避的风险，应当设法分解和转移风险。比如，尽可能将风险大的项目外包。对于风险较大的投资或经营活动，可以将这个项目分解成许多小的项目，再将其中风险较高但别人能接受的部分分包给别人去做，共享收益、共担风险；不拒绝必要的合作和规模化经营。如果所从事的领域需要较强的实力，请不要拒绝与他人合作，而应是积极主动地寻求合作帮助，往往在共同发展的背后是风险的共同承担。公司还应建立风险预警机制和风险控制体系，如及时与政府部门沟通获取政策信息；在开发新产品前，充分进行市场调研，优选方案等。对于即将出现的而自己无论如何都承受不了的风险，为了求得长远发展，可以采取逃避策略，果断退出，通过放弃眼前局部利益以渡过难关；对于已经酿就的重大风险，往往需要牺牲某些甚至是全部利益，可申请破产保护以求得再生。

4. 网络人才，完善激励机制

创业过程中，创业者与员工承担着巨大的风险，需要风雨同舟，共渡难关。创业初步成功后，创业者关注的是未来的更大事业，而员工更关注现在的既得利益。如果处理不当，创业者会受到指责——"同患难易共富贵难"，会承受巨大的情感压力，有时甚至会感慨"没钱容易有钱难"。如果公司是合伙建立或几个人共同创立的，有时难免会因为利益分配而出现公司的裂变，给公司造成伤害，甚至一蹶不振。如果合伙关系出于家庭或家族内部，亲情关系的矛盾更是难以逾越的障碍。另外，随着公司的扩大，新员工不断加入，他们更多的是一种职业选择，创业者需要考虑建立有效的机制来维系公司所需要的更多优秀员工。

人才是公司发展的关键，人力资本是公司的核心资本。因此，快速成长阶段的公司应该考虑建立一整套有效的激励机制，既能保障老员工或合伙人的既得利益，又能吸引新员工，真正凝聚更多的优秀人才，使公司得以稳步发展。解决方案的核心是紧缺骨干人才队伍的开拓建设和培养。此处的开拓建设是指贯彻"良将一名，胜似千军"的理念，通过用事业和重金双管齐下的方式，引进同行业相关公司骨干，充实到管理一线指挥作战。而培养主要指通过提拔自身公司内优秀员工，大胆使用，帮助和鼓励他们尽快成长。处于快速成长阶段的公司，不可避免地存在经验欠缺甚至没有经验可言，设计激励机制时，创业者要与员工达成有效的沟通，尽量做到一视同仁，尽量避免特例或特殊照顾，要让员工理解和接受。当然，"老人老办法、新人新制度"是创业者常常需要遵循的原则。

创业者不能仅仅关注激励机制的内容，更重要的是关注激励的过程和结果。激励制度要严格执行，及时奖惩，让员工感到激励机制确实是有效的承诺和强大的奋斗动力。这样，无论是期权等制度安排，还是金钱等物质刺激，都能发挥应有的作用。当然，除了激励机制以外，良好的公司前景对于优秀人才也具有很强的吸引力和凝聚力，这就需要在这个阶段维护和提升公司的经营业绩，规划好公司的未来发展。创业初步成功后，无论创业者如何处置公司，如何选择自我命运安排，规避和解决公司这个阶段所出现的管理危机问题，无疑需要创业者认真对待。创业者不仅仅要注重创业历程和创业后的自我命运，更应该在创业成功后，通过提升管理水平、制定正确的发展战略来为公司未来的发展奠定基础。当然，创业者也要更多地抽出时间和精力关心家庭，并经常与家人沟通，以获得他们的支持，这也是必不可缺的。

5. 发展核心竞争力

保持竞争优势是每个公司得以持续成长的关键。新创公司必须选择、培养和不断发展核心竞争力才能取得并保持竞争优势，这是公司生命力所在。根据核心竞争力理论，对公司竞争优势起关键作用的知识和能力被普拉哈拉德和哈默称为核心竞争力。核心竞争力实质上是组织内部一系列互补的知识和技能的独特的组合体。当这些资源被组合到业务流程之中，组合的独特性往往能为顾客带来更多的价值，组合的复杂性又常常使得竞争对手难以模仿，因而能够使得公司确立竞争优势，顺利实现规模扩张。核心竞争力也叫核心专长，培育和发展核心竞争力必须让公司寻找出属于其自身的核心专长，然后在这个核心专长上与他人竞争。

所谓核心专长是指拥有别人所没有的优势资源。这项资源可以是人力、产品、品牌、技术、流程、营销能力、公司文化及价值等。我国中小公司核心竞争力主要体现在市场营销能力上。市场决定了公司的生命，失去市场或市场狭小，都会导致创业的失败。竞争优势可以为公司带来更多的利润，但是随着竞争对手的学习、模仿和攻击，竞争优势会随着时间而逐渐丧失。此时，如果不采取有效措施，公司就会逐渐衰退，陷入亏损甚至是破产的境地。而这个有效措施就是，处于快速发展阶段的新创公司必须研究并确立自己的发展战略。

公司战略体现在公司依据自身的特点选择一个较小的产品或服务领域，集中力量进入并成为当地市场第一，再从当地市场到全国、到全球市场，同时建立各种进入壁垒，逐步形成稳定、持久的地位和竞争优势的全部过程。只有确立和选择了正确战略，并在其指引下不断实施成功的战略行动，才能在竞争对手成功学习、模仿或者攻击之前，建立起公司新的竞争优势，使公司的利润永远处于盈亏平衡线以上，这才是快速成长中的公司永葆青春的秘诀所在。

第四节　创业危机管理

危机管理是公司为了预防、转化危机而采取的一系列维护公司生产经营的正常进行，使公司摆脱逆境、避免或减少公司财产损失，将危机化解为机遇的一种公司管理的积极主动行为。危机本身既包含了导致失败的根源，又蕴藏着成功的种子。实际上，公司发生危机是公司面临危险与机遇的分水岭。危机是一种挑战，是对公司管理领导能力和公司管理素质的考验和挑战。出色的公司管理者可以使濒临绝境的公司转危为安，从危机中找到商机。

一、危机预防

商海行船，不可能一帆风顺，或有惊涛骇浪，或遇暗礁险滩。这就要求公司一方面要建立危机防范系统以降低危机的发生概率，居安思危，在公司顺利发展阶段，找出隐性危机，树立危机意识；另一方面，要建立危机管理系统，在公司面临危机时，及时找出危机发生的原因和提出可行的处理方法，从而有助于减少危机发生时所带来的破坏和损失，有助于危机防范策略的实施和改进。危机管理的功夫不在处理，而在预防，正所谓防患于未然。事实上，几乎所有的公司危机都是可以通过预防来化解的。一般来说，危机事件的发生多半与公司自身的行为过失有关，或是因为违反法令，或是因为不解民情，或是因为管理失当，或是因为产品、服务质量缺陷所致。当然，其中也有因政府行政过失，媒介妄言轻信，或消费者贪婪鲁莽而起，但多数还是根在公司，责在自身。正因为如此，公司才能通过预防措施，减少甚至杜绝危机事件的发生。

（一）提高危机意识，加强危机管理

提高危机意识、加强危机管理业已成为公司界的共识。一方面各级政府对危及公众利益事件惩治力度加大，公众维权意识以及媒体传播力度和广度空前提高；另一方面大部分公司虽然危机意识有所提高，但还是暴露出对危机缺乏系统的管理机制，预警不到位、不及时，危机管理缺乏经验，特别是缺少训练有素的危机管理人员。公司任何行为都是通过人的行为来实现的，因而对公司员工进行危机管理教育和培训就显得十分重要。而危机管理教育首先在于提高危机意识，让全体员工都明白危机管理的重要性和必要性，提高员工对危机事件发生的警惕性。其次，在于加强危机管理，包括培训员工的生产和服务技能，保证公司产品或服务的质量，减少公司自身错失的机会。再次，是培养员工合作与奉献的精神，即与同事合作，减少内部管理摩擦；与政府合作，减少公司违法违

规的机会；与商业伙伴合作，减少与伙伴的争执与纠纷；与消费者合作，减少消费者对公司产品或服务的不满与抱怨；与新闻媒体合作，减少媒体对公司的误解与曲解；尽公司社会责任，培育职工奉献社会的精神。

（二）建立健全公司保障机制

符合危机管理要求的公司保障，要求公司在进行危机管理设计时，必须考虑到以下几个问题：

第一，确保公司内部信息通道畅通无阻，即公司内任何信息均可通过公司适当的程序和渠道传递到合适的管理层级和人员。

第二，确保公司内信息得到及时的反馈，即传递到公司各部门和人员处的信息必须得到及时的反应和回应。

第三，确保公司内各个部门和人员责任清晰、权利明确，即不至于发生互相推诿或争相处理。

第四，确保公司内有危机反应机构和专门的授权，即公司内须设有危机处理机构并授予其在危机处理时的特殊权利。如此一来，公司内信息通畅，责权清晰，一旦发生任何危机先兆均能得到及时的关注和妥善的处理，将不至于引发真正的危机。

（三）充分的资源准备

公司预防危机的资源准备分为人力资源和财力资源两个部分，其中最为关键是人力资源准备。处理危机事件，关键在人，而不在物或其他。而这种人力资源的准备既要有公司内部的人力资源，也要充分利用社会上的相关人力资源即外部人力资源。公司内部的人力资源准备主要集中在建立公司自身的精英队伍，其中包括产品技术精英、生产行家、售后服务专家、法律顾问、人力资源专家和谈判能手；而外部人力资源的准备则在于行业专家、学者、媒体精英、政府官员和专业人士等。由于危机处理对于参与人员的素质要求很高，这些人员如果不能进行提前准备，就很难在危机发生时找到合适的人员，从而延误时机并导致处理失败。

尽管每个公司都可能会遇到危机事件，但很难想象每个公司都能建立起一套行之有效的危机管理体制并储备足够的危机处理资源，当然这主要指的是人力资源。这样一对矛盾的存在，自然也就孕育了一个充满生机的危机管理中介服务市场，这也符合当前社会分工日渐专业化的趋势。虽然目前中国危机管理专业服务市场尚不发达，但显然已有公司注意到了这个商机的存在。一些公关公司、管理顾问和咨询公司相继推出了危机管理服务项目，其中重点是危机处理服务。

一个成熟的专业化危机管理服务机构，其核心资源乃是其人力资源和关系资源。人力资源部分至少应包括法律专业人士、管理专业人士、谈判专家、媒体管理精英、政府关系管理精英等；而其关系资源中则应包括著名专家学者、社会知名人士、政府离退休高官、社团领袖和一流管理智库。

公司在无法或没有建立专门的危机管理体制时或自有的危机体制无法发生作用时，可以充分借用外脑即专业的危机管理服务机构来为公司提供危机管理或危机处理服务，以避免自己无力处理而勉强为之带来的巨大损失。一般情况下，专业机构的服务水准高于公司自身的能力，因为专业人员更富有经验和专业素质，而且他们在处理危机时不受情绪的干扰，这是公司自身危机处理小组较难做到的。

二、危机处理方法

当公司面临各种危机时，不同的危机处理方式将会给公司带来截然不同的后果。成功的危机处理不仅能将公司所面临的危机化解，而且还能够通过危机处理过程中的种种措施增加外界对公司的了解，并利用这种机会重塑公司良好形象，即所谓因祸得福，化危为机。与此相反，不成功的危机处理或不进行危机处理，则将公司置于极其不利地位：以新闻媒介为代表的社会舆论压力将使公司形象严重受损；危机来源一方的法律或者其他形式的追究行动将使公司遭受巨大的经济损失；公司员工因为无法承受危机所带来的压力而动摇甚至辞职；新老客户纷纷流失等。

对于危机的处理是公司经营管理活动中不可或缺的一个环节。很多跨国公司都设有专门的危机管理机构，且一般其主管都是由公司首席执行官兼任。在这些危机管理机构中，大多数人员都是兼职的，而且其中绝大多数都是由公司部门主管以上人员和公司外聘顾问组成。这样的组织结构保证了公司在面临危机时的反应速度和效率，从而确保了对危机事件的成功解决。而在中国的公司里，基本上看不到这样的公司机构存在。在很多企业家的眼里，公司危机是无法预测和无法管理的，因此他们不可能为此设立专门的管理机构，当然也没有这方面的人才准备。所以，一旦发生危机事件，很多公司往往采取逃避的态度，希望通过躲避来减轻事件的危害性甚至解决危机。这种想法事与愿违，公众没有得到明确答复时，会加剧对危机的误解，从而产生更大的危机。还有公司在发生危机事件时六神无主，惊慌失措，继而应对失策，导致全盘皆输。

任何事物都不是空穴来风，多数危机在爆发前都会出现或多或少的征兆或迹象只是在危机真正爆发之前，这些蛛丝马迹的预警信号往往没有引起人们的注意和足够重视而已。世界是可知的，作为客观存在的公司危机也是可知的。公司危机的可知性是说，公司危机是可以认识的，可以预测的。公司危机与公司发展相伴而行，公司危机的形成与发展也有一个过程，有其自身的规律。公司危机发生前总会有不同程度的前兆，即信号。

（一）危机前兆

公司危机出现前兆主要表现在：管理者行为方面，不信任部下，猜疑心重，对部下的建议听不进去，一意孤行，固执己见，使员工无法发挥积极性，对员工要求严厉，对自己要求宽松，执行双重标准，上下之间积怨甚深等；经营财务方面，销售额大幅度下降，负债比率大幅度升高，自有资本率大幅度降低，拖欠业务付款，拖欠员工工资等；经营策略方面，计划欠缺慎重周密，对产品任意调价，在市场变化或政策调整等外界变化发生时，无应变能力，投资与本行不相干的行业，从事买空卖空的投机等；经营环境方面，市场发生重大变化，出现了强有力的竞争对手，公司内部不和，谣言四起，中坚力量陆续辞职和调离，内部管理出现不协调迹象，有不守信用的行为发生，受到新闻界、政府部门"曝光"，社会公众舆论哗然等。如果出现了上述前兆，那就预示着一场危机即将到来。公司应当从各个渠道及时捕捉到这些征兆，并对其进行分析和判断，及时进行必要的防范，确保公司的某些薄弱环节不至于转变为危机。

（二）危机化解

当公司利益与社会利益发生严重冲突的时候，在极短时间里公司应变危机的态度和行为，将直接影响一家公司的长期发展甚至是生死存亡。

1.化解原则

危机化解是危机管理的主要环节。一旦公司发生危机事件，危机化解就显得极为重要，因为它事关公司的生死存亡。危机化解是一个综合性、多元化的复杂问题。公司在进行危机化解时，必须遵循一些基本的原则：第一，高度重视，高层躬亲，不能掉以轻心，麻痹大意；第二，及时反应，及时处理，不能拖拖拉拉，贻误战机；第三，高瞻远瞩，顾全大局，不能斤斤计较，因小失大；第四，合理合法，有取有舍，不能以非抑非，无视国法；第五，亡羊补牢，整顿提高，不能伤好忘痛，一犯再犯。危机管理根本性取决于公司战略，取决于站得高、看得远。战略方向是错误的，转"危"为"机"难上加难；自身连一贯的公司信条都没有的公司，危机管理将缺乏直接的理念指导。危机管理的核心是危机公关，既涉及对外各利益相关方，又必须重视对内员工的危机教育。

总体而言，以下化解危机的做法值得借鉴：第一，积极与消费者沟通，争取主动性。第二，指定新闻发言人，保证信息统一性和畅通性。第三，以真诚的态度面对消费者。索尼在致消费者的通知函中，虽含蓄却完整地表达了对消费者的"4R"公关原则：遗憾（Regret）、改革（Reform）、赔偿（Restitution）、恢复（Recovery），即一个组织要表达遗憾、保证解决措施到位、防止未来相同事件再次发生并且提供合理和适当的赔偿，直到安全摆脱这次危机。

2. 化解步骤与方法

公司在遵守上述化解原则与方法的同时，还须按照合理的程序来化解危机事件，方可做到临危不乱，张弛有道。一般来说，危机化解应按如下的程序来进行。

第一，听取危机事件报告及评估。危机事件的发生往往十分突然而且来势汹汹，但这绝对不能影响作为公司最高负责人的头脑冷静。因此，当危机事件发生时，公司负责人首要的事便是召集公司高层听取关于危机事件的报告。报告应由一线员工或亲历员工汇报，力求准确、全面、详尽、客观。不能对危机事件的重要细节隐而不报，且必须站在客观的立场进行报告。因为多数时候汇报人在汇报时会有意无意地为自己或为公司开脱责任，隐瞒一些可能涉及自己或公司责任的事实或情节，从而影响对危机事件的全面正确评估。当最高负责人和高层人员听完汇报之后，必须在最短的时间内对危机事件的发展趋势、对公司可能带来的影响和后果、公司能够和可以采取的应对措施以及对危机事件的处理方针、人员、资源保障等重大事情做出初步的评估和决策。

第二，组建危机处理小组。当公司最高负责人对危机事件做出了初步的评估和决策之后，紧接着的工作便是成立危机处理小组。危机处理小组的职权应为处理危机事件的最高权力机构和协调机构，它有权调动公司的所有资源，有权独立代表公司做出任何妥协、承诺或声明。一般情况下，危机处理小组应由公司最高负责人担任小组负责人。小组的其他成员，至少应包括公司法律顾问、公关顾问、管理顾问、业务负责人、行政负责人、人力资源负责人和小组秘书及后勤人员。危机处理小组在必要时可分为两个小组，即核心小组和策应小组。核心小组主要由公司最高负责人、法律专家、公关专家、业务专家和谈判能手组成；策应小组由行政负责人、业务负责人、人力资源负责人和其他后勤人员组成。其中，核心小组的任务是执行谈判、交涉、决策和协调任务；而策应小组则是负责实施解决方案和提供后勤资源保障任务。

第三，制定危机处理计划，全面调配物质资源。危机小组成立之后，首要的工作便是根据现有的资料和情报，以及公司拥有的可支配的资源来制定危机处理计划。计划必须体现出危机处理目标、程序、人员及分工、后勤保障和行动时间表以及各个阶段要实现的目标。其中还必须包括社会资源的调动和支配，费用控制和实施责任人及其目标。计划制定完成并获得通过后，策应小组便立即开始进行物质资源调配和准备，而核心小组成员则要立即奔赴危机事件现场，展开全面的危机处理行动。

第四，危机化解。核心小组在到达危机事件现场后，需首先进行事件的了解和核实，发现是否有与汇报不符的事实和情节，如有则需立即进行针对性的调整危机处理计划，如无则按原计划进行。危机处理根据危机事件的性质和情况不同，一般按如下方式进行处理：如果危机事件尚未在媒体曝光，则必须控制事件的影响。在对事件进行充分调查了解的基础上，根据法律和公理，果断做出处理决定。在这一阶段，公司可以在合理合法的前提下，适当让步，争取牺牲小利换来事件的快速处理，以免因事态的进一步恶化所带来的无法控制的局面和公司声誉的损失。但同时需要注意的是，在该阶段的处理方案中，必须包括对危机事件另一方的保密责任和违约责任进行严格的规定，以防其事后反悔，从而导致公司被动。

如果危机事件已由媒体公开并已造成广泛影响，则危机处理应将重点转到媒体公关上来。当然，对危机事件本身的处理也需尽快完成。对媒介的公关，主要方式是让媒体了解事实真相，引导其客观公正地报道和评价事件。如果事实真相对公司不利，则危机处理小组必须表现出真诚的悔意和改正的决心，并强调该次事件的偶然性和公司的改正措施及时间表以及公司承担责任的方式和范围，以取信于媒体和公众。如果事实的真相对公司有利，则危机处理小组必须充分利用媒体揭示事实真相，让媒体充分了解事件原委并引导其对事件本身进行客观的报道和评论，努力塑造公司的受害者形象，博取舆论的同情，特别要注意对此前那些对公司进行过负面报道的媒体不要指责，而要引导其视线，唤起其良知和公义之心，让其自行对此前的报道进行更正。与此同时，危机处理小组还需通过法律专家和顾问，向危机事件的另一方施加法律行动的压力，迫使其承认过错，承担责任，达成解决方案。

危机处理小组在通过引导媒体进行事件报道的同时，需对公司的经营状况、业绩、产品和服务的特色以及公司文化等进行广泛的宣传，让关注事件的公众更多地了解公司和认同公司。在必要的情况下，其还可以对公司的发展战略和经营计划进行适当的介绍，或是对与危机有关的公司产品或服务进行详细的介绍和说明，以期引起舆论的关注和兴趣。这就是所谓的利用危机、化危为机、将坏事变成好事。在危机处理过程中，不论与媒体或是与另一方当事人打交道，危机处理小组都必须注意权衡利弊得失，相机而动，随时调整处理策略，切忌冲动和斤斤计较。除此之外，危机小组在处理过程中还需与当地政府保持联系，必要时可寻求当地政府支持和帮助。所有的危机处理过程中，都必须注意尊重当地习惯和风俗，尊重当地的文化和宗教，其中当然包括对对手的尊重。公司的生存发展是百年大计，而危机事件只是其中一个插曲，公司必须将目光放远，该取舍时果断取舍，不能拘泥于一时一事。公司在危机处理过程中的所有表现将被舆论视为公司的一面镜子。

公司在危机处理过程中所表现出来的风度和态度，真诚和善意以及牺牲和妥协都将成为公司形象的一个重要部分。因此，所有参与危机处理的人员必须自始至终表现出良好修养，不得因个人行为而影响公司的形象和声誉。反之，公司则应利用这样的机会，在公众心目中树立公司的正面形象。公司危机处理的过程，从一开始就应被视为公司与社会公众沟通的一个过程。无论危机事件涉及的对手是个人还是公司；是政府还是新闻媒介，都应充分利用这个机会广交朋友，特别是与新闻媒介和政府打交道的时候更是如此。实践证明，一次成功的危机处理，往往能为公司带来新的关系资源和公众支持。

第五，汇报结果，总结经验教训。危机事件解决方案的达成和实施，并不意味着危机处理过程的结束。对公司来讲，最为重要的危机处理环节便是总结经验教训。这个环节之所以如此重要，是因为公司可以从这个环节中发现公司经营管理中存在的问题，并且有针对性地进行改进和提高。

在危机处理过程中，公司往往会发现一些平时未能发现的问题，特别是与引发危机事件有关的问题。这些问题中有些是偶然的，有些是制度性的，有的则是人为造成的。随着危机事件的处理，这些问题也逐渐暴露出来，而且这些问题的暴露还会引发一些与之相关联的或者本身虽然与危机事件无关但也是很重要的问题。公司可以通过对暴露出来的问题做出分析，进行必要的改革和调整，从而避免公司犯类似的或更大的错误。

同样，在危机处理过程中，公司也会发现一些平时未能发现的长处，或是未能发现的资源。这样的发现将有利于公司将这部分资源进行有效的利用或将这部分长处进行进一步强化，出其重要性。

除此之外，公司还可以通过危机处理来积累包括危机处理经验在内的各种经验，建立起一些平时没有机会建立起的社会关系资源，如媒体关系、政府关系或是与消费者的互信关系。一些更成功的危机处理还会通过危机处理来进行公司广泛的正面宣传，扩大公司的社会影响，提升公司的知名度和美誉度，从而积累公司的品牌资源。

3.危机恢复管理

公司危机管理的最后一个课题乃是在危机处理完毕之后，根据公司从危机处理过程中总结出来的经验和教训，进行公司经营管理活动的改进。公司对其经营管理活动进行的改进，主要是根据在危机处理过程中发现的问题和总结的经验来进行的。其主要内容是对公司存在的问题进行解决和对公司积累的经验进行推广，如有的公司发现其公司内部信息沟通不畅是危机事件发生的根本原因，则其要进行的改进包括重新设计公司的组织结构，强化公司内部的信息沟通渠道和反馈渠道，从而避免因信息沟通不畅而再次引发危机事件；有的公司发现是其基层员工素质低下而引发的危机事件，则改进必须包括对基层员工的培训和考核，甚至进行必要的处理和更新；有的公司发现是经营指导思想引发了危机事件，则必须改变其经营指导思想，以免重蹈覆辙等。

参考文献

［1］王亚卓 . 创业营销与管理 [M]. 北京：中国时代经济出版社，2014.

［2］张亚辉，朱锋 . 创业基础 [M]. 广州：暨南大学出版社，2013.

［3］李光 . 创业学导论 [M]. 武汉：武汉大学出版社，2003.

［4］李光，易晓波，孙强，等 . 创业导论 [M]. 武汉：武汉大学出版社，2005.

［5］姜彦福，张韩 . 创业管理学 [M]. 北京：清华大学出版社，2005.

［6］陈敏 . 创业指导 [M]. 杭州：浙江大学出版社，2004.

［7］丁栋红 . 创业管理 [M]. 北京：清华大学出版社，2006.

［8］烨子 . 成功创业的 12 个基础 [M]. 北京：中国盲文出版社，2002.

［9］葛建新 . 创业学 [M]. 北京：清华大学出版社，2005.

［10］孙陶然 . 创业 36 条军规 [M]. 北京：中信出版集团，2015.

［11］李肖敏，朱建新，郑捷 . 大学生创业基础 [M]. 北京：清华大学出版社，2009.

［12］郑晓燕 . 创业基础案例与实训 [M]. 成都：西南财经大学出版社，2014.

［13］蔡剑，吴戈，王陈慧子 . 创业基础与创新实践 [M]. 北京：北京大学出版社，2015.

［14］赵承福 . 创业教育研究新进展 [M]. 济南：山东人民出版社，2002.

［15］刘道玉 . 创业与人生设计 [M]. 武汉：湖北教育出版社，2002.

［16］李华，詹远一，邓蓉 . 小企业经营诊断 [M]. 北京：知识产权出版社，2007.

［17］李万杰 . 信息时代成功学 [M]. 北京：中国纺织出版社，2011.

［18］曹成伟，刘荆洪，贺亚茹 . 技能型人才创造品格与素质培养 [M]. 海口：南海出版公司，2009.

［19］何鹏飞 . 自慢：从员工到总经理的成长笔记 [M]. 北京：北京大学出版社，2008.

［20］彭本红，于锦荣 . 营销管理创新 [M]. 武汉：武汉理工大学出版社，2008.

［21］赵卿敏 . 创新能力培养 [M]. 武汉：武汉大学出版社，2003.

［22］吴金秋 . 大学生创业管理"三个一"教程 [M]. 哈尔滨：黑龙江大学出版社，2012.

［23］姜荣国 . 创业导论：创业意识与企业家精神 [M]. 北京：电子工业出版社，2010.

［24］张玉利 . 创业管理 [M]. 北京：机械工业出版社，2008.